新时代新理念职业教育教材・城市轨道交通系列
高等职业院校提升办学水平项目建设成果系列教材
城市轨道交通工程技术专业项目化教材

城市轨道交通路基工程

（修订本）

主编　王虎妹
主审　王　扬

北京交通大学出版社
・北京・

内容简介

本书系统地介绍了城市轨道交通路基工程的基本知识，其中项目1为路基土的性质部分（路基土的分类及工程特性），扼要介绍了路基土的分类、物理性质、土的压缩与地基沉降量计算、土的抗剪强度等内容。项目2~6为路基部分，内容包括路基构造认知，路基排水、防护和支挡，路基施工，特殊路基构造及土工合成材料在路基工程中的应用，路基监测、评价与整治。本书含有相关案例、项目训练和算例等内容，实用性较强。

本书可作为应用型本科院校、职业院校城市轨道交通工程技术专业的教学用书，也可为现场工程技术人员提供参考。

图书在版编目（CIP）数据

城市轨道交通路基工程／王虎妹主编. —北京：北京交通大学出版社，2018.1（2024.1重印）

ISBN 978-7-5121-3292-4

Ⅰ.①城… Ⅱ.①王… Ⅲ.①城市铁路-铁路路基-路基工程 Ⅳ.①U239.5

中国版本图书馆CIP数据核字（2017）第173255号

城市轨道交通路基工程

CHENGSHI GUIDAO JIAOTONG LUJI GONGCHENG

策划编辑：刘　辉　　　责任编辑：刘　辉

出版发行：北京交通大学出版社　　电话：010-51686414　　http://www.bjtup.com.cn

地　　址：北京市海淀区高梁桥斜街44号　　邮编：100044

印 刷 者：北京鑫海金澳胶印有限公司

经　　销：全国新华书店

开　　本：185 mm×260 mm　　印张：14.25　　字数：323千字

版　　次：2022年1月第1版第1次修订　　2024年1月第3次印刷

书　　号：ISBN 978-7-5121-3292-4/U·291

定　　价：39.00元

本书如有质量问题，请向北京交通大学出版社质监组反映。对您的意见和批评，我们表示欢迎和感谢。

投诉电话：010-51686043，51686008；传真：010-62225406；E-mail：press@bjtu.edu.cn。

前　言

随着我国国民经济的持续快速发展，城市化人口数量不断增长，以地面交通为主的城市交通设施与日益增长的交通需求的矛盾逐步凸显。根据国外城市交通的发展经验，当城市发展到一定规模时，一般应发展以地下交通为主的城市轨道交通来解决城区的交通问题，以促进经济发展。

地铁作为一种独立的城市轨道交通系统，不受地面道路情况的影响，能够快速、安全、舒适地运送乘客；效率高、无污染，能够实现大运量的要求，具有良好的社会效益。目前北京、上海、广州、深圳、天津、南京等城市已经开通并正大规模进行后续线路的建设，国内其他一些城市也在进行城市轨道交通的规划、建设工作。

城市轨道交通的技术复杂，造价昂贵，建设周期长。我国城市轨道交通的建设、运营管理的时间还不够长，加上城市轨道交通的路基工程又有其自身的特点，很多的工程经验不能从国有铁路照搬，必须从设计、施工和维护中不断总结符合自身特点的标准，形成自身的体系。城市轨道交通运营的高密度、不间断、高舒适度的要求意味着城市轨道交通路基必须提供安全、可靠、舒适的保障，这就要求各城市轨道交通路基的施工和维护队伍在组织设计、标准、应急响应等方面建立有效的保障制度；同时更要不断提高施工管理和维护人员的业务水平，建立一个理论扎实、技术过硬的团队，确保地铁的安全、可靠运行。

为适应各地城市轨道交通建设的快速发展带来的对实用型的城市轨道交通路基施工与维护人才的大量需求，我们组织编写了《城市轨道交通路基工程》一书。本书编写时着重考虑了城市轨道交通施工及养护专业人员应具备的有关路基设计与养护方面的专业知识、基本技能，系统地介绍了城市轨道交通路基工程的基本知识。每个项目中都有项目描述、相关案例及项目训练等内容。项目 1 为路基土的性质部分（路基土的分类及工程特性），扼要介绍了路基土的分类、物理性质、土的压缩与地基沉降量计算、土的抗剪强度等内容。项目 2 ~ 6 为路基部分，内容包括路基构造认知，路基排水、防护和支挡，路基施工，特殊路基构造及土工合成材料在路基工程中的应用，路基监测、评价与整治。本书密切联系现场实际，编写时加强了基本知识，特别是基本技能方面的内容，实用性较强。为便于现场有关工程技术人员学习和参考，根据教学需要编写了必要的案例。为帮助读者掌握各项目内容，每个项目后均附有复习思考题。

本书由天津铁道职业技术学院王虎妹主编，石家庄铁道大学王扬主审。本书具体编写分工如下：天津铁道职业技术学院刘小燕（项目 1 中典型工作任务 1.1 ~ 1.4），天津铁道职业技术学院程慧燕（项目1中典型工作任务1.5~1.6），天津铁道职业技术学院王虎妹（项目2~4，项目5中典型工作任务5.1~5.2），天津铁道职业技术学院付小雁（项目5中典型工作任务5.3及附录），天津铁道职业技术学院梁晨（项目6）。本书在编写过程中，得到了一些城市轨道交通施工及维修部门的大力支持，在此一并表示感谢。

由于编者水平所限，书中不免存在不足之处，敬请广大读者批评指正。

编 者
2022年1月

目　录

项目1　路基土的分类及工程特性 …… 1

典型工作任务1.1　路基土的分类及工程性质 …… 3

1.1.1　路基土的分类 …… 3

1.1.2　路基土的工程性质 …… 5

典型工作任务1.2　路基土的取样 …… 7

典型工作任务1.3　路基土的物理性质 …… 8

典型工作任务1.4　路基的干湿类型 …… 12

1.4.1　土的物理状态指标 …… 12

1.4.2　路基水热状况及干湿类型 …… 19

典型工作任务1.5　路基填土的压实与填筑质量控制 …… 20

1.5.1　土的击实性 …… 20

1.5.2　路基填土的压实 …… 24

典型工作任务1.6　路基土的力学性质 …… 39

1.6.1　土的压缩 …… 39

1.6.2　地基沉降量计算 …… 43

1.6.3　土的抗剪强度 …… 48

1.6.4　不同排水条件的抗剪强度指标及试验方法 …… 53

1.6.5　砂类土的振动液化 …… 55

1.6.6　城市轨道交通路基受力 …… 58

项目2　路基构造认知 …… 61

典型工作任务2.1　路基的组成与构造 …… 62

2.1.1　路基特点 …… 62

2.1.2　路基组成 …… 63

2.1.3　路基构造 …… 64

2.1.4　路基标准横断面 …… 67

典型工作任务2.2　路基横断面设计 …… 69

2.2.1　路基横断面形状和尺寸 …… 69

2.2.2　路基横断面设计方法 …… 77

项目3　路基排水、防护和支挡 …… 81

典型工作任务3.1　路基排水 …… 83
3.1.1　路基排水设计原则 …… 83
3.1.2　路基地面排水 …… 84
3.1.3　路基地下排水 …… 87
典型工作任务3.2　路基防护与加固 …… 97
3.2.1　路基防护 …… 97
3.2.2　路基边坡坡面绿色防护技术 …… 109
典型工作任务3.3　路基支挡结构 …… 115
3.3.1　挡土墙结构的分类 …… 116
3.3.2　挡土墙各部分名称 …… 116
3.3.3　重力式挡土墙 …… 117
3.3.4　轻型挡土墙 …… 120
3.3.5　挡土墙的设置 …… 124
3.3.6　挡土墙的一般设计原则与要求 …… 125
3.3.7　作用于挡土墙上的荷载 …… 126
3.3.8　基础设置的一般规定 …… 126

项目4　路基施工 …… 129

典型工作任务4.1　基床以下路堤施工 …… 131
4.1.1　路基施工质量要求 …… 131
4.1.2　路基施工常用施工机械的种类及组合方法 …… 131
4.1.3　路基施工主要内容 …… 132
4.1.4　路基填料 …… 132
4.1.5　路基施工准备 …… 134
4.1.6　路堤填筑施工 …… 135
典型工作任务4.2　路堤基床施工控制 …… 144
4.2.1　路堤基床底层填筑 …… 144
4.2.2　路堤基床表层填筑 …… 144
4.2.3　路堤预留沉降量及观测 …… 147
典型工作任务4.3　路堑施工控制 …… 148
4.3.1　土质路堑开挖 …… 148
4.3.2　石质路堑开挖 …… 150

项目5　特殊路基构造及土工合成材料在路基工程中的应用 …… 153

典型工作任务5.1　特殊土地区路基 …… 156
5.1.1　软土地区路基 …… 156

5.1.2　膨胀土（裂土）地区路基 …… 159
典型工作任务5.2　特殊条件路基 …… 161
5.2.1　浸水路基 …… 162
5.2.2　风沙地区路基 …… 164
5.2.3　雪害地区路基 …… 165
典型工作任务5.3　土工合成材料在路基工程中的具体应用 …… 165
5.3.1　土工合成材料在路基工程中的应用范围 …… 165
5.3.2　路堤加筋 …… 166
5.3.3　软土地基加固 …… 168
5.3.4　路基防护 …… 169
5.3.5　路基排水 …… 173
5.3.6　基床加固与处理 …… 175

项目6　路基监测、评价与整治 …… 178

典型工作任务6.1　路基监测 …… 179
6.1.1　路基监测的目的和内容 …… 179
6.1.2　路基工后沉降 …… 181
6.1.3　路基监测的方法 …… 182
典型工作任务6.2　既有城市轨道交通路基状态评价、加固与改建 …… 185
6.2.1　既有城市轨道交通路基状态评价 …… 185
6.2.2　既有城市轨道交通路基加固 …… 186
6.2.3　既有城市轨道交通路基改建与第二线路基 …… 187
典型工作任务6.3　城市轨道交通路基病害及整治 …… 188
6.3.1　路基病害的表现形式 …… 188
6.3.2　路基病害的整治 …… 190

附录A　土样制备 …… 195

附录B　土的密度试验（环刀法） …… 201

附录C　土的含水率试验（烘干法） …… 204

附录D　界限含水率试验 …… 207

附录E　土的固结试验 …… 211

附录F　土的剪切试验 …… 214

参考文献 …… 217

项目1　路基土的分类及工程特性

【项目描述】

土是由固态、液态和气态组成的三相体，要保证工程建筑物的稳定和正常使用，其路基土必须满足相关要求。在外力作用下路基土中的水和气体可被挤出，使路基产生变形。根据相关规范，在进行路基基础设计时，要求基础的总沉降量与沉降差应控制在允许范围以内。土与一般固体材料不同，它不能承受拉力，但能承受一定的剪力和压力。因此每一建筑场地都必须进行路基勘察，采取原状试样进行土工测试。工程技术人员应掌握与工程设计及施工有关的土的组成、土中各组成部分的工程特性、土的物理性质指标和物理状态指标、土体的压缩变形特性、土的抗剪强度指标等内容。

【拟实现的教学目标】

1. 能力目标

(1) 掌握与城市轨道交通路基工程有关的土的物理性质，能够对路基土进行初步分类和鉴别；

(2) 掌握压缩试验方法及试验数据处理方法，能够利用试验数据进行地基沉降量计算；

(3) 熟练应用直剪仪测定土的抗剪强度指标，了解测试土的抗剪强度指标的其他方法；

(4) 能够根据建筑物施工速度和地基土的工程特性正确选择直剪试验方法和试验指标。

2. 知识目标

(1) 掌握土的物理性质及物理状态指标的含义；能够熟练进行土的取样及土的密度、含水率、液限、塑限等试验，并对试验结果进行初步判定；能够根据相关规范熟练进行土的工程分类；

（2）掌握土的压缩变形性质及相关压缩指标的概念及计算方法；

（3）掌握土的抗剪强度指标的测定方法；了解砂类土振动液化机理，掌握防止砂类土振动液化的措施。

3. 素质目标

（1）培养学生分析问题、灵活处理问题的能力；

（2）培养学生团结协作、组织协调的能力。

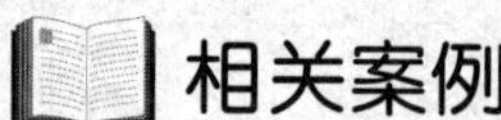

相关案例

沈阳地铁一号线概况

1. 基本概况

2005 年 8 月沈阳地铁一号线获得批准，并于 2005 年 11 月 18 日开工。线路全长约 28 km，设 22 座车站，全部为地下线。

2. 工程地质概况

沈阳城区坐落在辽河平原与东部山区的衔接地带，地势东北高、西南低。地铁沿线地层上部为第四系全新统人工堆积层和沉积层，一般为黏性土、粉土、中砂、粗砂、砾砂和圆砾土，下覆第三系砂砾岩，局部地段部分地层缺失。

3. 水文地质特征

地下水主要为孔隙潜水，部分地区有承压水，局部有上层滞水。补给来源主要为大气降水与地表径流，水位随季节影响而有所变化，变幅为 1.0 ~ 2.0 m。地下水的稳定水位埋深为 4.3 ~ 12.0 m，大部分埋深为 8.0 m 左右，主要含水层为中粗砂、砾砂和圆砾层，渗水系数为 34.0 ~ 81.4 m/d。水文地质特征为颗粒粗、水量大、渗透快、含水层厚度大。

4. 地铁车站和区间的主要施工方法和围护结构方案

沈阳地铁车站采用的施工方法为明挖法、盖挖顺作法、暗挖法。区间主要采用明挖法、盾构法、暗挖法三种施工方法。围护结构主要有型钢水泥土复合搅拌桩、钻孔桩加截水帷幕、地下连续墙三种形式。

由以上案例可以看出，相关施工方案的选择除了与施工工期及施工单位所具备的技术、设备条件有关外，起决定性作用的还有工程所在位置的工程地质及水文地质条件。因此，需要对工程中所涉及的土的工程性质有所了解，如土的不同类别、沉积环境等；需要掌握不同土的物理力学性质指标及测试方法；需要掌握土的工程分类方法及工程施工过程中需要检测的指标及检测方法。只有掌握这些，才能判定土的类别及工程性质，了解工程地质条件的好坏。

典型工作任务 1.1　路基土的分类及工程性质

1.1.1　路基土的分类

路基土（路基填土）通常称为路基填料。为了指导我国城市轨道交通路基填料的设计，《地铁设计规范》（GB 50157—2013）参照现行行业标准《铁路路基设计规范》（TB 10001—2016）对路基填料进行分类。根据土石的颗粒组成、颗粒形状、塑性指数等，路基填料可分为巨粒土、粗粒土和细粒土三大类，巨粒土、粗粒土填料分类与分组如表 1－1（a）所示、细粒土填料分类与分组如表 1－1（b）所示。

表 1－1（a）　巨粒土、粗粒土填料分类与分组

<table>
<tr><th colspan="6">一级定名</th><th colspan="3">二级定名</th><th rowspan="2">填料分组</th></tr>
<tr><th colspan="3">类别</th><th colspan="2">名称</th><th>说明</th><th>细粒含量</th><th>颗粒级配</th><th>名称</th></tr>
<tr><td rowspan="23">巨粒土</td><td rowspan="23">碎石类土</td><td rowspan="11">块石类</td><td rowspan="5">块石土</td><td>硬块石土</td><td>粒径大于 200 mm 颗粒的质量超过总质量的 50%（不易风化，尖棱状为主）</td><td>—</td><td>—</td><td>硬块石</td><td>A</td></tr>
<tr><td rowspan="4">软块石土</td><td rowspan="4">粒径大于 200 mm 颗粒的质量超过总质量的 50%（易风化，尖棱状为主）</td><td rowspan="4">—</td><td rowspan="4">—</td><td>R_c >15 MPa 的不易风化软块石</td><td>A</td></tr>
<tr><td>R_c ≤15 MPa 的不易风化软块石</td><td>B</td></tr>
<tr><td>易风化的软块石</td><td>C</td></tr>
<tr><td>风化的软块石</td><td>D</td></tr>
<tr><td colspan="2" rowspan="6">漂石土</td><td rowspan="6">粒径大于 200 mm 颗粒的质量超过总质量的 50%（浑圆或圆棱状为主）</td><td rowspan="2"><5%</td><td>良好</td><td>级配好的漂石</td><td>A</td></tr>
<tr><td>不良</td><td>级配不好的漂石</td><td>B</td></tr>
<tr><td rowspan="2">5% ~15%</td><td>良好</td><td>级配好的含土漂石</td><td>A</td></tr>
<tr><td>不良</td><td>级配不好的含土漂石</td><td>B</td></tr>
<tr><td>15% ~30%</td><td>—</td><td>土质漂石</td><td>B</td></tr>
<tr><td>>30%</td><td>—</td><td>土质漂石</td><td>C</td></tr>
<tr><td rowspan="12">碎石类</td><td colspan="2" rowspan="6">卵石土</td><td rowspan="6">粒径大于 60 mm 颗粒的质量超过总质量的 50%（浑圆或圆棱状为主）</td><td rowspan="2"><5%</td><td>良好</td><td>级配好的卵石</td><td>A</td></tr>
<tr><td>不良</td><td>级配不好的卵石</td><td>B</td></tr>
<tr><td rowspan="2">5% ~15%</td><td>良好</td><td>级配好的含土卵石</td><td>A</td></tr>
<tr><td>不良</td><td>级配不好的含土卵石</td><td>B</td></tr>
<tr><td>15% ~30%</td><td>—</td><td>土质卵石</td><td>B</td></tr>
<tr><td>>30%</td><td>—</td><td>土质卵石</td><td>C</td></tr>
<tr><td colspan="2" rowspan="6">碎石土</td><td rowspan="6">粒径大于 60 mm 颗粒的质量超过总质量的 50%（尖棱状为主）</td><td rowspan="2"><5%</td><td>良好</td><td>级配好的碎石</td><td>A</td></tr>
<tr><td>不良</td><td>级配不好的碎石</td><td>B</td></tr>
<tr><td rowspan="2">5% ~15%</td><td>良好</td><td>级配好的含土碎石</td><td>A</td></tr>
<tr><td>不良</td><td>级配不好的含土碎石</td><td>B</td></tr>
<tr><td>15% ~30%</td><td>—</td><td>土质碎石</td><td>B</td></tr>
<tr><td>>30%</td><td>—</td><td>土质碎石</td><td>C</td></tr>
</table>

续表

一级定名						二级定名			填料分组
类别			名称		说明	细粒含量	颗粒级配	名称	
粗粒土	碎石类土	砾石类	粗砾土	粗圆砾土	粒径大于20 mm颗粒的质量超过总质量的50%(浑圆或圆棱状为主)	<5%	良好	级配好的粗圆砾	A
							不良	级配不好的粗圆砾	B
						5%~15%	良好	级配好的含土粗圆砾	A
							不良	级配不好的含土粗圆砾	B
						15%~30%	—	土质粗圆砾	B
						>30%	—	土质粗圆砾	C
				粗角砾土	粒径大于20 mm颗粒的质量超过总质量的50%(尖棱状为主)	<5%	良好	级配好的粗角砾	A
							不良	级配不好的粗角砾	B
						5%~15%	良好	级配好的含土粗角砾	A
							不良	级配不好的含土粗角砾	B
						15%~30%	—	土质粗角砾	B
						>30%	—	土质粗角砾	C
			细砾土	细圆砾土	粒径大于2 mm颗粒的质量超过总质量的50%(浑圆或圆棱状为主)	<5%	良好	级配好的细圆砾	A
							不良	级配不好的细圆砾	B
						5%~15%	良好	级配好的含土细圆砾	A
							不良	级配不好的含土细圆砾	B
						15%~30%	—	土质细圆砾	B
						>30%	—	土质细圆砾	C
				细角砾土	粒径大于2 mm颗粒的质量超过总质量的50%(尖棱状为主)	<5%	良好	级配好的细角砾	A
							不良	级配不好的细角砾	B
						5%~15%	良好	级配好的含土细角砾	A
							不良	级配不好的含土细角砾	B
						15%~30%	—	土质细角砾	B
						>30%	—	土质细角砾	C
	砂类土		砾砂		粒径大于2 mm颗粒的质量超过总质量的25%~50%	<5%	良好	级配好的砾砂	A
							不良	级配不好的砾砂	B
						5%~15%	良好	级配好的含土砾砂	A
							不良	级配不好的含土砾砂	B
						>15%	—	土质砾砂	B
			粗砂		粒径大于0.5 mm颗粒的质量超过总质量的50%	<5%	良好	级配好的粗砂	A
							不良	级配不好的粗砂	B
						5%~15%	良好	级配好的含土粗砂	A
							不良	级配不好的含土粗砂	B
						>15%	—	土质粗砂	B

续表

一级定名				二级定名			填料分组
类别		名称	说明	细粒含量	颗粒级配	名称	
粗粒土	砂类土	中砂	粒径大于 0.25 mm 颗粒的质量超过总质量的 50%	<5%	良好	级配好的中砂	A
					不良	级配不好的中砂	B
				5% ~15%	良好	级配好的含土中砂	A
					不良	级配不好的含土中砂	B
				>15%	—	土质中砂	B
		细砂	粒径大于 0.075 mm 颗粒的质量超过总质量的 85%	<5%	良好	级配好的细砂	B
					不良	级配不好的细砂	C
				5% ~15%	—	含土细砂	C
		粉砂	粒径大于 0.075 mm 颗粒的质量超过总质量的 50%	—	—	粉砂	C

注：(1) 颗粒级配分为良好（$C_u \geqslant 5$，且 $C_c = 1 \sim 3$）和不良（$C_u < 5$，且 $C_c \neq 1 \sim 3$）两种，其中不均匀系数 $C_u = d_{60}/d_{10}$；曲率系数 $C_c = (d_{30})^2/(d_{10} \times d_{60})$，$d_{10}$、$d_{30}$、$d_{60}$ 分别为颗粒级配曲线上对应于 10%、30%、60% 含量颗粒的粒径。

(2) 硬块石的单轴饱和抗压强度 $R_c > 30$ MPa；软块石的单轴饱和抗压强度 $R_c \leqslant 30$ MPa。

(3) 细粒含量指细粒（$d \leqslant 0.075$ mm）的质量占总质量的百分数。

表 1-1 (b)　细粒土填料分类与分组

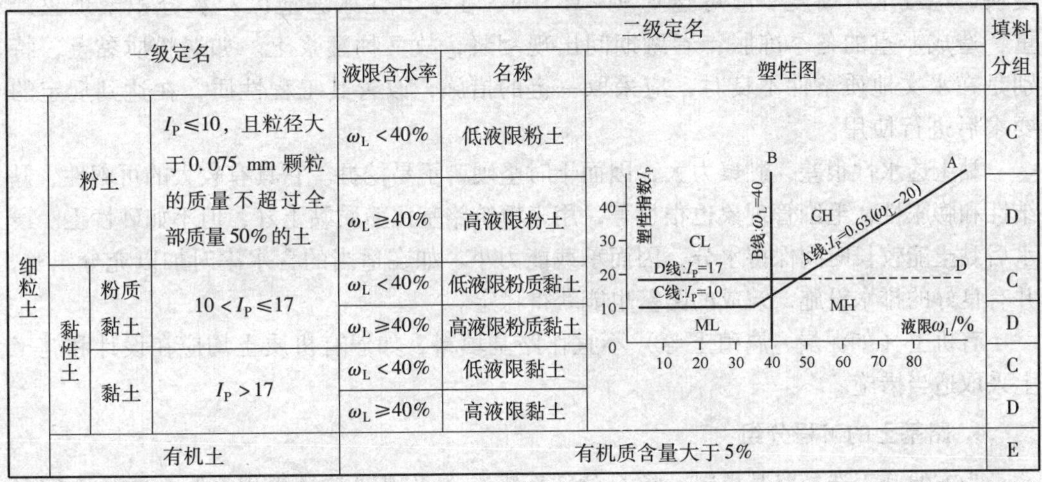

一级定名				二级定名			填料分组
				液限含水率	名称	塑性图	
细粒土	粉土		$I_P \leqslant 10$，且粒径大于 0.075 mm 颗粒的质量不超过全部质量 50% 的土	$\omega_L < 40\%$	低液限粉土		C
				$\omega_L \geqslant 40\%$	高液限粉土		D
	黏性土	粉质黏土	$10 < I_P \leqslant 17$	$\omega_L < 40\%$	低液限粉质黏土		C
				$\omega_L \geqslant 40\%$	高液限粉质黏土		D
		黏土	$I_P > 17$	$\omega_L < 40\%$	低液限黏土		C
				$\omega_L \geqslant 40\%$	高液限黏土		D
有机土				有机质含量大于 5%			E

注：(1) 液限含水率试验采用圆锥仪法，圆锥仪总质量为 76 g，入土深度 10 mm；

(2) A 线方程中的 ω_L 按去掉"%"符号后的数值进行计算。

1.1.2　路基土的工程性质

路基土具有不同的工程性质，在选择路基填料，以及修筑稳定土路面结构层时，应根据不同的土类分别采取不同的工程技术措施。

1. 巨粒土

巨粒土有很高的强度及稳定性，是很好的填筑路基材料。其中，对于漂石土，在码砌边坡时，应正确选用边坡值，以保证路基稳定。对于卵石土，填筑时应保证有足够的密实度。

2. 粗粒土

砾类土由于粒径较大，内摩擦力亦大，因而强度和水稳性均能满足要求。级配好的砾类土混合料，密实度好。对于级配不良的砾类土混合料，填筑时应保证密实度，防止由于空隙大而造成路基积水、不均匀沉陷或表面松散等病害。

细砂和粉砂无塑性，透水性强，毛细上升高度很小，具有较大的摩擦系数，强度和水稳性均较好。但由于黏性小，易松散，故压实困难，需要用振动法或灌水法才能压实。为克服这一缺点，可添加一些黏土，以改善其使用质量。

砾砂、粗砂和中砂（砂性土）既含有一定数量的粗颗粒，有利于路基具有强度和水稳性，又含有一定数量的细粒土，使其具有一定的黏性，不致过分松散，且一般遇水疏散快，不膨胀，干时有相当的黏性，扬尘少，容易被压实。因此，砂性土是修筑路基的良好材料。

3. 细粒土

粉质黏土为最差的筑路材料。它含有较多的粉土粒，干时稍有黏性，但易被压碎，扬尘性大，浸水时很快被湿透，易成稀泥。粉质黏土的毛细作用强烈，上升高度快，毛细上升高度一般可达 0.9 ~ 1.5 m，在季节性冰冻地区，水分积聚现象严重，造成严重的冬季冻胀，春融期间出现翻浆，故又称翻浆土。如遇粉质黏土，特别是在水文地质条件不良时，应采取一定的措施，改善其工程性质，在达到规定的要求后进行使用。

黏土透水性很差，黏聚力大，因而干时坚硬，不易挖掘。它具有较大的可塑性、黏结性和膨胀性，毛细管现象也很显著，用来填筑路基比粉质黏土好，但不如砂性土。浸水后黏土能较长时间保持水分，因而承载能力小。如在适当的含水率时加以充分压实，并有良好的排水设施，筑成的路基也能获得稳定。

有机土（如泥炭、腐殖土等）不宜作路基填料，如遇有机质土均应在设计和施工上采取适当措施。

4. 路基土的工程分组

为方便施工选择路基填料，填料分类新标准在采用“粒径累积法”分类体系定名后，即进行“填料分组”。根据填料的风化程度及级配优劣将其分为 5 组。

（1）A 组：优质填料，如级配好的碎石、含土碎石，级配好的粗圆砾、粗角砾、细圆砾、细角砾，级配好的含土粗圆砾、含土粗角砾、含土细角砾、含土细圆砾，级配好的砾砂、粗砂、中砂、含土砾砂、含土粗砂、含土中砂等。

（2）B 组：良好填料，如级配不好的碎石、含土碎石，细粒含量为 15% ~30% 的土质碎石，级配不好的粗圆砾、粗角砾、细圆砾、细角砾，级配不好的含土粗圆砾、含

土粗角砾、含土细角砾、含土细圆砾，细粒含量为15%～30%的土质粗圆砾、土质粗角砾、土质细角砾、土质细圆砾，级配好的细砂，级配不好的砾砂、粗砂、中砂，细粒含量大于15%的土质砾砂、土质粗砂、土质中砂等。

(3) C组：可以使用的填料，如细粒含量大于30%的土质碎石，级配不好的细砂，细粒含量为5%～15%的含土细砂，粉砂，低液限粉土、粉质黏土、黏土等。

(4) D组：限制使用的填料，如高液限粉土、粉质黏土、黏土。

(5) E组：严禁使用的填料，如有机土。

典型工作任务1.2　路基土的取样

在工程地质勘探和勘察工作中，为了求得路基土的物理力学性质指标，目前除了原位测试外，主要还是采用钻探取样和室内土工试验的方法，因此，采取原状土试样是工程地质勘察中的一项重要技术，有必要研究从现场取回的土试样。

土试样有扰动的和不扰动的两种。在采取土试样过程中应该保持试样的天然结构，如果土试样的天然结构已遭到破坏，则此试样已受到扰动，这种试样称为“扰动土样”。扰动土样的原状结构已被破坏，只能用来测定土的颗粒成分、含水率、可塑性及定名等。不扰动土样（又称原状土样）是指土的原位应力状态虽已改变，但其结构、密度和含水率变化很小的土样，可用来测求土的物理力学性质。土试样受扰动的程度不同，所能进行的试验也不同，按《岩土工程勘察规范》(GB 50021—2001) 的规定，现将土试样质量等级划分列于表1-2中。

土试样的扰动，改变了土的物理力学性质。受扰动影响的性质包括：抗压强度（排水与不排水）、剪切模量、压缩值强度的应变、压缩指数、固结化、预固结应力、有效应力参数 C 和 ϕ 等，因此，采取原状土或扰动土应根据工程性质来决定。通常对于天然地基、天然边坡、天然地层等应采取原状土，而对填土、填料、回填地层可采取扰动土。如果只要求进行土的分类，一般采取扰动土即可。

表1-2　土试样质量等级划分

级别	扰动程度	试验目的
Ⅰ	不扰动	土类定名，含水率，密度，强度试验，固结试验
Ⅱ	轻微扰动	土类定名，含水率，密度
Ⅲ	显著扰动	土类定名，含水率
Ⅳ	完全扰动	土类定名，含水率

注：除地基基础设计等级为甲级的工程外，在工程技术要求允许的情况下可用Ⅱ级土试样进行强度和固结试验，但宜先对土试样受扰动程度做抽样鉴定，判定其用于试验的适宜性，并结合地区经验使用试验结果。

典型工作任务1.3　路基土的物理性质

1. 概述

对土的性质、土中观察到的现象及土中发生的过程进行描述和做出定量的评价时，要用到一些土的特征，这些特征是根据相应的试验研究而得到的，或者是利用土的其他特征根据计算求得的。本任务只讲述土主要的物理特征及它们之间的关系式。

2. 三相关系简图

土的颗粒（土粒）、水和气体是交错分布的。为方便分析，设想将这三部分分别集中起来，图1-1为三相关系简图，图中：

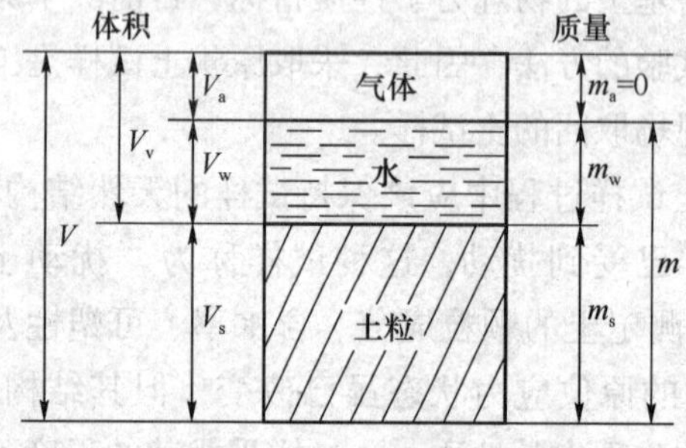

图1-1　三相关系简图

m_s——土粒质量；
m_w——土中水的质量；
m_a——土中气体的质量；
m——土的总质量；
V_s——土粒体积；
V_w——土中水体积；
V_a——土中气体体积；
V_v——土中孔隙体积；
V——土的总体积。

3. 基本试验指标

密度、含水率和相对密度，是描述土的物理性质的三个基本指标，必须通过试验室的试验测定。通常要做三个基本物理性质试验：土的密度试验、土的含水率试验和土粒相对密度试验。有关试验方法参见土工试验规程或试验指示书。具体试验指标如下。

1）土的密度ρ

土的密度定义为土在天然状态下单位体积的质量，用式（1-1）表示：

$$\rho = \frac{m}{V} = \frac{m_s + m_w}{V_s + V_v} \quad (g/cm^3) \tag{1-1}$$

在天然状态下，单位体积土所受的重力，称为土的天然重度，简称重度，用式（1-2）表示：

$$\gamma = \frac{W_T}{V} = \frac{mg}{V} = \frac{(m_s + m_w)g}{V} \quad (kN/m^3) \tag{1-2}$$

式中：g——重力加速度（$g = 9.8\ m/s^2$，工程上有时为了计算方便，取$g = 10\ m/s^2$）；
　　W_T——土的总重力，kN。

应该明确，重度并不是实测指标。通常是先实测土的密度ρ，再算出重度γ。根据牛顿第二定律，可知$m = \frac{W_T}{g}$，用体积V分别去除此式的左、右侧，可得到土的密度和重度的关系式：

$$\rho = \frac{\gamma}{g} \text{ 或 } \gamma = \rho \times g \tag{1-3}$$

土的重度与土的含水率和密实度有关，一般土的重度为 16 ~ 22 kN/m^3 。

2）土的含水率 w

土的含水率定义为土中水的质量与土粒质量之比，以百分数表示，即：

$$w = \frac{m_w}{m_s} \times 100\% = \frac{m - m_s}{m_s} \times 100\% = \left(\frac{m}{m_s} - 1\right) \times 100\% \tag{1-4}$$

天然土层含水率变化范围较大，这与土的种类、埋藏条件及其所处的自然地理环境等有关。

3）土粒相对密度 d_s

土粒相对密度定义为土粒质量与同体积纯蒸馏水在4℃时的质量之比，即：

$$d_s = \frac{m_s}{V_s \times \rho_w} = \frac{\rho_s}{\rho_w} \tag{1-5}$$

式中：ρ_s——土粒的密度，即单位体积土粒的质量，$\rho_s = \frac{m_s}{V_s}$，g/cm^3；

ρ_w——4 ℃ 时纯蒸馏水的密度，g/cm^3。

因为 $\rho_w = 1\ g/cm^3$，故在实用上，土粒相对密度在数值上等于土粒的密度，即 $d_s = \rho_s$，它是无量纲数。

天然土颗粒由不同的矿物组成，这些矿物的相对密度各不相同。试验测定的 d_s 是土粒的平均相对密度。土粒相对密度变化范围不大，如细粒土（黏性土）一般为2.70 ~ 2.75；砂土为2.65 ~ 2.69。土中有机质含量增加时，土粒相对密度减小。

单位体积土粒的重力称为土粒重度。土粒重度不是实测指标，通常是先实测土粒相对密度 d_s，再算出土粒重度 γ_s，由土粒重度的定义，可得出 d_s 与 γ_s 的关系式：

$$\gamma_s = \frac{W_s}{V_s} = \frac{m_s g}{V_s} = d_s \times g \quad (kN/m^3) \tag{1-6}$$

式中：W_s——土粒重力。

4. 其他常用指标

工程上为了便于表示土的某些特征，除了三个基本试验指标外，还定义了如下几种指标。

1）表示土中孔隙含量的指标

工程上常用孔隙比 e 或孔隙度 n 表示土中孔隙的含量，其定义如下。

（1）孔隙比 e 指孔隙体积与土粒体积之比，表示为：

$$e = \frac{V_v}{V_s} \tag{1-7}$$

对同一类土，孔隙比越小，土越密实；孔隙比越大，土越松散。它是表示土的密实程度的重要指标。

由定义知，孔隙比可能大于1。

（2）孔隙度 n 指孔隙体积与土的总体积之比，用百分数表示，即：

$$n = \frac{V_v}{V} \times 100\% \tag{1-8}$$

由定义知，孔隙度恒小于1。

2）表示土中含水程度的指标

含水率是表示土中含水程度的一个重要指标。此外，工程上往往需要知道孔隙中充满水的程度，这就是土的饱和度 S_r。饱和度定义为：

$$S_r = \frac{V_w}{V_v} \times 100\% \tag{1-9}$$

3）表示土的密度和重度的几种指标

土的密度除了用 ρ 表示外，在工程计算中，还常用到饱和密度和干密度。而 ρ 称为天然密度或湿密度。相应的定义分别为：

（1）饱和密度 ρ_{sat} 和饱和重度 γ_{sat}。

饱和密度为孔隙完全被水充满时土的密度，表示为：

$$\rho_{sat} = \frac{m_s + V_v\rho_w}{V} = \frac{m_s + V_v}{V} \quad (g/cm^3) \tag{1-10}$$

孔隙中完全充满水时土的重度称为饱和重度，表示为：

$$\gamma_{sat} = \frac{m_s g + V_v\gamma_w}{V} = \frac{m_s g + V_v\rho_w g}{V} = \frac{(m_s + V_v)g}{V} \ (kN/m^3) \tag{1-11}$$

式中：γ_w——4℃时单位体积水的重力，即水的重度，kN/m^3。

（2）干密度 ρ_d 与干重度 γ_d。

单位体积土中的土粒质量称为土的干密度，则

$$\rho_d = \frac{m_s}{V} = \frac{m - m_w}{V} = \rho - \frac{wm_s}{V} = \rho - \rho_d w \tag{1-12}$$

故

$$\rho_d = \frac{\rho}{1 + w} \ (g/cm^3)$$

单位体积土中的土粒重力称为土的干重度，可表示为：

$$\gamma_d = \frac{m_s g}{V} = \rho_d g \ (kN/m^3) \tag{1-13}$$

干重度愈大，表示土愈密实。在路基工程中，常以干重度作为衡量土的密实程度的指标。

（3）土的浮重度 γ'。

在水下的土，受到水的浮力作用。浮力的大小等于土粒排开的水重。因此，土的浮重度等于单位体积土中的土粒重力减去与土粒体积相同的水的重力，其定义式为：

$$\gamma' = \frac{m_s g - V_s\rho_w g}{V} = \frac{m_s g - V_s\gamma_w}{V} = \frac{m_s g + V_v\gamma_w - V\gamma_w}{V} = \gamma_{sat} - \gamma_w \tag{1-14}$$

式中：γ_w——水的重度。

5. 各项指标之间的关系

三个基本试验指标和其他几种常用指标之间不是没有关系的，前面已对各指标进行了定义，如测得三个基本试验指标后，运用三相比例指标的定义推导常见的三相指标间

的换算公式。

设 $V_s = 1\ m^3$，由 $e = \frac{V_v}{V_s}$ 得：$V_v = eV_s = e \times 1 = e$，则 $V = V_s + V_v = 1 + e$。由 $d_s = \frac{m_s}{V_s \rho_w}$ 得：$m_s = d_s V_s \rho_w = d_s \times \rho_w$，再由 $w = \frac{m_w}{m_s} \times 100\%$ 得：$m_w = wm_s = wd_s \rho_w$，则总质量 $m = m_s + m_w = d_s \rho_w + wd_s \rho_w = d_s \rho_w (1 + w)$。

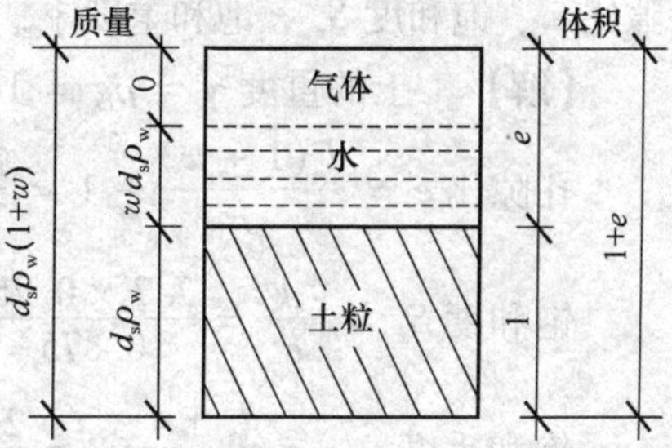

图1－2　土的三相关系换算图

由以上计算结果画出土的三相关系换算图（见图1－2）。

其他指标推导过程略。土的物理性质指标如表1－3所示。

表1－3　土的物理性质指标

类别		名称	符号	定义表达式	常用换算公式	单位	常见的数值范围
实测指标		密度	ρ	$\rho = \frac{m}{V}$	$\rho = \frac{d_s + S_r e}{1 + e}\rho_w$	g/cm^3	1.6～2.0 g/cm^3
		含水率	w	$w = \frac{m_w}{m_s} \times 100\%$	$w = \frac{S_r e}{d_s} \times 100\%$		20%～60%
		土粒相对密度	d_s	$d_s = \frac{m_s}{V_s \times \rho_w}$	$d_s = \frac{S_r e}{w}$		一般黏性土：2.70～2.75，砂土：2.65～2.69
导出指标	反映土中孔隙体积的相对大小	孔隙比	e	$e = \frac{V_v}{V_s}$	$e = \frac{d_s(1 + w)}{\rho} - 1$		一般黏性土：0.40～1.20，砂土：0.30～0.90
		孔隙度	n	$n = \frac{V_v}{V} \times 100\%$	$n = \frac{e}{1 + e}$		一般黏性土：30%～60%　砂土：25%～45%
	反映土中的湿度	饱和度	S_r	$S_r = \frac{V_w}{V_v} \times 100\%$	$S_r = \frac{d_s w}{e} \times 100\%$		0%～100%
	反映土的单位体积的质量或单位体积的重量	干密度	ρ_d	$\rho_d = \frac{m_s}{V}$	$\rho_d = \frac{\rho}{1 + w}$	g/cm^3	1.3～1.8 g/cm^3
		干重度	γ_d	$\gamma_d = \frac{m_s g}{V}$	$\gamma_d = \frac{\gamma}{1 + w}$	kN/m^3	13～18 kN/m^3
		饱和密度	ρ_{sat}	$\rho_{sat} = \frac{m_s + V_v \rho_w}{V}$	$\rho_{sat} = \frac{d_s + e}{1 + e}$	g/cm^3	1.8～2.3 g/cm^3
		饱和重度	γ_{sat}	$\gamma_{sat} = \frac{m_s g + V_v \gamma_w}{V}$	$\gamma_{sat} = \frac{d_s + e}{1 + e}\gamma_w$	kN/m^3	18～23 kN/m^3
		浮重度	γ'	$\gamma' = \frac{m_s g - V_s \rho_w g}{V}$	$\gamma' = \frac{\gamma_w (d_s - 1)}{1 + e}$	kN/m^3	8～13 kN/m^3

【例题1－1】原状土样经试验测得$\rho=1.8\ g/cm^3$，$w=25\%$，$d_s=2.7$。试求土的孔隙比e、饱和度S_r、饱和重度γ_{sat}、浮重度γ'和干重度γ_d。

【解】　土的重度$\gamma=\rho g=1.8\times10=18\ (kN/m^3)$

孔隙比$e=\dfrac{d_s(1+w)}{\rho}-1=\dfrac{2.7}{1.8}\times(1+0.25)-1=0.875$

饱和度$S_r=\dfrac{d_s w}{e}=\dfrac{2.7\times0.25}{0.875}\times100\%\approx77.1\%$

饱和重度$\gamma_{sat}=\dfrac{d_s+e}{1+e}\gamma_w=\dfrac{2.7+0.875}{1+0.875}\times10\approx19.1\ (kN/m^3)$

浮重度$\gamma'=\gamma_{sat}-\gamma_w=19.1-10=9.1\ (kN/m^3)$

干重度$\gamma_d=\dfrac{\gamma}{1+w}=\dfrac{18}{1+0.25}=14.4\ (kN/m^3)$

典型工作任务1.4　路基的干湿类型

1.4.1　土的物理状态指标

所谓土的物理状态，对于粗粒土（无黏性土），是指土的密实程度，对于细粒土（黏性土），则是指土的软硬程度，或称为黏性土的稠度。

1. 粗粒土（无黏性土）的物理状态指标

无黏性土的密实度与其工程性质有着密切的关系。无黏性土呈密实状态时，强度较大，属于良好的天然地基；无黏性土呈松散状态时，则属于不良地基，因此，密实度是无黏性土最重要的物理状态指标。

1）砂类土的密实度

（1）概念。

砂类土的密实度通常指单位体积中固体颗粒的含量。土颗粒含量多，土就密实；土颗粒含量少，土就疏松。

（2）工程缺陷。

从以上概念的角度分析，干重度γ_d和孔隙比e（或孔隙度n）是表示土的密实度的指标。这种用固体含量或孔隙含量表示密实度的方法有其明显的缺点，即这种表示方法没有考虑到粒径级配这一重要因素的影响。为说明这个问题，取两种不同级配的砂类土进行分析。假定第一种砂是理想的均匀圆球，不均匀系数$C_u=1.0$。第一种砂如图1－3（a）所示。可以算出这时的孔隙比$e=0.35$，如果土粒的相对密度$d_s=2.65$，则最密实时的干密度$\rho_d=1.96\ g/cm^3$。如图1－3(b）所示，第二种砂同样是理想的圆球，但其级配中除大的圆球外，还有小的圆球可以充填于孔隙中，即不均匀系数$C_u>1.0$，此种砂的排列如图1－3(b）所示。显然，这种砂最密时的孔隙比$e<0.35$。若这两种砂都具有同样的孔隙比$e=0.35$，对于第一种砂，已处于最密实的状态，而对于第二种砂则

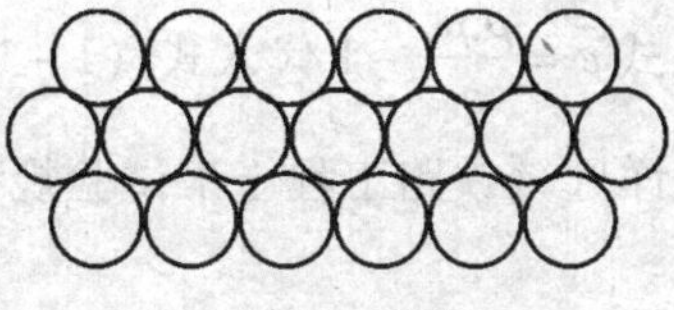

(a)第一种砂

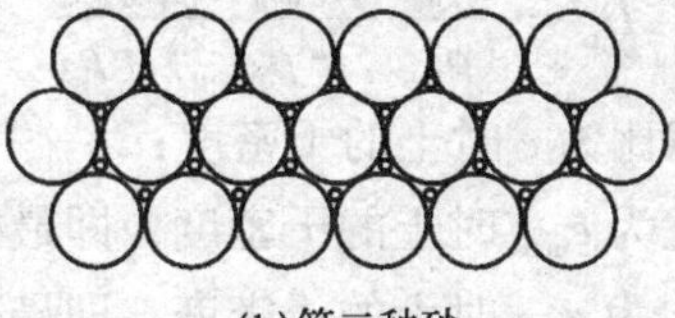

(b)第二种砂

图1-3　土颗粒排列方式

不是最密实的状态。实践中，往往可以碰到不均匀系数很大的砂砾混合料，孔隙比 $e \leqslant 0.35$，干密度 $\rho_d \geqslant 2.05\ g/cm^3$，但仍然处于中等密实度，有时还需要采取工程措施再予以加密，而这种密度对于均匀砂则已经是十分密实了。

（3）解决措施。

工程上为了更好地表明粗粒土（无黏性土）所处的密实状态，采用将现场粒土的孔隙比 e 与该种土达到最密时的孔隙比 e_{min} 和最松时的孔隙比 e_{max} 相对比的办法，来表示孔隙比为 e 时粗粒土的密实度。这种度量密实度的指标称为相对密实度 D_r，即：

$$D_r = \frac{e_{max} - e}{e_{max} - e_{min}} \tag{1-15}$$

式中：e ——现场粗粒土的天然孔隙比；

e_{max} ——土的最大孔隙比，测定的方法是将松散的风干土样通过长颈漏斗轻轻地倒入容器，避免重力冲击，求得土的最小干密度再经换算得到 e_{max}［详见《铁路工程土工试验规程》（TB 10102—2010）中公式 $e_{max} = \frac{\rho_s}{\rho_{d\,min}} - 1$］；

e_{min} ——土的最小孔隙比，测定的方法是将松散的风干土样装在金属容器内，按规定方法振动和锤击，直至密度不再提高，求得最大干密度后经换算得到 e_{min}［详见《铁路工程土工试验规程》（TB 10102—2010）中公式 $e_{min} = \frac{\rho_s}{\rho_{d\,max}} - 1$］。

当 $D_r = 0$ 时，$e = e_{max}$，表示土处于最松状态。当 $D_r = 1$ 时，$e = e_{min}$，表示土处于最密实状态。砂类土密实程度的划分如表1-4所示。

表1-4　砂类土密实程度的划分

密实程度	标准贯入锤击数 N	相对密实度 D_r	密实程度	标准贯入锤击数 N	相对密实度 D_r
密　实	$N > 30$	$D_r > 0.67$	稍　密	$10 < N \leqslant 15$	$0.33 < D_r \leqslant 0.4$
中　密	$15 < N \leqslant 30$	$0.4 < D_r \leqslant 0.67$	松　散	$N \leqslant 10$	$D_r \leqslant 0.33$

将孔隙比与干密度的关系式 $e = \frac{\rho_s \rho_w}{\rho_d} - 1$ 代入式（1－15）整理后，可以得到用干密度表示相对密实度的表达式［详见《铁路工程土工试验规程》（TB 10102—2010）中公式（11.2.4－6）］，即：

$$D_r = \frac{(\rho_d - \rho_{d\,min}) \cdot \rho_{d\,max}}{(\rho_{d\,max} - \rho_{d\,min}) \cdot \rho_d} \tag{1-16}$$

式中：ρ_d ——对应于天然孔隙比为 e 时土的干密度；

$\rho_{d\,min}$ ——对应于孔隙比为 e_{max} 时土的干密度，即最松干密度；

$\rho_{d\,max}$ ——对应于孔隙比为 e_{min} 时土的干密度，即最密干密度。

（4）存在的问题。

应当指出，目前虽然已有一套测定最大孔隙比和最小孔隙比的试验方法，但是要在实验室条件下测得各种土理论上的 e_{max} 和 e_{min} 却十分困难。在静水中缓慢沉积形成的土，孔隙比有时可能比实验室测得的 e_{max} 还大。同样，在漫长的地质年代中，受各种自然力作用堆积形成的土，其孔隙比有时比实验室测得的 e_{min} 还小。此外，埋藏在地下深处，特别是地下水位以下的无黏性土的天然孔隙比很难准确测定。因此，这一指标虽然理论上能够更合理地确定土的密实状态，但由于上述原因，通常多用于填方的质量控制中，对于天然土尚难以应用。

因为 e_{max} 和 e_{min} 都难以准确测定，天然砂土的密实度只能在现场进行原位标准贯入试验，根据标准贯入锤击数 N，按表 1－4 的标准间接判定。

粉土密实程度用天然孔隙比大小划分，粉土密实程度的划分如表 1－5 所示。

表 1－5　粉土密实程度的划分

密实程度	孔隙比
密　实	$e < 0.75$
中　密	$0.75 \leqslant e \leqslant 0.9$
稍　密	$e > 0.9$

【例题 1－2】 某砂土试样，试验测定土粒相对密度 $d_s = 2.65$，含水率 $\omega = 20\%$，天然密度 $\rho = 1.74\ g/cm^3$，最密干密度为 $\rho_{d\,max} = 1.67\ g/cm^3$，最松干密度为 $\rho_{d\,min} = 1.39\ g/cm^3$。求此砂土的相对密实度 D_r，并判断砂土所处的密实状态。

【解】 根据换算公式 $e = \frac{d_s \rho_w}{\rho_d} - 1$ 得：

最大孔隙比 $e_{max} = \frac{d_s \rho_w}{\rho_{d\,min}} - 1 = \frac{2.65 \times 1}{1.39} - 1 \approx 0.906$

最小孔隙比 $e_{min} = \frac{d_s \rho_w}{\rho_{d\,max}} - 1 = \frac{2.65 \times 1}{1.67} - 1 \approx 0.587$

砂土的天然孔隙比 $e = \frac{d_s(1 + w)\rho_w}{\rho} - 1 = \frac{2.65 \times (1 + 0.2) \times 1}{1.74} - 1 \approx 0.828$

故该砂土的相对密实度 $D_r=\frac{e_{max}-e}{e_{max}-e_{min}}=\frac{0.906-0.828}{0.906-0.587}\approx 0.245$

即 $0<D_r\leqslant 0.33$，故该砂土处于松散状态。

从理论上说，相对密实度 D_r 能比较确切地反映砂类土的密实程度，但是，在一些地点，需既做标贯试验又钻探取样，并测定土的 e、e_{max} 和 e_{min}，取得实测锤击数与相对密实度 D_r 的对应数据，并根据表1－4中的数据进行应用。

2）碎石类土的密实度

碎石类土的密实度是反映土颗粒排列的紧密程度，密实度大，则工程性质就相应要好；紧密度小，则工程性质就相应要差。碎石类土的密实度可以根据重型圆锥动力触探锤击数 $N_{63.5}$［《岩土工程勘察规范》（GB 50021—2001）］和野外鉴别方法［《铁路桥涵设计规范》（TB 10002—2017）］划分。碎石类土密实度划分（按重型圆锥动力触探锤击数 $N_{63.5}$）如表1－6所示，碎石类土密实度划分（按野外鉴别方法）如表1－7所示。

表1－6　碎石类土密实度划分（按重型圆锥动力触探锤击数 $N_{63.5}$）

密实程度	密实	中密	稍密	松散
重型圆锥动力触探锤击数 $N_{63.5}$	$N_{63.5}>20$	$10<N_{63.5}\leqslant 20$	$5<N_{63.5}\leqslant 10$	$N_{63.5}\leqslant 5$

注：（1）本表适用于平均粒径小于或等于50 mm且最大粒径不超过100 mm的卵石、碎石、圆砾、角砾等碎石类土。对于平均粒径大于50 mm或最大粒径大于100 mm的碎石类土可按野外鉴别方法划分其密实度（见表1－7）。

（2）表内 $N_{63.5}$ 为经综合修正后的平均值。

表1－7　碎石类土密实度划分（按野外鉴别方法）

密实程度	骨架颗粒含量和排列	可挖性	可钻性
密实	骨架颗粒含量大于总重的70%，呈交错排列，连续接触	锹镐挖掘困难，用撬棍方能松动，井壁一般较稳定	钻进极困难；冲击钻探时，钻杆、掉锤跳动剧烈；孔壁较稳定
中密	骨架颗粒含量等于总重的60%～70%，呈交错排列，大部分接触	锹镐可挖掘；井壁有掉块现象，从井壁取出大颗粒处，不易保持颗粒凹面形状	钻进较困难；冲击钻探时，钻杆、掉锤跳动不剧烈；孔壁有坍塌现象
稍密	骨架颗粒含量等于总重的55%～60%，排列混乱，大部分不接触	锹镐可以挖掘；井壁易坍塌；从井壁取出大颗粒后，立即塌落	钻进较容易；冲击钻探时，钻杆稍有跳动；孔壁易坍塌
松散	骨架颗粒含量小于总重的55%，排列十分混乱，绝大部分不接触	锹镐易挖掘，井壁极易坍塌	钻进很容易；冲击钻探时，钻杆无跳动；孔壁极易坍塌

注：骨架颗粒指各碎石类土相应的粒径颗粒。

3）无黏性土的潮湿程度

除密实度以外，潮湿程度对碎石类土和砂类土的工程性质也有一定影响。《铁路桥涵设计规范》（TB 10002—2017）规定碎石类土和砂类土的潮湿程度按饱和度的大小来划分，碎石类土和砂类土潮湿程度的划分如表 1－8 所示。从表 1－8 可看出，当饱和度 $S_r>80\%$ 时，即可视为饱和的，这是因为当 $S_r>80\%$ 时，土中虽仍有少量气体，但大都是封闭气体，故可按表 1－8 的规定视为饱和土。

粉土潮湿程度按其天然含水率 w 划分，粉土潮湿程度的划分如表 1－9 所示。

表 1－8 碎石类土和砂类土潮湿程度的划分

分级	饱和度 S_r/%
稍湿	$S_r\leqslant 50$
潮湿	$50<S_r\leqslant 80$
饱和	$S_r>80$

注：$S_r=\dfrac{V_w}{V_v}\times 100\%$，$V_w$ 为水所占的体积，V_v 为孔隙（包括水及气体）部分的体积。

表 1－9 粉土潮湿程度的划分

分级	天然含水率 w/%
稍湿	$w<20$
潮湿	$20\leqslant w\leqslant 30$
饱和	$w>30$

2. 黏性土（细粒土）的物理状态指标

1）概念

黏性土最主要的物理状态特征是它的稠度，稠度是指土的软硬程度或土对外力引起变形或破坏的抵抗能力。

2）土中水与稠度状态

（1）固态或半固态。

土中含水率很低时，水都被土颗粒表面的电荷紧紧吸附于土颗粒表面，成为强结合水。强结合水的性质接近于固态，因此，当土颗粒之间只有强结合水时，按水膜厚薄不同，土表现为固态或半固态［见图 1－4（a）］。

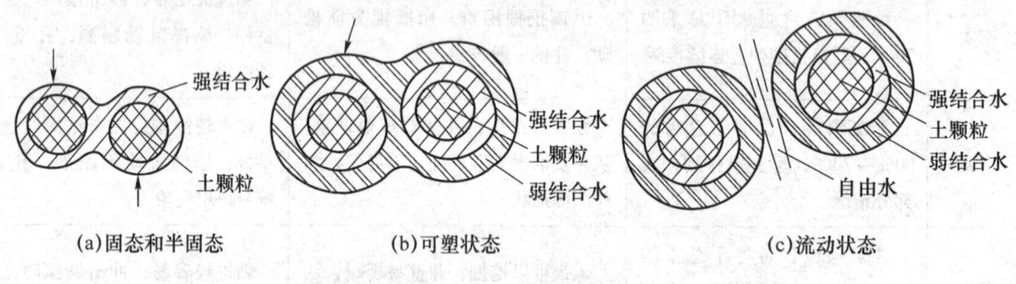

图 1－4 土中水与稠度状态

（2）可塑状态。

如图 1－4（b）所示，当含水率增加，被吸附在土颗粒周围的水膜加厚时，土颗粒周围除强结合水外还有弱结合水，弱结合水呈黏滞状态，不能传递静水压力，不能自由流动，但受力时可以变形，能从水膜较厚处向邻近水膜较薄处移动。在这种含水率情况下，土体受外力作用可以被捏成任何形状而不破裂，外力取消后仍然保持改变后的形状，这种状态称为可塑状态。弱结合水的存在是土具有可塑状态的原因。土处在可塑状态的含水率，大体上相当于土颗粒所能够吸附的弱结合水的含量。这一含量的大小主要取决于土的比表面积和矿物成分。黏性大的土必定是比表面积大、矿物的亲水能力强的

土（如蒙脱土），自然也是能吸附较多结合水的土，因而它的可塑状态含水率的变化范围也必定大。

（3）流动状态。

如图1－4（c）所示，当含水率继续增加，土中除结合水外，已有相当数量的水处于电场引力影响范围以外，成为自由水。这时土颗粒被自由水隔开，土体不能承受任何剪应力，而呈流动状态。

可见，从物理概念上分析，土的稠度实际上是反映土中水的形态。

3）稠度界限。

土从某种状态进入另外一种状态的分界含水率称为土的特征含水率或稠度界限。工程上常用的稠度界限有液限含水率 w_L 和塑限含水率 w_P。

液限含水率（w_L）简称液限，相当于土从可塑状态转变为流动状态时的分界含水率。这时，土中水的形态除结合水外，已有相当数量的自由水。

塑限含水率（w_P）简称塑限，相当于土从半固态转变为可塑状态时的分界含水率。这时，土中水的形态大约是强结合水达到最大时的含水率。

在实验室中，液限 w_L 用液限仪测定，塑限 w_P 则用搓条法测定。目前可用联合测定仪一起测定液限和塑限［详见《铁路工程土工试验规程》（TB 10102—2010）］，但是，这些测定方法仍然是根据表象观察土在某种含水率下是否“流动”或者是否“可塑”，而不是真正根据土中水的形态来划分的。实际上，土中水的形态，定性区分比较容易，定量划分则颇为困难。目前尚不能够定量地以结合水膜的厚度来确定液限或塑限。从这个意义上说，液限和塑限与其说是一种理论标准，不如说是一种人为确定的标准。但这并不妨碍人们去认识黏性土随着含水率的增加，可以从固态或半固态变为可塑状态再变为流动状态，而实测的塑限和液限则是一种近似的定量分界含水率。

图1－5所示为黏性土的物理状态与含水率的关系。

0	缩限 w_C	塑限 w_P	液限 w_L	含水率 w
干硬状态（土中含强结合水）	半干硬状态（土中含强结合水及部分弱结合水）	可塑状态（土中含大量弱结合水，甚至一部分自由水）	流塑状态（土中含大量自由水）	

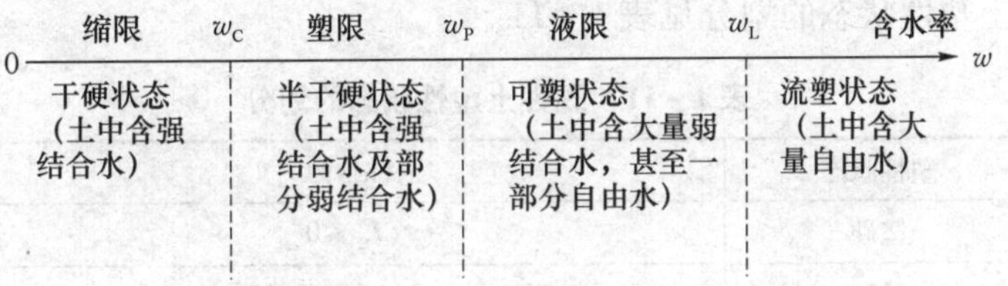

图1－5　黏性土的物理状态与含水率的关系

4）塑性指数和液性指数

（1）塑性指数。

从图1－5可看出，液限和塑限是土处于可塑状态的上限和下限含水率，通常将这二者之差称为塑性指数，用 I_P 表示，即

$$I_P = w_L - w_P \tag{1-17}$$

塑性指数通常用不带“%”符号的数字表示。

塑性指数表示粉土及黏性土处于可塑状态时含水率的变化范围。塑性指数愈大，说明土中含有的结合水愈多，也就表明土的颗粒愈细或矿物成分吸附水的能力愈大。因此，塑性指数是一个能比较全面反映土的组成情况（包括颗粒级配、矿物成分等）的物理状态指标。塑性指数愈大，表明土的塑性愈大。

生成条件相似（土的结构和状态相似）、塑性指数相近的黏性土，一般均有相近的物理性质，同时，塑性指数的测定方法也较简便，因此，《铁路桥涵设计规范》（TB 10002—2017）采用塑性指数作为粉土及黏性土的分类指标，粉土及黏性土的划分见表 1 - 10。

表 1 - 10　粉土及黏性土的划分

土的名称	塑性指数 I_P
粉土	$I_P \leqslant 10$
粉质黏土	$10 < I_P \leqslant 17$
黏土	$I_P > 17$

（2）液性指数。

土的比表面积和矿物成分不同，吸附结合水的能力也不同。因此，同样的含水率对于黏性高的土，水的形态可能全是结合水，而对于黏性低的土，则可能相当部分已经是自由水。换句话说，仅仅知道含水率的绝对值，并不能说明土处于什么状态。要说明黏性土的稠度状态，需要有一个表征土的天然含水率与分界含水率之间相对关系的指标，这就是液性指数 I_L。液性指数定义为

$$I_L = \frac{w - w_P}{w_L - w_P} \tag{1-18}$$

式中，w 为土的天然含水率。

液性指数通常用不带“%”符号的数字表示。

《铁路桥涵设计规范》（TB 10002—2017）对黏性土的潮湿（软硬）程度按液性指数划分，黏性土塑性状态的划分见表 1 - 11。

表 1 - 11　黏性土塑性状态的划分

塑性状态	液性指数 I_L
坚硬	$I_L \leqslant 0$
硬塑	$0 < I_L \leqslant 0.5$
软塑	$0.5 < I_L \leqslant 1$
流塑	$I_L > 1$

从图 1 - 5 可以看出，当 $w < w_P$ 时，天然土处于半干硬状态；当 $w \geqslant w_L$ 时，土处于流塑状态；当 w 在 w_P 和 w_L 之间时，土处于可塑状态。可见图 1 - 5 和表 1 - 11 是一致的。

【例题 1 - 3】 一土样的天然含水率 $w = 30\%$，液限 $w_L = 35\%$，塑限 $w_P = 20\%$，试确定该土样的名称并判断其处于何种状态。

【解】 据式（1 - 17）求塑性指数 I_P：

$$I_P = w_L - w_P = 35 - 20 = 15$$

查表1－10可知，此土样为粉质黏土。

据式（1－18）求液性指数 I_L：

$$I_L = \frac{w - w_P}{I_P} = \frac{30 - 20}{15} \approx 0.67$$

查表1－11可知，此粉质黏土处于软塑状态。

1.4.2　路基水热状况及干湿类型

1. 路基湿度的来源

路基的强度与稳定性在很大程度上与路基的湿度及大气温度引起的路基的水热状况有密切的关系。路基在使用过程中，受到外界各种因素的影响，使湿度发生变化。路基湿度的来源可分为以下几方面。

（1）大气降水。大气降水通过路面或铁路基床、路肩边坡和边沟渗入路基。

（2）地面水。边沟的流水、地表径流水因排水不良，形成积水，渗入路基。

（3）地下水。路基下面一定范围内的地下水浸入路基。

（4）毛细水。路基下的地下水，通过毛细管作用，上升到路基。

（5）水蒸气凝结水。在土的空隙中流动的水蒸气，遇冷凝结成水。

（6）薄膜移动水。在土的结构中，水以薄膜的形式从含水率较高处向较低处流动，或由温度较高处向冻结中心周围流动。

上述各种导致路基湿度变化的水源，其影响程度随当地自然条件和气候特点及所采取的工程措施等而不同。

2. 大气温度及其对路基水热状况的影响

路基湿度除了水源的影响之外，另一个重要因素是受当地大气温度的影响。由于湿度与温度变化对路基产生的共同影响称为路基的水热状况。沿路基深度出现较大的温度梯度时，水分在温差的影响下以液态或气态由热处向冷处移动，并积聚在该处，这种现象称为水分迁移。

我国华北、东北和西北地区为季节性冻土地区。这些地区的路基在冬季冻结的过程中会在负温度坡降的影响下，出现水分积聚现象。气温下降到零摄氏度以下，路面和路基结构内的温度也随之由上而下地逐渐降到零摄氏度以下。在负温度区内，自由水、毛细水和弱结合水随温度降低而相继冻结，于是土粒周围的水膜减薄，剩余了许多表面自由能，增加了土的吸湿能力，促使水分由高温处向冻结锋面移动，以补充低温处失去的部分。由试验得知，在温度下降到－3℃以下时，土中未冻结的水分在负温差的影响下实际上已不可能向温度更低处移动，因此，负温度区的水分移动一般发生在0℃至－3℃等温线之间。在正温度区内，因零摄氏度等温线附近土中自由水和毛细水的冻结，形成了与深层次土层之间的温度差，从而促使下面的水分向冻结锋面附近移动，这就造成了上层路基湿度的大量积聚。

迁移到冻结锋面附近的水冻结后体积增大，使路基隆起而造成面层开裂，即产生冻胀现象。春暖化冻时，路面和路基结构由上而下逐渐解冻，积聚在路基上层的水分融解，难以迅速排除，造成路基上层的湿度增加，路面结构的承载能力便大大降低。若是在交通繁重的地区，经重车反复作用，路基路面结构会产生较大的变形，严重时，路基土以泥浆的形式从胀裂的路面缝隙中冒出，形成翻浆。冻胀和翻浆的出现，使路面遭受严重损坏。

当然并不是在季节性冻土地区所有的道路都会产生冻胀与翻浆，对于渗透性较高的砂性土及渗透性很低的黏性土，水分都不容易积聚，因此不易发生冻胀与翻浆；对于粉性土和极细砂性土则由于毛细水活动能力强，极易发生冻胀与翻浆。周边的水文条件和气候条件亦是重要原因。地面排水不良，地下水位高，路基湿度大，水源充足，冬季温和与寒冬反复交替，这些都是产生冻胀与翻浆的重要的自然条件。

3. 路基干湿类型

路基的强度与稳定性，同路基的干湿状态有密切关系，并在很大程度上影响路面结构设计。

路基按其干湿状态不同，分为四类：干燥、中湿、潮湿和过湿。为了保证线路结构的稳定性，一般要求路基处于干燥或中湿状态。过湿状态的路基必须经处理后方可铺筑路面。上述四种干湿类型以分界稠度 w_{c1} 、w_{c2} 和 w_{c3} 来划分。稠度 w_c 定义为土的液限 w_L 与土的天然含水率 w 之差，与土的液限 w_L 与塑限 w_P 之差的比值。

$$w_c = \frac{w_L - w}{w_L - w_P} \tag{1-19}$$

$w_c = 1$，即 $w = w_P$，w_c 为半固态与固态的分界值；$w_c = 0$，即 $w = w_L$，w_c 为可塑状态与流动状态的分界值；$1 > w_c > 0$，即 $w_L > w > w_P$，土处于可塑状态。

土的稠度较准确地表示了土的各种形态与湿度的关系，综合了土的塑性特性（包含液限与塑限），全面直观地反映了土的硬软程度，物理概念明确。

以稠度作为路基干湿类型的划分标准是合理的，但是在不同的自然区划，不同土组的分界稠度是不同的。为了保证路基的强度和稳定性不受地下水及地表积水的影响，在设计路基时，要求路基保持干燥或中湿状态。

典型工作任务 1.5　路基填土的压实与填筑质量控制

1.5.1　土的击实性

1. 概述

填土受到夯击或碾压等动力作用后，孔隙体积会减小，密度将增大。在工程中，常见的土坝、公路与铁路路堤的填土，都要求击实到一定的密度，其目的是减小填土的压缩性和透水性，提高抗剪强度。软弱地基也可用击实改善其工程性质，如提高强度和减小变形。为了经济有效地将填土击实到符合工程要求的密度，有必要对填土的击实特性进行研究。常用的研究方法有两种：一种方法是在室内用击实仪进行击实试验；另一种

方法是在现场用碾压机具进行碾压试验。

2. 击实试验原理

土的击实（或压实）就是使用某种机械挤紧土中的颗粒，增加单位体积内土粒的质量，减小孔隙比，增加密实度。其目的是提高土的强度，降低土的压缩性和透水性。土的压实效果常以干密度 ρ_d 来表示。因为干密度与干重度是密切关联的，所以工程上常以干重度 γ_d 来表示土的密实度。

实践经验表明：在一定的击实能量下，土中的含水率适当时，压实的效果最好。这个适当的含水率称为最优含水率 w_y，与之相对应的干密度称为最大干密度 $\rho_{d\max}$，相对应的干重度称为最大干重度 $\gamma_{d\max}$。

土的最优含水率与最大干重度可在实验室内通过击实试验测定。在比较符合实际施工机械效果的基础上，土的击实试验才可靠，但实际上，很难定量地确定出施工机械压实功能等现场因素。所以在实验室里，只能人为地规定某种击实试验方法作为标准击实试验方法。

将备用的几个同一土质、不同含水率的土样，依《铁路工程土工试验规程》（TB 10102—2010）中击实试验方法做击实试验后，可得到几组相对应的干重度和含水率的资料。以含水率 w 为横坐标，干重度 γ_d 为纵坐标，绘出 γ_d-w 曲线，称为击实曲线，击实曲线如图1-6所示。

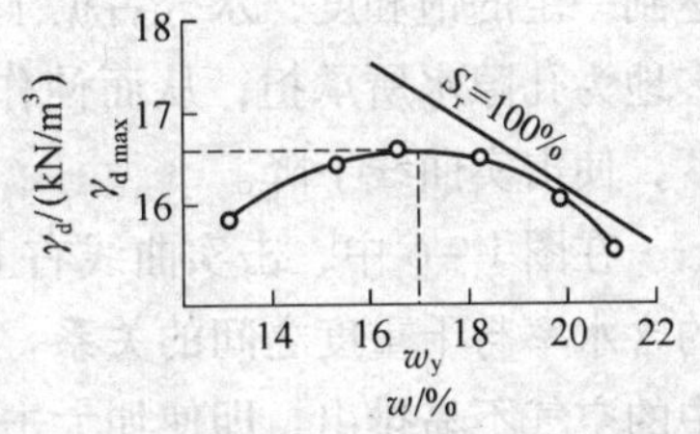

图1-6 击实曲线

3. 影响最大干重度（或最大干密度）的因素

1）含水率的影响

从图1-6中可知，当含水率较低时，干重度较小，随着含水率的增大，干重度也逐渐增大，这表明击实效果逐步提高，当含水率超过某一限值时，干重度则随含水率的增大而减小，即击实效果下降，这说明击实效果随含水率的变化而变化，并在击实曲线上出现一个干重度的高峰值，这个高峰值就是最大干重度 $\gamma_{d\max}$，对应于这个 $\gamma_{d\max}$ 的含水率就是最优含水率 w_y。

【例题1-4】 用标准击实试验方法（每层25击）测得土样的重度及含水率，见表1-12，已知土粒相对密度 $d_s=2.72$，求最大干重度、最优含水率及其相应的饱和度。

【解】（1）按 $\gamma_d=\dfrac{\gamma}{1+w}$ 计算各个土样击实后的干重度数值，列于表1-12中。

表1-12 测试数据

试验号	1	2	3	4	5	6
重度/（kN/m^3）	17.94	18.93	19.32	19.48	19.28	18.83
含水率/%	13.2	15.5	16.6	18.3	19.9	21.3
干重度/（kN/m^3）	15.85	16.39	16.57	16.47	16.08	15.52

（2）以含水率 w 为横坐标、干重度 γ_d 为纵坐标，绘制击实曲线（见图 1－6）。

（3）在击实曲线上，得到最优含水率 $w_y = 17.1\%$，最大干重度 $\gamma_{d\,max} = 16.60\ kN/m^3$，这时土的孔隙比为：

$$e = \frac{\gamma_s}{\gamma_{d\,max}} - 1 = \frac{2.72 \times 10}{16.6} - 1 \approx 0.639$$

饱和度为：

$$S_r = d_s \cdot \frac{w_y}{e} = 2.72 \times \frac{17.1\%}{0.639} \approx 72.8\%$$

含水率与击实效果有着密切的联系。就填筑土料而言，通常均处于三相状态。当含水率较少，土体较干时，由于土颗粒间水膜很薄（主要是吸着水），土颗粒移动的阻力很大，故不易将土击实。然而随着含水率的增加，土颗粒周围的水膜变厚（这时土中的水包括吸着水和薄膜水），土颗粒之间的阻力也相应减弱，故较易使土增密。当含水率增至某一数值时，土颗粒中的摩擦力正好为击实能量所克服，土的颗粒重新排列而达到最大的密度，即击实曲线的峰点。如果继续增大含水率（土中出现了自由水），土体达到一定的饱和度，水分占据了原来土颗粒的空间，此时作用在土体上的锤击荷载，更多地为孔隙水所承担，从而使作用在土颗粒上的有效应力减小，故反而会降低土的密度，使击实曲线下降。

在图 1－6 中，击实曲线右上方的一条线，称为饱和曲线，它表示土在饱和状态时的含水率与干重度之间的关系。由于土处于三相状态，当土被击实到最大密度时，孔隙中的空气不易排出，即使加大击实能量也不能将土中受困气体完全排出，所以击实的土体不可能达到完全饱和的程度。因此，当土的干重度相同时，击实曲线上各点的含水率必然都小于饱和曲线上相应的含水率，所以击实曲线一般都位于饱和曲线的左下侧，而不与饱和曲线相交。

2）击实功的影响

试验表明，同一种土的最优含水率与最大干重度不是一个固定的数值，而是随着击实能量的变化而变化的。如图 1－7 所示，当击实次数增加，土的最大干重度也随之增加，而最优含水率却相应减小。另外，在同一含水率时，土的干重度随击实次数的增加而增大，但这不仅浪费击实能量，而且这种增加的效果有一定的限度。只有在最优含水率下，才能以最小的击实能量达到对应的最大干重度。

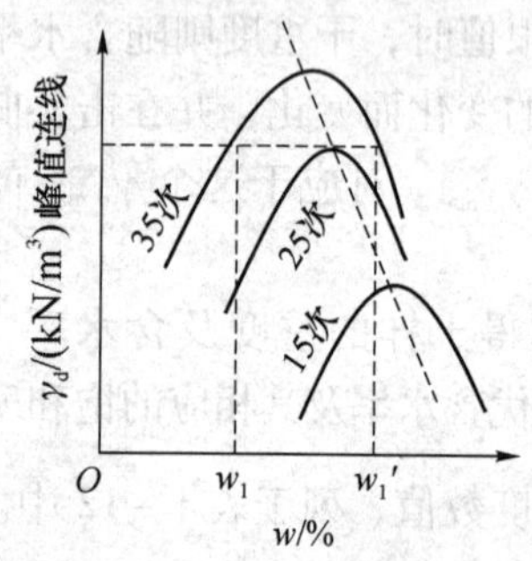

图 1－7　击实功对击实效果的影响

通过图 1－7 还可以看出，某一击实次数下的最大干重度值，可以在其他含水率下用增加击实次数的方法得到，例如，25 次击实次数下的最大干重度值，可以在含水率为 w_1 或 w'_1 时，击 35 次得到。可是，试验研究发现，这两种土的密度虽然相同，但其强度与水稳性却不一样，对应于最优含水率和最大干重度的土，强度最高，且在浸水后的强度也最大（水稳性好）。由于土坝、路堤等土工建筑物难免受水浸润，所以，在施工中需控制填土的含水率，使其等于或接近最优含水率

是有其经济合理的现实意义的。

3）土的种类和级配的影响

土中黏粒愈多，在同一含水率下，黏粒周围的结合水膜则愈薄，土的移动阻力就愈大，击实也愈困难。所以最优含水率的数值，随土中黏粒含量的增加而增大，而最大干重度却随土中黏粒含量的增加而减小。我国一般黏性土的最大干重度和最优含水率的经验值见表1－13。

颗粒大小不均匀、级配良好的土，在击实荷载作用下，容易挤紧。所以同类型的土，由于颗粒级配不同，最优含水率和最大干重度也并不一样。

表1－13　我国一般黏性土的最大干重度和最优含水率的经验值

塑性指数 I_P	最大干重度 $\gamma_{d\,max}$ /（kN/m³）	最优含水率 w_y / %	塑性指数 I_P	最大干重度 $\gamma_{d\,max}$ /（kN/m³）	最优含水率 w_y / %
<10	>18.2	<13	17～20	16.2～16.7	17～19
10～14	17.2～18.2	13～15	20～22	15.7～16.2	19～21
14～17	16.7～17.2	15～17			

对一些中小型工程，当没有试验资料时，可用下列经验公式估算最大干重度：

$$\gamma_{d\,max} = \eta \frac{\gamma_w d_s}{1 + w_y d_s}$$

式中，η 为经验系数，黏土为0.95，粉质黏土为0.96，粉土为0.97；w_y 按当地经验取值或取（$w_P + 2\%$）。

4. 填土的含水率和碾压标准的控制

由于黏性填土存在最优含水率，因此在填土施工时应将土料的含水率控制在最优含水率左右，以期用较小的能量获得最好的密度。当含水率控制在最优含水率的干侧时（小于最优含水率），击实土的结构常具有凝聚结构的特征。这种土比较均匀，强度较高，较脆硬，不易压密，但浸水时容易产生附加沉降。当含水率控制在最优含水率的湿侧时（大于最优含水率），击实土具有分散结构的特征。这种土的可塑性大，适应变形的能力强，但强度较低，且具有不等向性。所以，含水率比最优含水率偏高或偏低，填土的性质各有优缺点，在设计土料时要根据对填土提出的要求和当地土料的天然含水率，选定合适的含水率。

5. 粗粒土的压实性

砂和砂砾等粗粒土的压实性也与含水率有关，不过不存在一个最优含水率。一般在完全干燥或者充分洒水饱和的情况下容易压实得到较大的干密度。潮湿状态时，由于毛细压力增加了粒间阻力，压实干密度显著降低。粗砂在含水率为4%～5%，中砂在含水率为7%左右时，压实干密度最小，粗粒土的击实曲线如图1－8所示。在压实砂砾时要充分洒水使土料饱和。

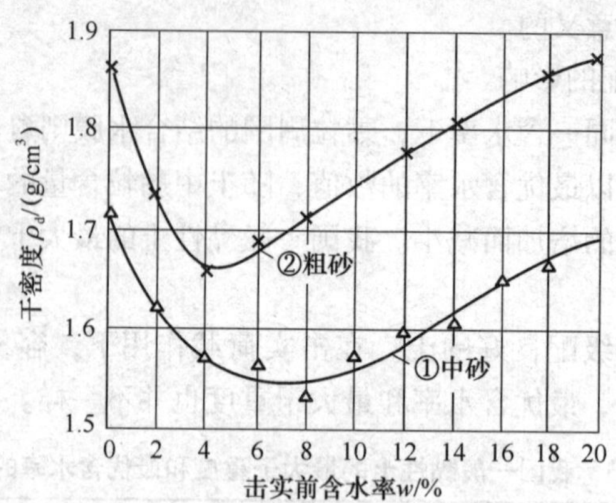

图1-8 粗粒土的击实曲线

1.5.2 路基填土的压实

1. 路基填土的压实原理

压实是一种古老的地基处理方法，早在殷商时期，压实法就被用来提高地基的承载力。当然，那时候的人可能还没有承载力的概念，不过经验告诉他们，在压实后的地基上盖房子比较稳定。直到现代，压实仍然是一种路基填筑的基本方法，在铁路、公路等的建造中大量应用。为了提高填土的强度，增加土的密实程度，降低其透水性和压缩性，必须采用分层压实的办法来处理路基填土。压实可以提高土体的稳定性。在工程中常用轮碾、羊角碾、橡胶轮碾和振动碾来压实土体，振动碾常用来压实粗颗粒土。本部分内容主要通过室内和现场试验分析土的压实原理。

1）压实原理

利用机械能将土中的空气和水排出的过程称为压实。大量实践表明，对过湿的土进行夯击和碾压时会出现软弹现象（俗称“橡皮土”），此时土的密实度就不会增加，所以，要使土的压实效果最好，其含水率必须适当，使土在一定的夯击能量下最容易压实。在填筑路堤时，就要寻找这样一个土的含水率，使填筑的路堤质量最好，具有较强的抵抗变形和破坏的能力。土的压实程度常用干密度来度量。当压实时加入水，水便渗入到土介质中，土颗粒相互滑动到最合适的位置，压实后土就越密实；随着天然含水率的增加，用相同的压实功能压实后土的干重度也增加。压实原理如图1-9所示。当含水率为零时（$w=0$），天然重度等于干重度。

$$\gamma = \gamma_{d(w=0)}$$

当含水率逐渐增加，相同压实功能下，单位体积内土颗粒的重度逐渐增加。例如，$w = w_1$ 时，干重度可用下式表示：

$$\gamma_{d(w=w_1)} = \gamma_{d(w=0)} + \Delta\gamma_d$$

当含水率超过一定值时（如 $w = w_2$），如图1-9所示，干重度随含水率增加而减少。这是因为水占据了固体颗粒的空间，所以存在一个最为合适的含水率。

压实原理：在一定的击实功条件下，细颗粒土在某一个含水率 w_y 下能够被压实到一个最大的干密度 $\rho_{d\,max}$ 。在填筑路基的过程中就是要尽量碾压，使路基填料的干密度接近于 $\rho_{d\,max}$，保证路基的施工质量。土经过击实后得到的干密度与上述试验中得出的

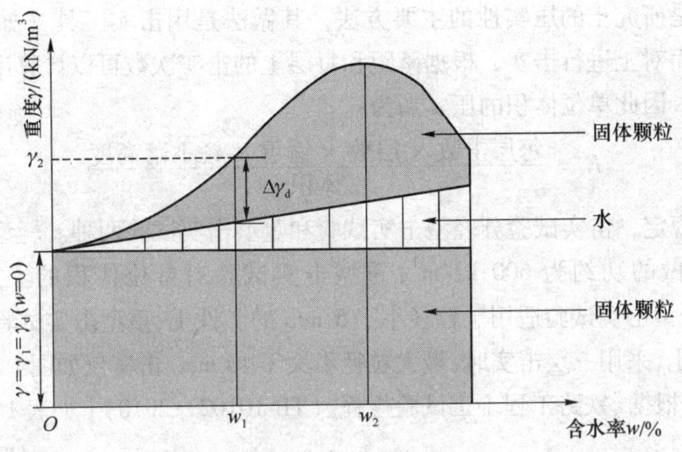

图1-9　压实原理

ρ_{max} 比值称为该压实土的压实度，即：

$$k=\frac{\rho_d}{\rho_{max}}\times 100\%$$

k 用来表示该土的压实程度，是控制路基填筑质量的重要指标之一。

2）击实试验

土的最优含水率可在实验室通过击实试验测得。1933 年美国工程师普洛克托（R. R. Proctor）首先提出黏性土在压实过程中存在最优含水率和最大干密度的概念，并通过击实试验确定最大干密度和最优含水率。试验时将同一种土配制成若干份不同含水率的试样，在特制的钢筒内用同样的击实能量分别对每一份试样进行试验，然后测定各试验击实后的含水率和干密度，从而绘制干密度与含水率的关系曲线。干密度与含水率的关系曲线如图1-10所示。从图1-10中可以看出，当含水率低于最优含水率时，土的干密度也逐渐增大，表明击实效果逐步提高；当含水率超过某一限值时，干密度随着含水率增大而减小，即击实曲线上出现一个干密度峰值（最大干密度），相应于这一峰值的含水率就是最优含水率。实验室内的击实试验方法多种多样，现场填土压实也有不同方式，但是都可以得到带有峰值特征的击实曲线。

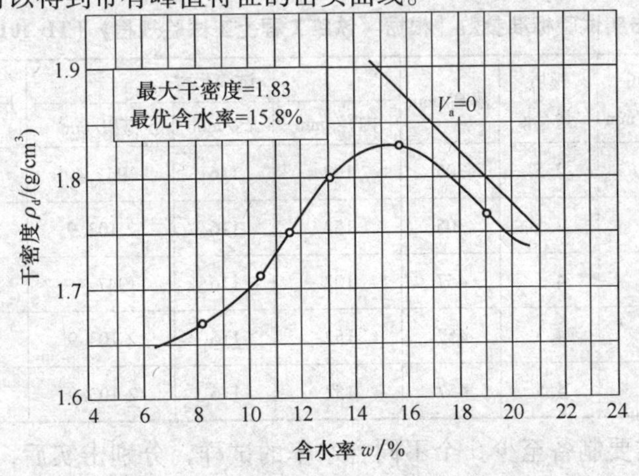

图1-10　干密度与含水率的关系曲线

击实试验是研究土的压实性的主要方法，其做法是用击实工具（如锤）以一定的落距落下，从而对土进行击实，根据落距和每层土的击实次数可以计算出对每单位体积的土所做的功，因此单位体积的压实功为：

$$E=\frac{\text{每层击数}\times\text{层数}\times\text{锤重}\times\text{锤下落高度}}{\text{体积}}$$

根据规范规定，击实试验分轻型击实试验和重型击实试验两种。轻型击实试验对单位体积的土所做的功约为 600 kJ/m^3，重型击实试验对单位体积的土所做的功约为 2 700 kJ/m^3。轻型击实试验适用于粒径小于 5 mm 的黏性土，重型击实试验适用于粒径不大于 20 mm 的土，采用三层击实时，最大粒径不大于 40 mm。击实仪如图 1－11 所示，击实试验标准参数［根据《铁路工程土工试验规程》（TB 10102—2010）］如表 1－14 所示。

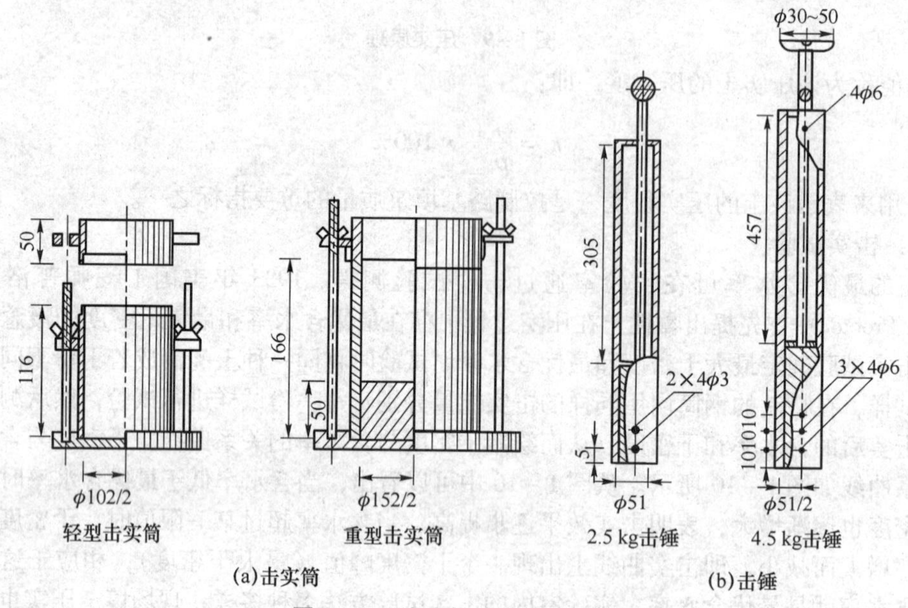

图 1－11　击实仪（单位：mm）

表 1－14　击实试验标准参数［根据《铁路工程土工试验规程》（TB 10102—2010）］

试验方法	类别	锤底直径/mm	锤质量/kg	落高/mm	试筒尺寸			层数	每层击数	最大粒径/mm
					内径/mm	高/mm	容积/cm^3			
轻型（Ⅰ）	Ⅰ－1	51	2.5	305	102	116	947.4	3	25	5
	Ⅰ－2	51	2.5	305	152	116	2 103.9	3	56	20
重型（Ⅱ）	Ⅱ－1	51	4.5	457	102	116	947.4	5	25	5
	Ⅱ－2	51	4.5	457	152	116	2 103.9	5	56	20
	Ⅱ－3	51	4.5	457	152	116	2 103.9	3	94	40

击实试验前需要制备至少 5 个不同含水率的试样，分别击实后，测定试样的干密度。试验结束后，应在直角坐标纸上绘制干密度与含水率的关系曲线（见图 1－10）。

取曲线峰值点相应的纵坐标为击实试样的最大干密度$\rho_{d\max}$，相应的横坐标为击实试样的最优含水率w_y。同时在图中还应绘出气体体积等于零的曲线（饱和度100%）的γ_{zav}线。

对于给定的含水率，当孔隙中没有空气，即饱和度等于100%时的理论最大干重度γ_{zav}可由式（1-20）得出：

$$\gamma_{zav} = \frac{G_s\gamma_w}{1+e} \tag{1-20}$$

式中：G_s——土的比重。

当饱和度为100%时，$e = wG_s$，即有

$$\gamma_{zav} = \frac{G_s\gamma_w}{1+e} = \frac{\gamma_w}{w+1/G_s} \tag{1-21}$$

利用土的比重，假定几个含水率如5%、10%、15%等，根据式（1-21）计算可以得到γ_{zav}随含水率变化的曲线。

2. 压实机理与压实土的优点

1）压实机理

Proctor（1933）指出，土的压实效果是由土颗粒间的摩擦力所控制的，认为土是由干的土颗粒通过环绕在每一个土颗粒周围的水膜的表面张力而被联系在一起的。由于这些水膜所产生的毛细作用力使土颗粒间产生很高的摩擦力，从而难以压实。增加土的含水率，土颗粒间的毛细力就减小，从而降低摩擦力。继续增加水，结合水膜变厚，会有润滑作用，土颗粒之间的联结力减弱而使土颗粒易于移动，引起土颗粒的重新排列，击实效果就变好。这种作用会一直延续到土中的强结合水和弱结合水正好可以在压实完成时充满土中的孔隙。此时土达到这种压实方法所能得到的最大干密度和最小的孔隙比。如果土中的水量过多，会使土中的孔隙加大，以致土中出现了自由水，击实时孔隙中过多的水分不易立即排出，势必阻止土颗粒的靠拢，从而造成压实完成时的干密度下降，而且过多的水还会使土变软，可能不再能够承受压实力的作用，这一过程可用图1-12表示，因此如果土的含水率为零，则土颗粒间的毛细力也将不存在，也易于压实，一种双峰压实曲线如图1-13所示。

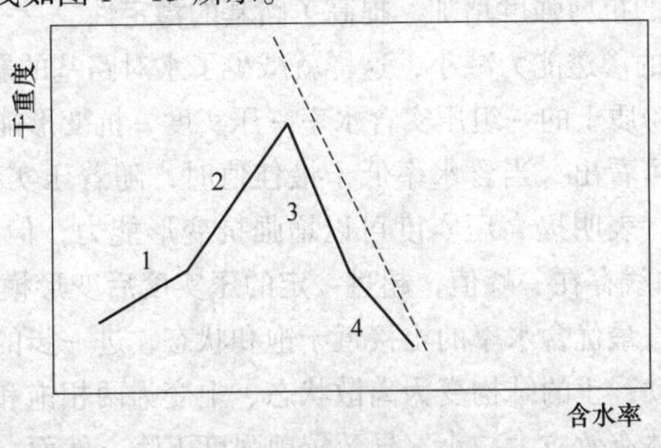

图1-12　压实土的不同阶段

1—干燥阶段；2—润滑阶段；3—膨胀阶段；4—饱和阶段

Lambe（1985）提出了压实土特性的物理化学解释。在低含水率情况下，黏粒之间的作用力以吸力为主，形成随机排列的絮凝结构。在这种情况下，大部分的带正电荷的边缘同带负电荷的面相连，因此密度较低。含水率的增加会增大土颗粒间的斥力，使其趋向于平行排列的方向，就像在最优含水率附近时的情况一样。如果压实含水率继续增加就会导致所谓的“分散结构”的出现。Lambe 所看到的压实土的结构如图 1－14 所示。

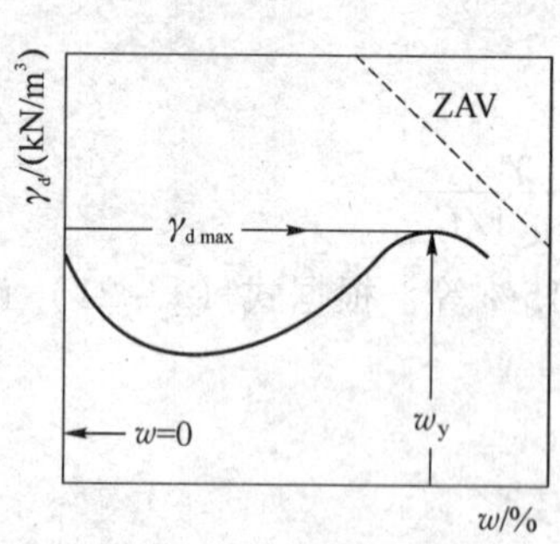

图 1－13　一种双峰压实曲线

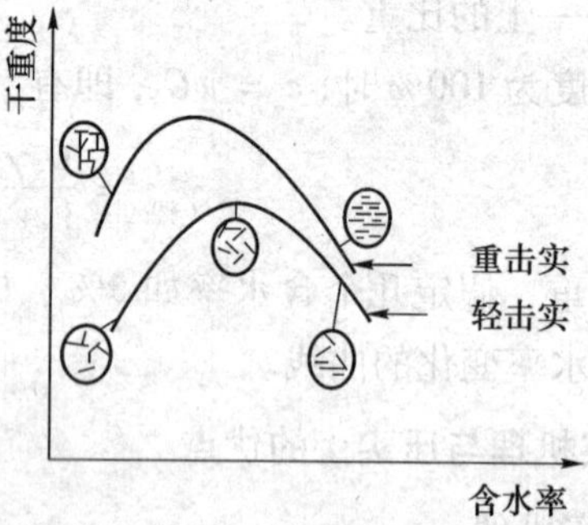

干重度
重击实
轻击实
含水率

图 1－14　压实土的结构

物理化学方法及对土结构的研究可能并不能完全解释压实曲线，但它有助于理解压实土的强度和体积变化特性，以及估计压实的不同类型。具有絮凝结构的土在小应变时具有较高的强度，较大的渗透性，较小的收缩性，与密度和含水率相同，但与具有分散结构的土相比有较大的膨胀性。大应变的揉搓压实比起动力压实来，易明显导致较强的分散性。分散性抵消了由于密度增加所得到的较高的强度，这可以用来解释为什么某些土在过压实的情况下会产生强度降低。

2）压实土的优点

在最优含水率附近压实的土具有如下一些优点。

（1）压实土的压缩变形和湿化变形最小，所以在最优含水率附近压实的路基，其沉降变形和由于雨水的影响引起的变形就会小，减少路基的破坏。

（2）压实后的土的抗剪强度增加，提高了路基的稳定性。

（3）压实后的土的渗透能力减小，这样就减少了水对路基的影响。

图 1－15 所示为粉质土的一组压实含水率－压实度－抗变形能力关系曲线。由图中关系曲线的变化趋势可看出，当含水率低于最佳值时，随着压实程度（密实度）的增加，变形模量也增加，表明提高压实度可以增强抗变形能力，但是当含水率超过最佳值，即 $w > w_y$ 后，曲线存在一峰值，超过一定的压实度后变形模量反而随压实度增加而降低。这是由于超过最优含水率的土接近于饱和状态，进一步的压实是靠封闭空气的压缩、土中水分的挤动、土的结构变为离散状态、土变为两相饱和土来实现的，这时由于孔隙水压力高，土体有效应力减小，导致抗剪强度下降。然而，上述峰值现象，对有些土（如黏土）表现得不太明显。

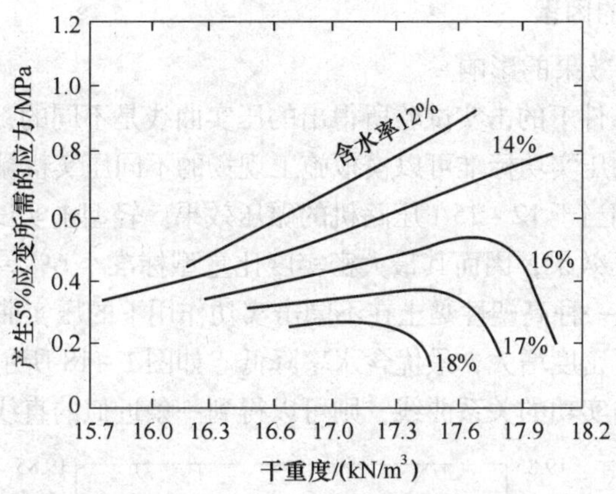

图 1 – 15　粉质土的一组压实含水率 – 压实度 – 抗变形能力关系曲线

压实土遇水浸湿后，其含水率会增加：一部分填满空隙，另一部分被土颗粒吸附引起体积膨胀。压实土的膨胀量除了与土质有关外，很大程度上与压实时的含水率有关。压实含水率低于最优含水率 w_y 时，压实的土比略高于 w_y 时压实的土，有较大的膨胀量。因此，从水稳性的角度来看，当接近或略大于最优含水率时，压实的土吸水量与膨胀量最小，最为稳定。浸湿后的抗变形能力与压实含水率的关系曲线如图 1 – 16 所示。曲线表明，在最优含水率时，压实的试件抗变形能力最强；低于最优含水率及高于最优含水率时，抗变形能力下降，因而，在最优含水率时压实的土可望得到最高的浸湿后的抗变形能力。同时，增加压实功能，提高密度，可以得到较高的浸湿后的抗变形能力。

综上所述，路基土在最优含水率状态下进行压实可以提高路基的抗变形能力和水稳性。

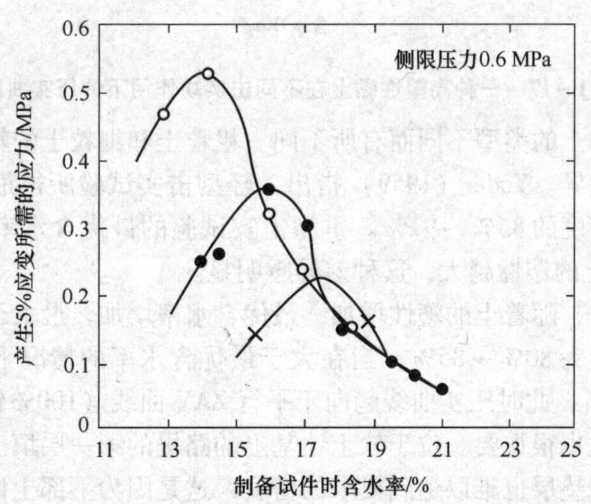

图 1 – 16　浸湿后的抗变形能力与压实含水率的关系曲线

3. 影响土压实性的因素

1）击实功对压实效果的影响

在不同的击实功条件下的击实试验所得出的压实曲线是不同的，因而得出的最优含水率也是不同的。不同的压实功标准可以模拟施工现场的不同压实机械和施工方法。重型击实试验方法的击实功相当于12～15 t压路机的碾压效果。轻型击实试验方法的击实功相当于6～8 t压路机的碾压效果，因而其最大密实度比重型标准小6%～12%，最优含水率大2%～8%。图1－17是一种高塑性黏土在不同击实功作用下的压实曲线，从图中可见随着击实功的增加，最大干密度增大，最优含水率降低。如图1－18所示，如果在半对数坐标上绘制最大干密度和击实功的关系曲线，则可以得到一条近似的直线。

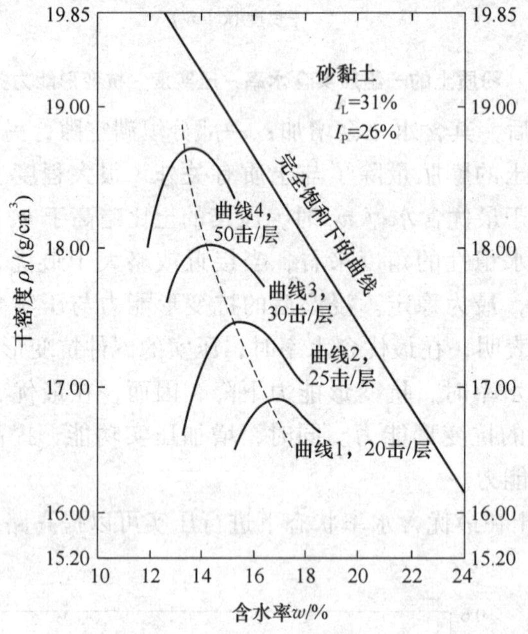

图1－17　一种高塑性黏土在不同击实功作用下的压实曲线

击实功的影响随土的类型不同而有所不同。粗粒土和细粒土的轻型和重型击实试验的结果存在一定的差异。Yoder（1959）指出，轻型击实试验所得最大干密度是重型击实试验所得最大干密度的85%～97%。重型击实试验的最优含水率比轻型击实试验所得的小2%～5%。土的塑性越大，这种差异越明显。

对细颗粒土来说，随着土的塑性增加，最优含水率增加，最大干密度下降。最优含水率处的饱和度一般为80%～85%，当在大于最优含水率的情况下击实，最大饱和度可以达到90%～95%，此时压实曲线趋向于平行ZAV曲线（100%饱和曲线）。

击实功的有效性也很重要。位于软土地基上的路堤的第一层填土很难被压实；同样铺设在土基上的石碴垫层也难以达到要求的密度，这是因为下部土体的变形限制了击实功的有效性。在压实过程中必须限制土中产生的压缩和剪切变形，使其作用是压实而不是变形。经验表明，在软弱地基上填筑路基的时候，每一层的密度和强度必须逐渐提高，除非对下卧层进行加固处理。

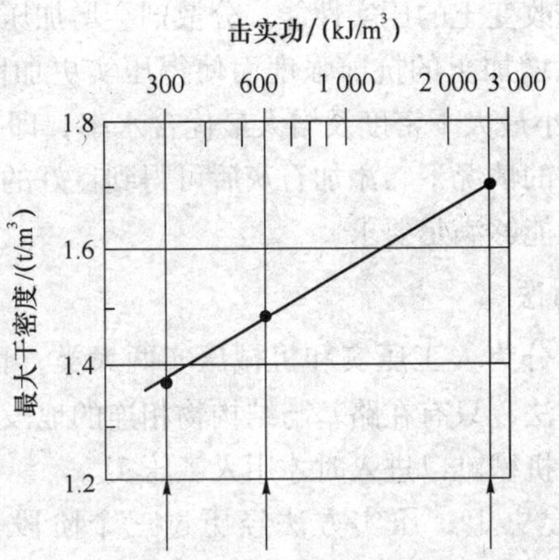

图1－18　最大干密度与击实功的关系曲线

2）土的类型对压实效果的影响

土类型（如土颗粒形状、土颗粒比重、黏矿物含水率和类型）对最大干重度和最优含水率有很大的影响。土的压实性与土的类型及采用的方法密切相关。Lee 和 Suedkamp（1972）发现了四种典型土的压实曲线，如图1－19所示，A型压实曲线有一个单峰，这种曲线通常在土的液限为30～70时出现；B型压实曲线出现一个半峰值，C型压实曲线出现两个峰值，B型压实曲线和C型压实曲线可在含水率低于30%时出现。D型压实曲线无明显的峰值。土的液限超过70时可能会出现不常见的C型和D型曲线。

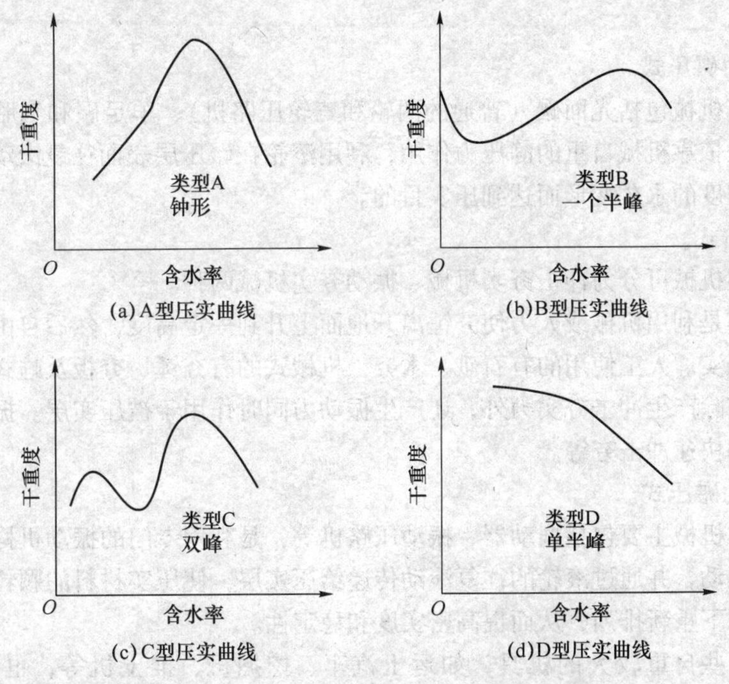

图1－19　四种典型土的压实曲线

化学添加剂可以用来改变土的压实性能。分散剂会增加压实土的最大干密度而降低最优含水率。絮凝剂可以增加土的抗剪强度而使得压实更加困难；同样，稳定添加剂（如石灰和水泥）通常减小最大干密度及增大最优含水率，即在土的天然含水率大于最优含水率，工期又比较紧的情况下，添加石灰后可得到良好的压实效果，而且由于石灰的胶结作用，其强度一般能够满足要求。

4. 路基填土的压实方法

路基填土的压实可以分为人工压实和机械压实两大类，目前在大面积的土方施工中，机械压实是主要的方法，只有在路基与结构物相连的地段，如桥台背后、涵洞两端等，施工场地比较狭小，机械难以进入时才用人工压实。

在城市轨道交通修建史上，压实方法经历过三个阶段：20 世纪 50 年代以前，城市轨道交通运量小、轴重轻、施工技术落后，填土路基主要靠自然沉降和人工打夯来使其密实。20 世纪 60 年代发展到用推土机、自卸汽车来兼作压实机械。20 世纪 80 年代以来，为了适应于城市轨道交通的高速化、重载化的要求，为了满足铺设轨枕板、无缝线路等技术要求，路基需要在具有足够稳定性的前提下，严格控制积累的残余变形量。因此在路基施工中采用了国外已广泛采用的专用压实设备。北京地铁、上海地铁路基等的施工实践证明，专用设备能取得令人满意的压实效果和较好的经济效益。

1）压实机械的分类

压实机械的类型很多，按压实作用原理可大致分为静力碾压式、夯击式和振动碾压式三大类。

（1）静力碾压式。

该类压实机械包括光面碾（普通的两轮和三轮压路机）、羊足碾和气胎碾及各种拖式压滚等，是依靠机械自重的静压力作用，利用滚轮在碾压层表面往复滚动，使被压实层产生一定程度的永久变形而达到压实目的。

（2）夯击式。

该类压实机械可分为冲击夯实机械、振动夯实机械两种。

冲击夯实是利用机械或人力使夯锤离开地面上升到一定高度，然后自由下落所产生的冲击力来压实。人工使用的有石硪、木夯，机械式的有夯锤、夯板及蛙式夯机等。

振动夯实除产生冲击夯实力外，还产生振动力同时作用于被压实层。振动夯实包括振动平板夯和快速冲击夯等。

（3）振动碾压式。

该类压实机械主要包括振动器、振动压路机等，是利用专门的振动机构，以一定的频率和振幅振动，并通过滚轮的往复滚动传递给压实层，使压实材料的颗粒在振动和静压力联合作用下重新排列，从而提高密实度和稳定性。

另外，一些自重较大的机具，如运土汽车、挖掘机、推土机等，也可用于路基压实。

国产压实机械的分类如表 1－15 所示。

表 1-15　国产压实机械的分类

类别	种别	形式	特性	代号	代号含义	主参数	
						名称	单位
压实机械	光轮压路机 Y（压）	拖式		Y	拖式压路机（简称平碾）	加载后质量	t
		两轮自行式		2Y	两轮压路机（简称压路机）	结构质量/加载后质量	t
			Y（液）	2YY	液压（转向）压路机（简称压路机）	结构质量/加载后质量	t
		三轮自行式		3Y	三轮压路机（简称压路机）	结构质量/加载后重量	t
			Y（液）	3YY	三轮液压（转向）压路机（简称压路机）	结构质量/加载后质量	t
	羊足压路机 YJ（压、脚）	拖式 自行式	T（拖）	YJT YJ	拖式羊足压路机（简称羊足碾） 自行式羊足压路机（简称羊足碾）	加载总质量 加载总质量	t t
	轮胎压路机 YL（压、轮）	拖式 自行式	T（拖）	YJT YL	拖式轮胎压路机（简称轮胎碾） 自行式轮胎压路机（简称轮胎碾）	加载总质量 加载总质量	t t
	振动压路机 YZ（压、振）	拖式 自行式、 手扶式	Z（振） T（拖） B（摆） J（铰） F（扶）	YZZ YZT YZ YZB YZJ YZF	拖式振动羊脚压路机（简称振动羊脚碾） 拖式振动压路机（简称振动碾） 自行式振动压路机 摆振压路机 铰接式振动压路机 手扶式振动压路机	加载总质量 结构质量 结构质量 结构质量 结构质量 结构质量	t t t t t kg
	振动夯实机 H（夯）	振动式 Z（振）	 R（燃）	HZ HZR	振动夯实机 内燃振动夯实机	结构质量 结构质量	kg kg
	冲击夯实机 H（夯）	蛙式 W（蛙）、爆炸式 B（爆）、多头式 D（多）		HW HB HD	蛙式夯实机 爆炸式夯实机 多头式夯实机	结构质量 结构质量 结构质量	kg kg kg

2）压实机械的使用范围

部分压实机械的使用范围如下。

（1）光轮压路机。

光轮压路机是一种静作用压路机，按其质量可分为特轻型、轻型、中型、重型和特重型五种。这种压路机单位线压力较小，压实深度比较浅，适用于一般的筑路工程。光轮压路机的应用范围如表 1-16 所示。

表 1-16　光轮压路机的应用范围

分类	加载后质量/t	单位直线压/kPa	应用范围
特轻型	0.5～2	>800～2 000	压实人行道和修补沥青类路面
轻型	>2～5	>2 000～4 000	压实人行道、沥青外表层、公园小道、体育场和土路基
中型	>5～10	>4 000～6 000	压实路基，砾石、碎石类基层，沥青混合料层
重型	>10～15	>6 000～8 000	砾石、碎石类基层，沥青混合料层的终压作业
特重型	>15～20	>8 000～12 000	压实大块石填筑的路基和碎石结构层

(2) 羊足（凸块）碾。

羊足（凸块）碾有较大的单位线压力（包括羊足的挤压力），压实深度大而均匀，并能挤碎土块，因而有很高的压实效果和较高的生产效率，比较适用于黏性土的分层压实，但不适用于非黏性土和高含水率黏土的压实。

(3) 轮胎碾。

轮胎碾机动性好，便于运输，进行压实工作时土与轮胎同时变形，接触面积大，并有揉搓作用，压实效果好。适用于黏性土、非黏性土及沥青混合料层的复压。

(4) 振动碾。

振动碾单位线压力大，振动影响深度大，因此压实深度较大，压实遍数可相应减少。振动碾种类繁多，应用广泛。光轮振动碾最适用于压实非黏性土（砂土、砂砾）、碎石、块石，以及不同类型、不同厚度的沥青混合料层。羊足（凸块）式振动碾既可压实非黏性土，又可压实含水率不大的黏性土和细颗粒砂砾及碎石。振动碾的应用范围见表 1－17，振动碾压实后的最大铺层厚度见表 1－18。

表 1－17　振动碾的应用范围

质量和类型	块石	砂砾石		粉土、粉质土、冰碛土		黏土	
		优良级配	均匀粒级	粉质砂、粉质砾石、冰碛土	粉土、砂质粉土	低、中强度黏土	高强度黏土
3 t 以下光轮		△	△	△	△		
3～5 t 光轮		○	○	△	△	△	
5～10 t 光轮	△	○	○	○	△	△	△
10～15 t 光轮	○	○	○	○	△	△	△
凸块式			△	△	○	○	○
羊足式			△	△	△	○	○

注：○—适用；△—可用。

(5) 夯实机械。

夯实机分为振动夯实机及冲击夯实机，它们体积小，质量轻，主要适用于狭窄工作面的铺层压实，如桥台背后、涵洞两端等。振动夯实机常用于非黏性砂质黏土、砾石、碎石的压实，而冲击夯实机则多用于黏土、砂质黏土和石灰土的夯实作业。

3) 压实过程中的注意事项

路基的压实作业，应遵循“先轻后重、先慢后快、先边后中”的原则。

(1) 所谓先轻后重，是指开始时先使用轻型压路机进行初压，随着被压实层密度的增加逐渐改用中型或重型压路机复压。

(2) 所谓先慢后快，是指压路机碾压速度随着碾压遍数的增加可以逐渐加快。这是因为在开始阶段，填土比较松散，以较低的速度碾压，压力作用时间较长，有利于发挥压路机的压实功能，避免因碾压过快造成推拥土壤或陷车。随着碾压遍数的增加而加快碾压速度，有利于提高作业效率和表层的平整度。

(3) 所谓先边后中，是指碾压作业始终坚持从路基两侧开始，逐渐向路中心碾压，以保证路基的设计拱形和防止路基两侧的坍塌。

(4) 在碾压过程中，应注意保持压路机行驶方向的直线性，相邻压实带应有1/3的重叠量，以保证碾压质量。

表1－18 振动碾压实后的最大铺层厚度

压路机工作质量（括号内为振动轮部分的质量）		路堤				基床底层	基床表层
		岩石填方△	砂砾	粉土	黏土		
拖式振动压路机	6 t	0.75	⊙0.60	⊙0.45	0.25	⊙0.40	⊙0.30
	10 t	⊙1.50	⊙1.00	⊙0.70	⊙0.35	⊙0.60	⊙0.40
	15 t	⊙2.00	⊙1.50	⊙1.00	⊙0.50	⊙0.80	—
	6 t	—	0.60	⊙1.45	⊙0.30	0.40	—
	10 t	—	1.00	⊙0.70	⊙0.40	0.60	—
自行式振动压路机	7（3）t	—	⊙0.40	⊙0.30	⊙0.15	⊙0.30	⊙0.25
	10（5）t	0.75	⊙0.50	⊙0.40	0.20	⊙0.40	⊙0.30
	15（10）t	⊙1.50	⊙1.00	⊙0.70	⊙0.35	⊙0.60	⊙0.30
	8（4）t凸块式	—	0.40	⊙0.30	⊙0.20	0.30	—
	8（7）t凸块式	—	0.60	⊙0.40	⊙0.30	0.40	—
	15（10）t凸块式	—	1.00	⊙0.70	0.40	0.60	—
两轮振动压路机	2 t	—	0.30	0.20	0.10	0.20	⊙0.15
	7 t	—	⊙0.40	0.30	0.15	⊙0.30	⊙0.25
	10 t	—	⊙0.50	⊙0.35	0.20	⊙0.40	⊙0.30
	13 t	—	⊙0.60	⊙0.45	⊙0.25	⊙0.45	⊙0.35
	18 t凸块式	—	0.90	⊙0.70	⊙0.40	0.60	—

注：△—仅适用于为压实岩石填方而特殊设计的压路机；⊙—最适用。

5. 路基压实质量控制指标与检测方法

压实质量检测是控制路基填筑的重要手段，压实质量检测有多种方法，常用的控制指标包括：压实系数、地基系数 K_{30} 、标贯、CBR、弯沉值等。不同的部门采用的控制指标不同，铁路部门常用地基系数 K_{30}、压实度、相对密度、孔隙率 n 及动态模量 E_{vd} 来控制压实质量，而公路部门则比较习惯用压实度、CBR和弯沉值来进行控制。下面就对几种控制指标进行简要介绍。

1) 地基系数 K_{30}

K_{30} 称为地基系数，是指由直径为30 cm的载荷板压在地基上，然后在载荷板上加载，测量载荷板的下沉量，根据载荷（又称荷载）下的载荷应力 P（N/cm^2）与载荷板的下沉量 S（cm）的比值来确定，即

$$K_{30}=\frac{P}{S} \tag{1-22}$$

K_{30} 的单位为N/cm^{3}或MPa/m。

由于地基土的非线性性质，不同变形量情况下的 K_{30} 值也不相同，《铁路路基设计

规范》（TB 10001—2016）取 $S=0.125$ cm 时的 P 和 S 比值作为地基系数 K_{30} 。

2）动态模量 E_{vd}

动态模量 E_{vd} 是一种土体承载力指标，可以通过动态平板载荷试验来检测，主要做法是用 10 kg 的锤以 7.70 kN 的最大冲击力冲击土体表面的直径为 30 cm 的载荷板，冲击时间为 18 ms，这样的冲击力约为 $\sigma=0.1$ MPa，动态模量可以按照式（1－23）计算。

$$E_{vd}=1.5\cdot r\cdot\sigma/S=22.5/S \tag{1-23}$$

式中，$r=150$ mm，为载荷板的半径；S 为载荷板的冲击下沉量，mm。

3）变形模量 E_{v2}

由平板载荷试验第二次加载测得的土体变形模量称为 E_{v2} 。无砟轨道客运专线的路基填筑质量控制指标增加了 E_{v2} 的要求，其试验也属于平板载荷试验，在圆形载荷板上分级施加静荷载，测试荷载强度与沉降变形的关系，由此计算地基的变形模量。该试验方法与地基系数 K_{30} 试验相似，它们的主要差别在于操作步骤、数据整理和计算方法的不同。

变形模量计算的理论基础是弹性半空间体上圆形局部荷载的公式，即：

$$E_0=0.79(1-\mu^2)d\sigma/S \tag{1-24}$$

式中，d 为载荷板直径。取 μ 为 0.21，并采用增量形式，即：

$$E_v=1.5r\Delta\sigma/\Delta S \tag{1-25}$$

计算 $0.3\sigma_{max}$ 到 $0.7\sigma_{max}$ 的割线。为了有效地利用测试记录的数据，减小误差，对试验数据作二次回归，即：

$$S=a_0+a_1\sigma+a_2\sigma^2 \tag{1-26}$$

利用式（1－27）计算。

$$E_v=1.5r\frac{1}{a_1+a_2\sigma_{max}} \tag{1-27}$$

如图 1－20 所示，试验经两次加载。E_{v1} 和 E_{v2} 分别为第一次加载和第二次加载时计算的情况，单位一般为 MPa 或 MN/m^3。在铁路路基填筑施工质量检测中，一般情况下采用直径为 300 mm 的载荷板。

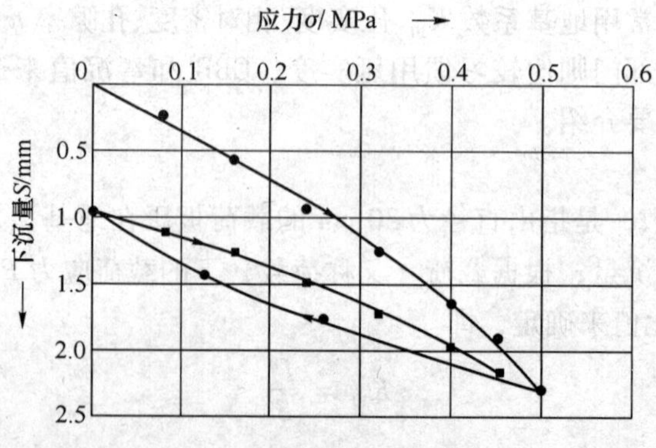

图 1－20　变形模量 E_v 试验曲线

4）压实系数 k

现场一般采用灌水法或灌砂法测量路基填土的干重度，再与室内压实试验得出的最大干重度相比得出压实系数。

灌水法试验首先要按表1-19的规定，根据试样的最大粒径来确定试坑尺寸。挖试坑时应将坑内的试样装入盛土容器内，称其质量并测定其含水率。然后在挖好的试坑内铺上大于试坑容积的塑料薄膜袋，再通过有刻度的储水筒向试坑内注水，至水面与试坑边缘齐平，则试坑的体积即为注水的体积。试样的密度可以按式（1-28）计算。

$$\rho_0 = \frac{m_p}{V_p} \tag{1-28}$$

式中，ρ_0 为试样的密度；m_p 为取自试坑内的试样质量；V_p 为试坑体积。

表1-19 灌水法所需试坑尺寸 单位：mm

试样最大粒径	试坑尺寸	
	直径	深度
5（20）	150	200
40	200	250
60	250	300

灌砂法的原理与灌水法基本相同，但是采用标准砂来作为测定试坑体积的工具。具体要求可参见《土工试验方法标准》（GB/T 50123—1999）。

也可以用核子湿度密度仪直接测量路基填土的密度，其原理是利用元素的放射性来测定各种材料的密度和湿度。仪器内部带有两个辐射源，即用于测定密度的同位素Cs-137 γ 源和用于测定湿度的Am-241/Be中子源。此外，仪器内部还有两种射线的接收装置及为检测射线和显示测试值所需要的处理器等电子元件。现场可直接用于进行压实质量控制。测量密度时，Cs-137 γ 源发出 γ 射线进入被测材料。如果材料的密度较低，可通过的 γ 射线量大，仪器内的接收装置在单位时间内的计数就较大；如果材料的密度较高，材料吸收的 γ 射线比较多，计数就比较少。通过微处理器将该密度计数值除以存储在仪器内的材料标准计数值可得到计数比，再通过一定的计算程序，就可以得到被测材料的天然密度。

与传统的灌水法或灌砂法相比，核子湿度密度仪有明显的优点：被测土壤体积大，结果更具有代表性；测量中实际上没有试样的影响或体积的变化，人为影响小；测量一次总耗时不超过5 min，因此测量可以在压实机械来回通过的间隙时间内完成，可直接用来指导施工，其不足之处在于辐射源的辐射强度会随时间变化，因此需经常对仪器进行标定。

5）孔隙率 n

对于砾石类、碎石类填料，《铁路路基设计规范》（TB 10001—2016）规定采用土的孔隙率 n(%) 作为评价路基基床压实程度的指标。孔隙率越小，表明土越密实。《秦沈客运专线设计暂行规定》首次使用土的孔隙率 n（%）作为路基填筑质量控制指标。

6）相对密度 D_r

对于砂土填料，传统上一直用相对密度（即相对密实度）D_r 来表征其压实状态。相对密度按式(1-29)计算。

$$D_r = \frac{e_{max} - e}{e_{max} - e_{min}} \tag{1-29}$$

式中，e_{max}、e_{min} 为填料的最大孔隙比和最小孔隙比，分别在试验中取最大的干密度 $\rho_{d\,max}$ 和最小的干密度 $\rho_{d\,min}$ 计算得出。e 为填料压实后取样测其干密度后求出的孔隙比，因此，式（1-29）可以写成：

$$D_r = \frac{(\rho_d - \rho_{d\,min})\rho_{d\,max}}{(\rho_{d\,max} - \rho_{d\,min})\rho_d} \tag{1-30}$$

城市轨道交通路基填料的质量控制采用双指标控制方法，即路基施工质量检测中至少要根据填料的性质对地基系数 K_{30}、压实系数 k、孔隙率 n 和相对密度 D_r 这4个指标中的2项进行检测。相关规范规定，对细粒土、粉砂、改良土应采用压实系数 k 和地基系数 K_{30} 作为控制指标；对砂类土（粉砂除外）应采用相对密度 D_r 和地基系数 K_{30} 作为控制指标；对砾石类、碎石类、级配碎石或级配砂砾石应采用地基系数 K_{30} 和孔隙率 n 作为控制指标。

7）CBR

CBR（California bearing ratio）试验，是由美国加利福尼亚州公路局最早提出的一种确定路基相对承载力的试验。

对于柔性路面的道路而言，上部结构将作用于路面的交通荷载传递给路基。这就要求传递到路基面的荷载应降低到路基面的容许承载力之下，因此对填土路基的要求，可以归结为对承载力的要求。CBR 试验是将规定尺寸的探头贯入土中，在一定的贯入深度时，以其对应的荷载强度与 CBR 基准值比较，来确定地基承载力的相对值。CBR 基准值是用美国加利福尼亚州一种具有代表性的未筛碎石进行多次试验而得，并将其平均值定为100%。试验证明在最优含水率附近压实的土，其 CBR 值也是最高的。CBR、干重度与含水率的关系如图1-21所示。

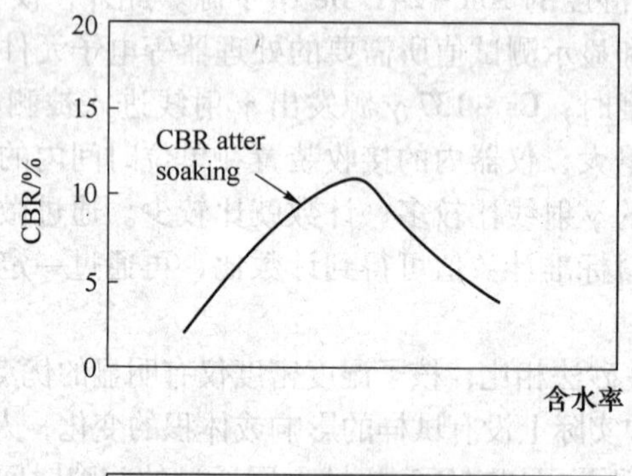

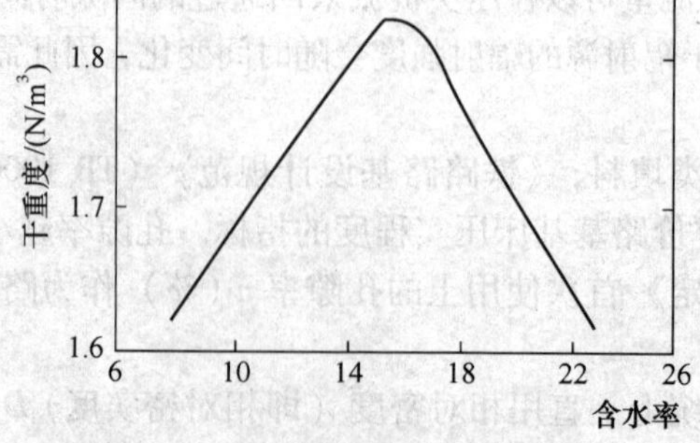

图1-21　CBR、干重度与含水率的关系

CBR 试验要求先将试样浸水 96 h，测出其浸水膨胀量，再进行贯入试验，其目的在于考虑路基填土在使用期间和长年运营过程中最不利条件下的 CBR 值。

8）锤击数 N_{10}

轻型动力触探试验是一种原位测试手段。该试验是使用 10 kg 的落锤，以 50 cm 的落距自由下落，将探头贯入土中，记录每贯入 30 cm 的锤击数 N_{10}。N_{10}的大小反映了动贯入阻力的大小，与土层的种类、紧密程度、力学性质等密切相关，故可以将 N_{10}作为反映土层综合性能的指标。

典型工作任务 1.6　路基土的力学性质

1.6.1　土的压缩

土的压缩性现象，对于在可压缩性土上建造的任何工程建筑物的设计，具有重要的意义，因此，有必要简单地介绍土的压缩性的计算特征、一些决定土的压缩性的因素，以及松散土和黏性土的压缩性特征。

1. 土的压缩变形实质

由于土是矿物颗粒的松散堆积体，当土体受到外力的作用时，土的体积随之改变，这称为土的压缩性。土体完成压缩变形一般要经历一段时间过程。对于饱和土，荷载增加时，土体一般是逐渐被压缩，压缩过程中部分水会从土体中排出，土中孔隙水压力相应地转化为土粒间的有效应力，直至变形趋于稳定，即孔隙水排出，土的压缩随时间而增长的这一变形的全过程称为固结。土体压缩量的多少依赖于其所受有效应力的大小，而固结的速度则取决于土体排水的快慢。

土质地基在荷载作用下，总是要产生变形的，这就是由于土的压缩性引起的。从工程意义上来说，地基沉降（变形）有均匀沉降和不均匀沉降之分。当建筑物基础均匀沉降时，从结构安全的角度来看，不会有什么影响，但过大的沉降将会严重影响建筑物的使用与美观，如造成设备管道排水倒流，甚至断裂等；当建筑物基础发生不均匀沉降时，建筑物可能发生裂缝、扭曲和倾斜，影响使用和安全，严重时甚至使建筑物倒塌。因此，在不均匀或软弱地基上修建建筑物时，必须考虑土的压缩性和地基变形等方面的问题。

在工程设计和施工中，如能事先预估并妥善考虑地基的变形而加以控制或利用，是可以防止地基变形所带来的不利影响的。如某高炉，地基上层是可压缩土层，下层为倾斜岩层，在基础底面积范围内，土层厚薄不均，在修建时有意使高炉向土层薄的一侧倾斜，建成后由于土层较厚的一侧产生较大的变形，结果使高炉恰好恢复其竖向位置，保证了安全生产，节约了投资。

对于透水性较大的砂土和碎石土，在荷载作用下，孔隙中的水会很快排出。因此，其压缩过程在很短的时间内就可完成。对于黏性土，其透水性很差，在荷载作用下，土中水和气体只能慢慢地排出。因此，黏性土的压缩所需的时间比砂土和碎石土长得多，有时需十几年或几十年才能完成。

土体的压缩变形实际上是孔隙体积压缩，孔隙比减小所致。土的压缩过程可看成是孔隙体积减小和孔隙水或气体被排出的过程。

土的压缩性主要有两个特点：①土的压缩性主要是由土中孔隙体积减小而引起的。在实际工程中一般认为固体颗粒和水本身的压缩量非常微小，可不予考虑，但孔隙中的水在外力作用下会沿着土中孔隙排出，从而引起土体积减小而压缩。②土的压缩有时间性，固结时间的长短与土的渗透性及边界条件有关。

2. 土的压缩指标的确定

1）土的室内压缩试验

土的室内压缩试验也称为土的固结试验，其基本操作过程为：将切有土样的环刀放入压缩仪（见图 1－22）。土样上下放置的透水石是土样受压后排出孔隙水的两个界面。压缩过程中竖向压力通过加压活塞施加给土样，土样产生的压缩量可通过百分表（测微计）量测。常规压缩试验通过逐级加荷进行试验，常用的分级加荷量 p 为：0.05 MPa、0.1 MPa、0.2 MPa、0.3 MPa、0.4 MPa。每次加载后，待土样变形停止，用百分表测出已稳定的压缩变形量 Δh_i，这时土样高度由原来的 h 缩小为 h_i，$h_i = h - \Delta h_i$，孔隙比也由原来的 e_0 变为 e_i。然后再加下一级荷载，重复进行试验，测得各级压力作用下土样的压缩变形量，计算出相应的孔隙比。

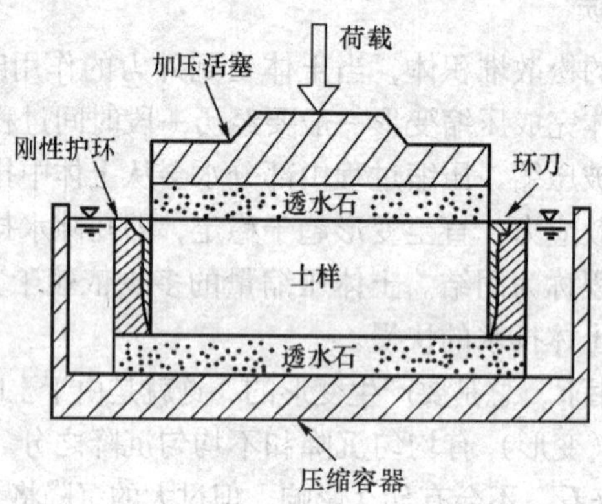

图 1－22　压缩仪

如图 1－23 所示，试验前土样的原始高度为 h_0，原始孔隙比为 e_0，当加压 p_1 后，土样的压缩量为 Δh_1，土样高度由 h_0 减至 h_1，$h_1 = h_0 - \Delta h_1$，相应的孔隙比由 e_0 减至 e_1。根据荷载作用下土样压缩稳定后的总压缩量 Δh_1 可求出相应的孔隙比的计算公式（因为受压前后土粒体积不变，土样横截面积不变，所以试验前后土样中固体颗粒所占的高度不变），即：

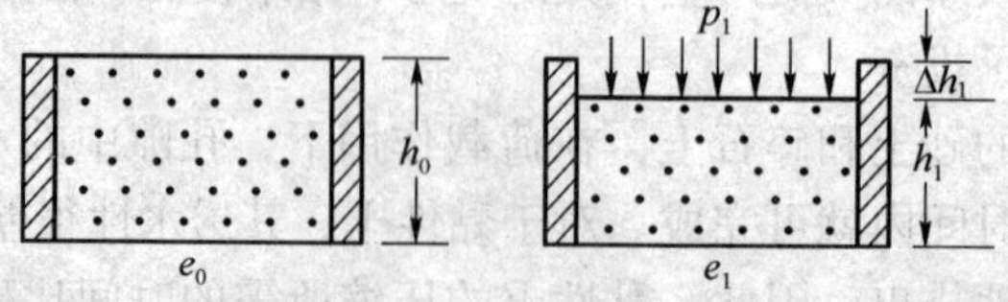

图 1－23　土样的压缩变形

$$\frac{Ah_0}{1+e_0}=\frac{A(h_0-\Delta h_1)}{1+e_1} \tag{1-31}$$

整理得

$$e_1=e_0-\frac{\Delta h_1}{h_0}(1+e_0) \tag{1-32}$$

同理，各级压力 p_i 作用下土样压缩稳定后相应的孔隙比 e_i 为：

$$e_i=e_0-\frac{\Delta h_i}{h_0}(1+e_0) \tag{1-33}$$

式中，e_0 与 h_0 值已知，Δh 可由百分表测得，求得各级压力下的孔隙比后（一般为3～5级荷载），以纵坐标表示孔隙比，以横坐标表示压力，便可根据压缩试验结果绘制孔隙比与压力的关系曲线，即压缩曲线（见图1－24）。

2）土的压缩指标

（1）压缩系数。

土的压缩曲线反映土的压缩性质。在如图1－24所示的压缩曲线中，当压力由 p_1 至 p_2 的变化范围不大时，可将压缩曲线上相应的一小段弧 M_1M_2 近似地用直线来代替。若 M_1 点的压力为 p_1，相应的孔隙比为 e_1，M_2 点的压力为 p_2，相应的孔隙比为 e_2，则 M_1M_2 直线的坡度为：

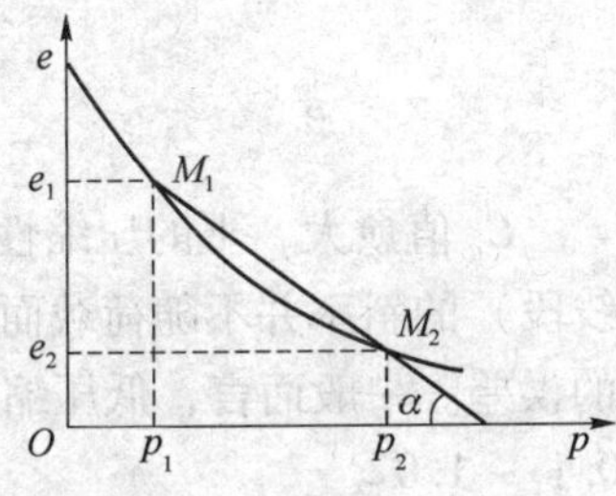

图1－24　压缩曲线

$$a=\tan\alpha=\frac{\Delta e}{\Delta p}=\frac{e_1-e_2}{p_2-p_1} \tag{1-34}$$

式（1－34）称为土的压密定律，它表示在压力变化不大时，土中孔隙比的变化与所加压力的变化成正比。其比例系数用符号 a 表示，称为压缩系数，单位是 MPa^{-1}。压缩系数表明在从 p_1 到 p_2 的压力段内，单位压力的增加所引起的土样孔隙比的减少，是反映土压缩性质的一个重要指标，其值愈大，土愈易压缩。从图1－24可见，同一种土的压缩系数是随所取压力变化范围的不同而改变的。为了便于应用和比较，一般取 $p_1=0.1$ MPa 到 $p_2=0.2$ MPa 的压力范围确定土的压缩系数，用 $a_{0.1\sim0.2}$ 表示。根据压缩系数 $a_{0.1\sim0.2}$ 的大小，可评价地基土的压缩性，压缩系数作为地基土评价指标见表1－20。

表1－20　压缩系数作为地基土评价指标

土的压缩性分类	压缩系数 $a_{0.1\sim0.2}$ / MPa^{-1}
高压缩性土	$a_{0.1\sim0.2}\geqslant 0.5$
中压缩性土	$0.1\leqslant a_{0.1\sim0.2}<0.5$
低压缩性土	$a_{0.1\sim0.2}<0.1$

（2）压缩指数。

将孔隙比 e 与垂直压力 p 的对数绘制成 $e-\lg p$ 曲线（见图1－25）。

可以看出，$e-\lg p$ 曲线的后段接近直线。其斜率称为压缩指数，用 C_c 表示。压缩指数 C_c 与压缩系数 a 的意义相似，其计算公式为：

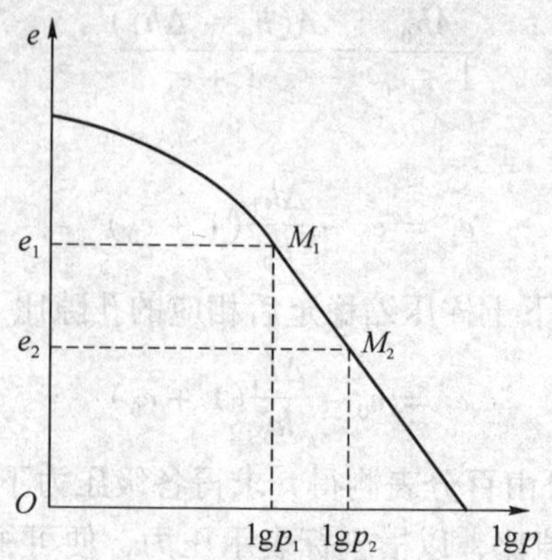

图 1-25　$e-\lg p$ 曲线

$$C_c = \frac{e_1 - e_2}{\lg p_2 - \lg p_1} \tag{1-35}$$

C_c 值愈大，土的压缩性愈高。从图 1-25 可见，C_c 与 a 不同之处在于它的后段（直线段）的斜率并不随荷载而变，不过，试验时要很细心地确定斜率，否则会引起很大的误差。一般而言，低压缩性土 $C_c < 0.2$，高压缩性土 $C_c > 0.4$，黏性土的 C_c 值一般为 $0.1 \sim 1.0$。

（3）压缩模量。

在有侧限（无侧向膨胀）的条件下，土所受的压应力 σ_z 与相应的竖向应变 ε_z 的比值，叫作土的压缩模量 E_s，即：

$$E_s = \frac{\sigma_z}{\varepsilon_z} \tag{1-36}$$

在压缩试验中，土样高度为 h_1，当压力由 p_1 增至 p_2，相应的孔隙比就由 e_1 变为 e_2，故有

$$\sigma_z = p_2 - p_1 \quad \varepsilon_z = \frac{\Delta h_1}{h_0} = \frac{e_1 - e_2}{1 + e_1} \tag{1-37}$$

故压缩模量 E_s 与压缩系数 a 之间的关系为：

$$E_s = \frac{p_2 - p_1}{e_1 - e_2}(1 + e_1) = \frac{1 + e_1}{a} \tag{1-38}$$

式中，a 为压力从 p_1 增加至 p_2 时的压缩系数；e_1 为压力为 p_1 时对应的孔隙比。

由式（1-38）可知，压缩模量 E_s 是在无侧向膨胀条件下，产生单位竖向应变所需的压应力增加值。E_s 值愈大，则产生单位竖向应变的压应力增加值就愈大，土愈不易压缩；E_s 愈小，则土就愈容易压缩，所以 E_s 也可用以表示土的压缩性。为了便于应用和比较，通常规定用 $p_1 = 0.1$ MPa，$p_2 = 0.2$ MPa 时所得的 $E_{s(0.1\sim0.2)}$ 作为判断土的压缩性的另一指标。一般而言，$E_{s(0.1\sim0.2)} > 15$ MPa 为低压缩性土，15 MPa $\geq E_{s(0.1\sim0.2)} \geq 4$ MPa 为中压缩性土，$E_{s(0.1\sim0.2)} < 4$ MPa 为高压缩性土。

（4）回弹指数。

在压缩试验时，如果逐级加载后再逐级卸载，可以得到卸载过程中各级荷载和其

对应的土样孔隙比的数据，并可绘出回弹曲线（膨胀曲线）。如图1－26所示，压缩曲线与卸荷时的回弹曲线并不重合，这说明土并不是理想弹性体，在卸荷时，变形虽有部分恢复，但不能全部恢复，能恢复的部分称为弹性变形，不能恢复的部分称为残余变形，一般来说，残余变形比弹性变形大。如果再重新加载，则又得再压缩曲线，再压缩曲线与原来的压缩曲线有连续的趋势。

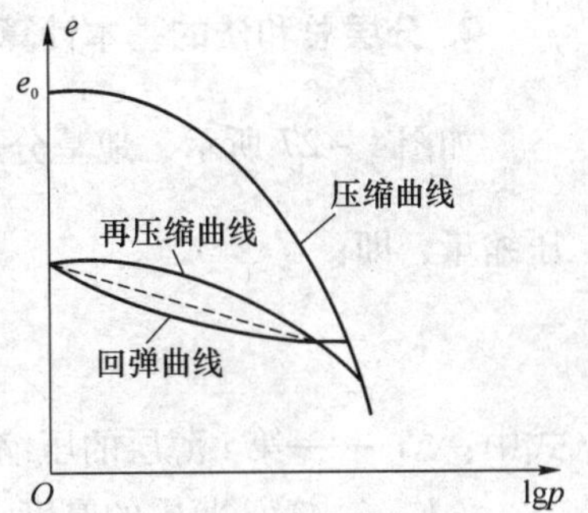

图1－26　土的回弹－再压缩曲线

卸载段和再压缩段的平均斜率称为回弹指数或再压缩指数 C_s。通常 $C_s \leqslant C_c$，一般黏性土的 $C_s \approx (0.1 \sim 0.2) C_c$。

1.6.2　地基沉降量计算

土体在外力作用下总会产生变形，主要是竖向的压缩变形，因此，建造在土质地基上的工程建筑物也就会产生沉降。沉降过大，将导致建筑物的沉降差、倾斜或局部倾斜。为了保证建筑物的安全，有必要来简单地叙述地基的变形，因为地基的变形是在可压缩地基上设计建筑物的最重要控制因素之一。

地基变形完全稳定时，地基表面的最大竖向变形就是基础的最终沉降量。

地基最终沉降量的计算方法有多种，主要为分层总和法、按有关规范推荐的计算方法和弹性理论方法等。下面介绍分层总和法。

天然地基土一般由性质不同的不均匀土层组成，并相互重叠。即使是均一土层，随着深度的变化，土的某些物理力学指标也在改变。因此，计算地基沉降，最好把土层分成许多薄层，分别计算每个薄层的压缩变形量，最后叠加成为总沉降量。这是一种近似计算法，称为分层总和法。

1. 分层总和法假定

（1）地基土是一个均匀、各向同性的半无限空间弹性体。在建筑物荷载作用下，土中的应力与应变呈直线关系。这样，就可以应用弹性理论方法计算地基中的附加应力。

（2）根据基础中心点下土柱所受的附加应力 σ_z 进行计算，但得到的沉降量数值偏大。

（3）中心土柱被认为是无侧向膨胀的单轴受压土样，因中心轴周围的土柱也在同样约束条件下压缩，对中心土柱有一定约束作用。这样就可以应用侧限压缩试验的指标，但得到的沉降量数值偏小。可与第（2）项情况互相补偿。

（4）一般地基的沉降量，等于基础底面中心下某一深度（受压层）范围内各土层的压缩量总和，理论上应计算至无限深度，但由于附加应力随深度而衰减，超过某一深度后的土层的沉降量就很小，可以忽略不计。当受压层下有软弱土层时，则应计算其沉降量。

2. 分层总和法的基本计算公式

如图 1－27 所示，地基分成 n 薄层后，就可按公式 $\Delta s = \frac{e_1 - e_2}{1 + e_1} h_1$ 计算第 i 薄层的压缩量，即：

$$\Delta s_i = \frac{e_{1i} - e_{2i}}{1 + e_{1i}} h_i \tag{1-39}$$

式中：Δs_i ——第 i 薄层的压缩量，mm；

h_i ——第 i 薄层的厚度，mm；

e_{1i} ——相应于第 i 薄层土的平均自重应力 $\left[(\bar{\sigma}_{cz})_i = \frac{(\sigma_{cz})_{i-1} + (\sigma_{cz})_i}{2} \right]$ 的初始孔隙比，可由某土层的压缩曲线（见图 1－28）中查得；

e_{2i} ——相应于建造建筑物后，第 i 薄层土的平均总应力 $\left[\text{第 } i \text{ 薄层土中的平均自重应力加平均附加应力，即 } (\bar{\sigma}_{cz})_i + (\bar{\sigma}_z)_i = \frac{(\sigma_{cz})_{i-1} + (\sigma_{cz})_i}{2} + \frac{(\sigma_z)_{i-1} + (\sigma_z)_i}{2} \right]$ 土压缩后的孔隙比，也可由图 1－28 查得。

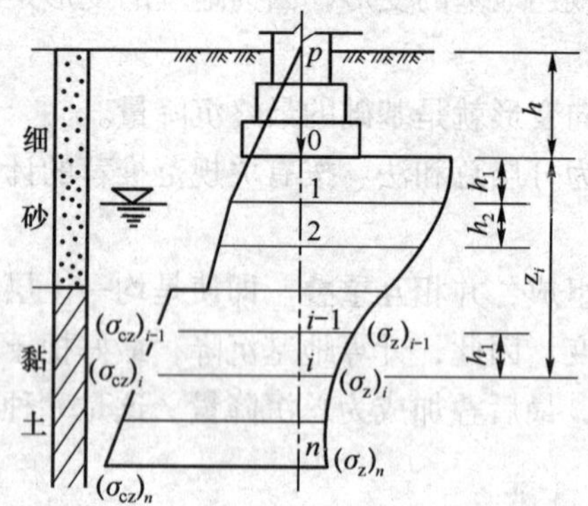

图 1－27　分层总和法计算地基沉降

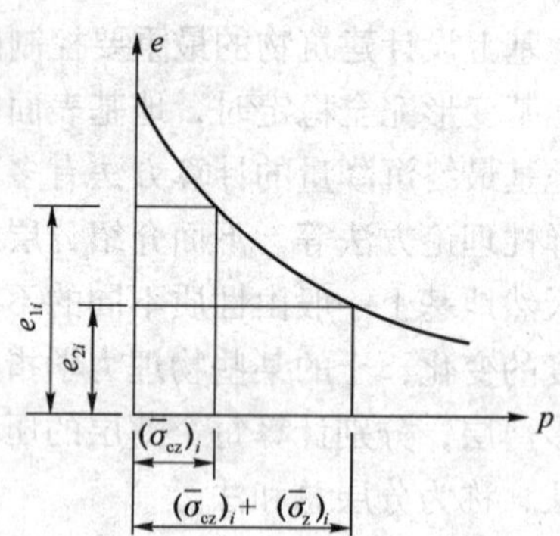

图 1－28　某土层的压缩曲线

算出每个薄层土的压缩量，则各薄层土压缩量的总和为地基的总沉降量：

$$s = \sum_{i=1}^{n} \Delta s_i = \sum_{i=1}^{n} \frac{e_{1i} - e_{2i}}{1 + e_{1i}} h_i \tag{1-40}$$

式（1－40）中的 Δs 也可用压缩系数 a 来表达，因为

$$a_i = \frac{e_{1i} - e_{2i}}{[(\bar{\sigma}_{cz})_i + (\bar{\sigma}_z)_i] - (\bar{\sigma}_{cz})_i} = \frac{e_{1i} - e_{2i}}{(\bar{\sigma}_z)_i}$$

所以，式（1－40）也可以写成：

$$s = \sum_{i=1}^{n} \frac{a_i (\bar{\sigma}_z)_i}{1 + e_{1i}} h_i \tag{1-41}$$

如式（1－41）用压缩模量 E_s 来表达，可以将 $E_s = \frac{1 + e_{1i}}{a_i}$ 代入式（1－41），得

$$s = \sum_{i=1}^{n} \frac{(\bar{\sigma}_z)_i}{E_{si}} h_i \tag{1-42}$$

《铁路桥涵设计规范》（TB 10002—2017）规定，软土地基的总沉降量应乘以经验系数 1.3，即：

$$s = 1.3 \sum_{i=1}^{n} \frac{e_{1i} - e_{2i}}{1 + e_{1i}} h_i \tag{1-43}$$

分层总和法的原理简单明了，是目前国内外广泛采用的计算方法，其缺点是假设土是直线变形体且无侧向膨胀，这与实际情况不相符，而且没有考虑地基受压历史对沉降的影响和深基础开挖时基坑土的回弹影响。另外，上部结构、基础、地基三者是协同工作的，分层总和法只考虑了地基的因素，这些都使计算结果有一定的误差，所以此法尚有待改进。我国《建筑地基基础设计规范》（GB 50007—2011）根据地基土的 E_s 值，对该规范规定的计算总沉降量的公式引进一经验系数，予以修正。

3. 分层总和法的注意事项

为使沉降量计算结果较为准确，应注意下列几点规定。

(1) 地基中不同土层的界面应作为分层面。因为地下水位面上部、下部土的重度并不相同，所以，同一土层的地下水位面也应作为分层面。

(2) 分层厚度愈薄，计算结果愈精确，但为简化计算工作量起见，分层厚度可采用 $h \leqslant 0.4b$（b 为基础短边长度）。

(3) 一般情况下，地基沉降是由附加应力引起的，附加应力愈小，压缩变形也愈小，而附加应力是随深度的增加而减小的。当分层深度达到某一数值时，该分层的压缩量就很小，可以忽略不计，通常把需要计算压缩量的土层叫作压缩层，压缩层的下限可定在地基附加应力与地基自重应力的比等于 20% 处，即 $(\sigma_z)_n = 0.2(\sigma_{cz})_n$ 处。当地基为压缩性高的软土时，则定在 10% 处，即 $(\sigma_z)_n = 0.1(\sigma_{cz})_n$ 处。

(4) 桥涵基础的沉降应按恒载计算。对于静定结构，其墩台均匀沉降量与墩台施工完成时相邻墩台均匀沉降量之差不得大于下列容许值。

① 对于有砟桥面桥梁：墩台均匀沉降量为 80 mm；相邻墩台均匀沉降量之差为 40 mm。

② 对于明桥面桥梁：墩台均匀沉降量为 40 mm；相邻墩台均匀沉降量之差为 20 mm。

③ 对于涵洞：涵身沉降量为 100 mm。

对于超静定结构，其相邻墩台均匀沉降量之差的容许值，应根据沉降对结构产生的附加应力的影响而定。

4. 分层总和法的计算步骤

现以压缩曲线的计算方法，说明其计算步骤。

（1）将基底下的土层分成若干薄层。

（2）计算各分层面处土的自重应力$(\sigma_{cz})_i$（自重应力应自地面起算）及各分层的平均自重应力$(\bar{\sigma}_{cz})_i$。

（3）计算基础底面处的附加应力σ_{z0}。

（4）计算基底形心下，各分层面处土中的附加应力$(\sigma_z)_i$及各分层的平均附加应力$(\bar{\sigma}_z)_i$。

（5）确定压缩层厚度。

（6）根据土层的压缩曲线资料，按各分层平均自重应力$(\bar{\sigma}_{cz})_i$和各分层平均自重应力加平均附加应力$(\bar{\sigma}_{cz})_i+(\bar{\sigma}_z)_i$值分别查出$e_{1i}$和$e_{2i}$。

（7）计算各分层压缩量$\Delta s_i=\dfrac{e_{1i}-e_{2i}}{1+e_{1i}}h_i$，求得其总和，即地基总沉降量。

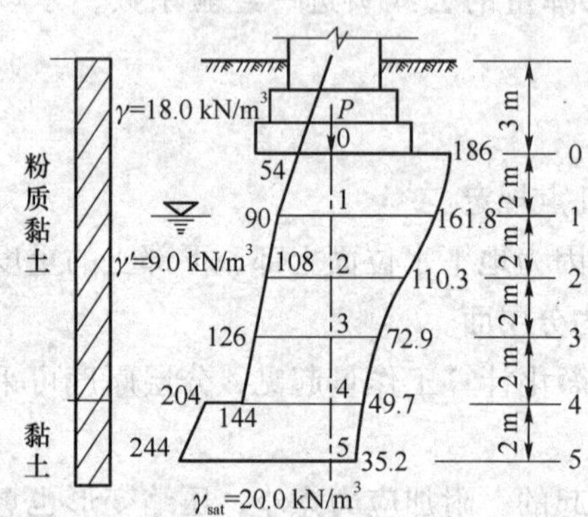

图1－29　例1－5图

【例题1－5】某桥墩基础，基底为矩形，$a=10\ \text{m}, b=5\ \text{m}$，基础埋深为3 m，受竖直中心荷载$P=12\ 000\ \text{kN}$，地基为粉质黏土层和黏土层，地下水位在地面下5 m处，有关地质资料如图1－29所示，粉质黏土层和黏土层的压缩曲线资料列于表1－21中，试按分层总和法计算地基总沉降量。

【解】

（1）将地基分层，根据地基土的天然层次及分层厚度不超过$0.4b=0.4\times5=2(\text{m})$的规定，分层厚度均取2 m。

（2）从原地面起计算各分层面处土的自重应力及各分层的平均自重应力并列于表1－22中。

（3）计算基础底面处的附加应力。

基底应力：$\sigma=\dfrac{P}{ab}=\dfrac{12\ 000}{10\times5}=240(\text{kPa})$

基底附加应力：$\sigma_{z0}=\sigma-\gamma h=240-18.0\times3=186.0(\text{kPa})$

（4）计算各分层面处土的附加应力及各分层的平均附加应力并列于表1－23中。

表1－21　粉质黏土层和黏土层的压缩曲线资料

荷载 p/kPa ／ e ／ 土名	0	50	100	200	300
粉质黏土	0.860	0.795	0.765	0.730	0.710
黏土	0.825	0.770	0.740	0.707	0.695

（5）确定压缩层厚度。

分层点 5 处的自重应力及附加应力分别为：$(\sigma_{cz})_5 = 184$ kPa；$(\sigma_z)_5 = 35.2$ kPa，经比较 $\dfrac{(\sigma_z)_5}{(\sigma_{cz})_5} = \dfrac{35.2}{184} \approx 0.191 < 0.2$，故压缩层厚度定为 10 m。

表 1－22　自重应力计算

分层点编号	土的重度 γ_i /（kN/m³）	土层厚度 h_i	$\gamma_i h_i$ / kPa	自重应力/ kPa $(\sigma_{cz})_i = \sum \gamma_i h_i$	平均自重应力 $(\bar{\sigma}_{cz})_i$ /kPa
原地面				0	
	18.0	3	54.0		—
基底 0				54.0	
	18.0	2	36.0		72.0
1				90.0	
	9.0	2	18.0		99.0
2				108.0	
	9.0	2	18.0		117.0
3				126.0	
	9.0	2	18.0		135.0
4				144.0	
	20.0	2	40		164.0
5				184.0	

表 1－23　附加应力计算

分层点编号	基底形心下距离 z /m	$\frac{a}{b}$	$\frac{z}{b}$	α_0	σ_{z0} /kPa	附加应力 $(\sigma_z)_i$ /kPa	平均附加应力 $(\bar{\sigma}_z)_i$ /kPa
基底 0	0	$\frac{10}{5}=2$	0	1.000	186	186.0	
							173.9
1	2	2	$\frac{2}{5}=0.4$	0.870	186	161.8	
							136.1
2	4	2	$\frac{4}{5}=0.8$	0.593	186	110.3	
							91.6
3	6	2	$\frac{6}{5}=1.2$	0.392	186	72.9	
							61.3
4	8	2	$\frac{8}{5}=1.6$	0.267	186	49.7	
							42.5
5	10	2	$\frac{10}{5}=2.0$	0.189	186	35.2	

（6）计算各分层的压缩量并列于表 1－24 中。

（7）计算总沉降量。

$$s = \sum_{i=1}^{5} \Delta s_i = 68.4 + 48.6 + 35.2 + 25.0 + 5.8 = 183\ (\text{mm})$$

表 1-24 各分层压缩量计算

分层编号	平均自重应力 $(\bar{\sigma}_{cz})_i$ /kPa	平均附加应力 $(\bar{\sigma}_z)_i$ /kPa	合应力 $(\bar{\sigma}_{cz})_i+(\bar{\sigma}_z)_i$ /kPa	e_{1i}	e_{2i}	$\frac{e_{1i}-e_{2i}}{1+e_{1i}}$	分层厚度 h_i /m	$\Delta s_i=\frac{e_{1i}-e_{2i}}{1+e_{1i}}h_i$ /m
0-1	72.0	173.9	246	0.782	0.721	0.034 2	2.000	68.4
1-2	99.0	136.1	235	0.766	0.723	0.024 3	2.000	48.6
2-3	117.0	91.6	209	0.759	0.728	0.017 6	2.000	35.2
3-4	135.0	61.3	196	0.753	0.731	0.012 5	2.000	25.0
4-5	164	42.5	207	0.712	0.706	0.002 9	2.000	5.8

1.6.3 土的抗剪强度

由于一部分土相对于另外一部分土的位移而形成的剪切使土体破坏，是建筑物地基和土坡毁坏的主要的也是最常见的形式，因此，有必要研究土在作用于它上面的剪切应力影响下的极限抗剪强度。

1. 土的剪切破坏

土是一种三相介质的堆积体，与一般固体材料不同，它不能承受拉力，但能承受一定的剪力和压力。土的剪切破坏形式也是多种多样的，有的表现为脆裂，破坏时形成明显剪裂面，如紧密砂土和干硬黏土等；有的表现为塑流，即剪应变随剪应力发展到一定阶段时，剪应力不增加而剪应变继续增大，形成流动状，如软塑黏土等。

土体的破坏通常都是剪切破坏，例如路堤的边坡太陡时，要发生滑坡，路堤边坡破坏如图 1-30 所示。滑坡就是边坡上的一部分土体相对于另一部分发生剪切破坏。土作为工程构筑物环境的安全性问题，即土压力问题，如挡土墙、地下结构等的周围土体，它的强度破坏将造成对墙体过大的侧向土压力，甚至可能导致这些工程构筑物发生滑动、倾覆等破坏。如图 1-31 所示，地基土受过大的荷载作用，也会出现部分土体沿着某一滑动面挤出，导致建筑物严重下陷，甚至倾倒。土体中滑动面的产生就是由于滑动面上的剪应力达到土的抗剪强度所引起的。

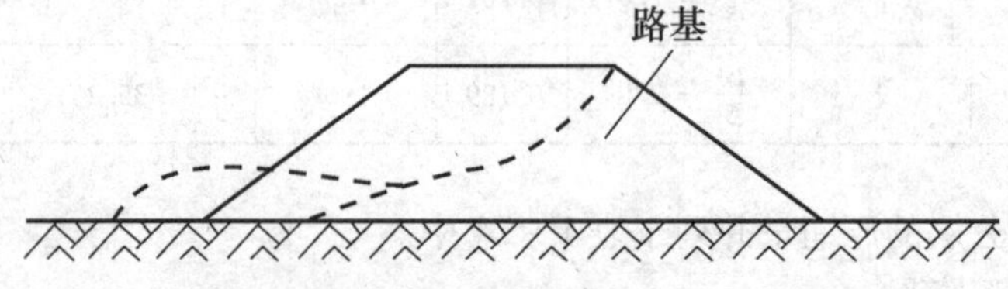

图 1-30 路堤边坡破坏

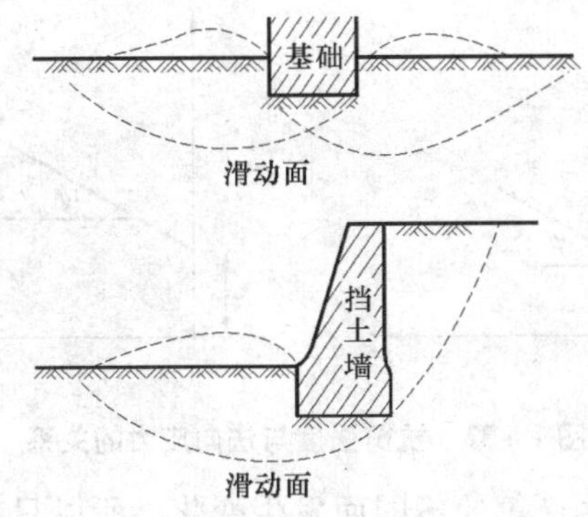

图1-31 地基土剪切破坏

2. 土的抗剪强度及其抗剪指标

任何材料在受到外力作用后，都会产生一定变形，当材料应力达到某一特定值时，变形会突然出现质的变化，如有的出现断裂，材料应力随之下降，有的变形形成塑流，材料应力虽不增加，但变形速率加快且不停止等，这些现象都可以说是材料的破坏。这时，材料应力所达到的临界值，也就是材料刚刚开始破坏时的应力，可称为材料的强度，或极限强度。所以有关材料的强度理论，也可称为破坏理论。土的抗剪强度指土体抵抗剪切破坏的极限能力，其数值等于剪切破坏时滑动面上的剪应力，抗剪强度是土的主要力学性质之一。土是否达到剪切破坏状态，除了取决于它本身的性质外，还与所受的应力组合密切相关。这种破坏时的应力组合关系就称为破坏准则。土的破坏准则是一个十分复杂的问题，可以说，目前还没有一个被认为能完全适用于土的理想的破坏准则。本书主要介绍目前被认为比较能拟合试验结果，在生产实践中被广泛采用的破坏准则，即莫尔-库仑破坏准则。

1776年，库仑在研究土的抗剪强度规律时通过对砂土、黏性土的多次剪切试验，提出了砂土与黏性土抗剪强度的表达式，即

砂土 $$\tau_f = \sigma\tan\varphi \tag{1-44}$$

黏性土 $$\tau_f = \sigma\tan\varphi + c \tag{1-45}$$

式中：τ_f——土的抗剪强度，kPa；

σ——作用在剪切面上的法向应力，kPa；

φ——土的内摩擦角，°；

c——土的黏聚力，kPa。

式(1-44)与式(1-45)分别表示砂土、黏性土的抗剪强度规律，统称为库仑定律。

上述两式的关系也可用图1-32表示。该图所表示的$\tau_f \sim \sigma$关系是通过对砂土和黏性土做剪切试验得出的，常称为库仑线。它表示了土的抗剪强度随剪切面上法向应力的加大而增长的现象。

土的抗剪强度指标为φ、c。φ和c实际上只是表达$\tau_f \sim \sigma$关系中试验成果的两个数学参数。从物理意义来说，在不同的法向应力作用下，土的内摩擦角φ和黏聚力c也不可能是常数。因此，即使是同一种土，其φ、c值也不是常数，它们均随试验方法和土

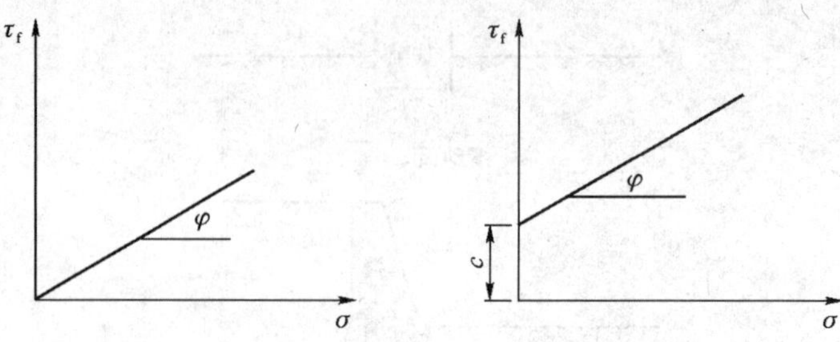

图 1－32　抗剪强度与法向应力的关系

样的试验条件（如排水条件）等的不同而发生变化，所以只有在一定条件下才可认为土的 φ 、c 值为常量。土的 φ 、c 值大小反映了土的抗剪强度的高低。

$\tan\varphi$ 为土的内摩擦系数，$\sigma\tan\varphi$ 则为土的内摩擦力，它是存在于土内部的摩擦力，通常由两部分组成，一部分是剪切面上的颗粒与颗粒接触面上的所产生的摩擦力；另一部分则是由颗粒之间的相互嵌入和联结作用而产生的咬合力。一般土愈密实，颗粒愈粗，其 φ 值也愈大；反之，φ 值就较小。黏聚力 c 是由黏土颗粒之间的胶结作用、结合水膜及分子引力作用等形成的。土的颗粒愈细小，塑性愈大、愈紧密，其黏聚力也就愈大。

后来，由于土的有效应力原理的研究和发展，人们认识到，只有有效应力的变化才能引起土体强度的变化，因此，又将式（1－45）改写为

$$\tau_f = \sigma'\tan\varphi' + c' = (\sigma - u)\tan\varphi' + c' \tag{1-46}$$

式中：σ' ——土体剪切破裂面上的有效法向应力，kPa；

u' ——土中的超静孔隙水压，kPa；

c' ——土的有效黏聚力，kPa；

φ' ——土的有效内摩擦角，°。

c' 和 φ' 称为土的有效抗剪强度指标。对于同一种土，c' 和 φ' 的数值在理论上与试验方法无关，应接近于常数。

3. 土的强度理论

土的破坏标准将根据土的性质和工程情况而定。总的来说，土的强度往往以应力的某种函数形式来表达，由于函数形式不同，从而形成不同的强度理论。目前比较简单而又比较符合实际的是莫尔－库仑强度理论。

在自重与荷载作用下的土体（如地基）中任意一点的应力状态，属于空间应力问题，任一点的应力状态是由 6 个应力分量来确定的。对于平面应力问题，只需知道 3 个应力分量，即 σ_z 、σ_x 和 τ（$\tau = \tau_{zx} = \tau_{xz}$），就可确定一点的应力状态。

另外，对于土中任意一点，其所受的应力随所取平面的方向不同而发生变化，但可以证明，在所有的平面中必有一组平面上的剪应力为零。该平面上因无剪应力，故应为主应力平面，作用于其上的法向应力则是主应力。对于平面应力问题只有 σ_1 与 σ_3 两个主应力。

现以平面应力问题为例，当土中任一点的应力 σ_z 、σ_x 和 τ 已知时，由材料力学可

知，主应力可以由下面的应力转换关系得出：

$$\frac{\sigma_1}{\sigma_3} = \frac{\sigma_z + \sigma_x}{2} \pm \sqrt{\left(\frac{\sigma_z - \sigma_x}{2}\right)^2 + \tau^2} \tag{1-47}$$

主应力平面与任意平面间的夹角可由式（1-48）得出：

$$\alpha = \frac{1}{2}\arctan\left(\frac{2\tau}{\sigma_z - \sigma_x}\right) \tag{1-48}$$

其中，夹角 α 的转动方向应与莫尔应力圆图上的一致。

因此，为了简化计算，土中任一点的强度条件常用该点的最大、最小主应力之间的关系来表示。下面将对平面应力问题中，土中任一点的应力状态进行讨论。图1-33所示为微小单元土体的应力状态（在地基土体中任取一个微小单元土体，其受到最大、最小主应力作用的情况）。

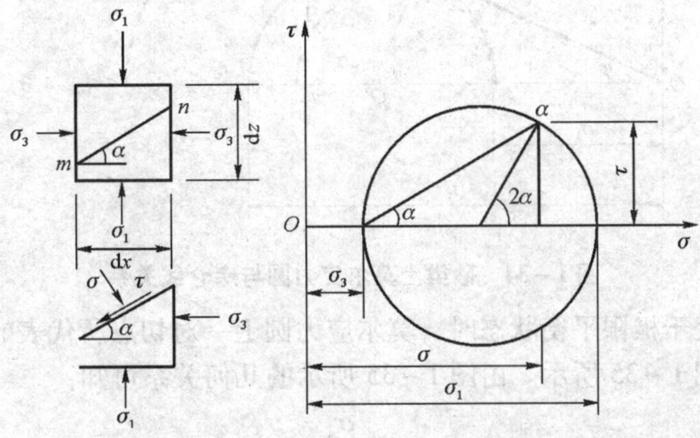

图1-33 微小单元土体的应力状态

现取与最大主应力作用面成 α 夹角的截面 mn，则 mn 斜面上作用的法向应力 σ 与剪应力 τ 可根据所取微小三角棱柱体的静力平衡条件求出，其表达式为

$$\sigma = \frac{\sigma_1 + \sigma_3}{2} + \frac{\sigma_1 - \sigma_3}{2}\cos 2\alpha \tag{1-49}$$

$$\tau = \frac{\sigma_1 - \sigma_3}{2}\sin 2\alpha \tag{1-50}$$

若将式（1-49）移项后两端平方，再与式（1-50）的两端平方后分别相加，可得

$$\left(\sigma - \frac{\sigma_1 + \sigma_3}{2}\right)^2 + \tau^2 = \left(\frac{\sigma_1 - \sigma_3}{2}\right)^2 \tag{1-51}$$

不难看出，在 $\sigma \sim \tau$ 的坐标系中，如取圆心为（a'、b'），半径为 r 画圆（如图1-33所示，其中 $a' = \frac{\sigma_1 + \sigma_3}{2}$，$b' = 0$，圆的半径 $r = \frac{\sigma_1 - \sigma_3}{2}$），由此画出的圆即称为莫尔应力圆，因此，应用莫尔应力圆可以很方便地表示出土中任一点的应力状态。

土的强度破坏就是指土的剪切破坏，因此，只要把土中任一点的应力状态与该处土的抗剪强度相比较，就可以研究该点的平衡状态。可用代表土中某点应力状态的莫尔应力圆，与该土的库仑线的相对关系来判定其所处的应力状态，故称为莫尔-库仑原理，砂类土莫尔应力圆与库仑线关系如图 1－34 所示。图中圆 1 与库仑线相离，位于库仑线的下方，表示土中某点任一截面的土体都处于稳定平衡状态；圆 2 与库仑线正好相切于 a 点，表示微小单元土体已达到极限平衡状态；圆 3 与库仑线相割，表示微元土体已经破坏。因为土体已经破坏，实际上圆 3 是不可能画出的，只是理想的情况。

土中某点达到极限平衡状态时，其微小单元土体上所作用的最大主应力 σ_1 与最小主应力 σ_3，以及土的抗剪强度指标 φ、c 值之间的关系式，即称为土的极限平衡条件式。可用莫尔应力圆与库仑线相切的几何关系推得，具体如下。

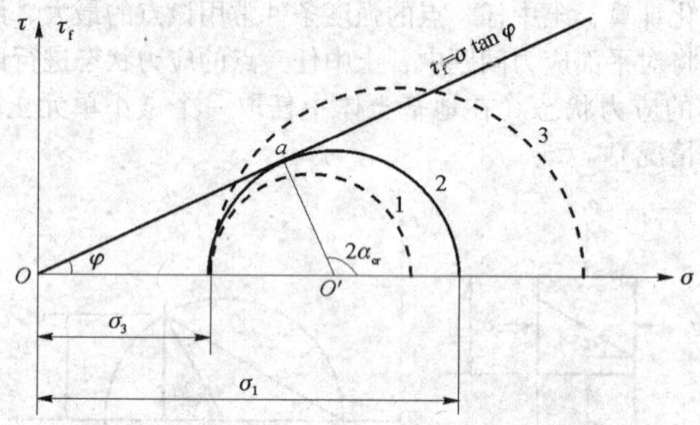

图 1－34　砂类土莫尔应力圆与库仑线关系

当土中某点处于极限平衡状态时，莫尔应力圆上一对切点所代表的一对截面，即为剪切破坏面，如图 1－35 所示。由图 1－35 所示的几何关系可知：

$$\sin\varphi = \frac{\sigma_1 - \sigma_3}{\sigma_1 + \sigma_3 + 2c \cdot \cot\varphi} \tag{1-52}$$

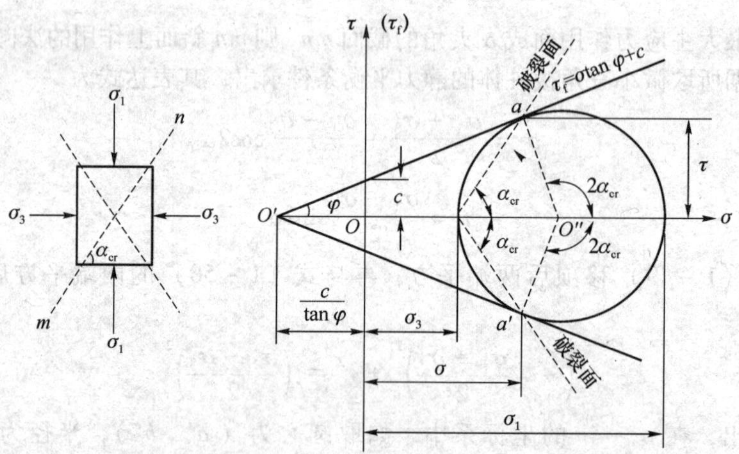

图 1－35　黏性土中任一点处于极限平衡状态时莫尔应力圆与库仑线关系图

经整理，式（1－52）可写成：

$$\sigma_1 = \sigma_3 \tan^2\left(45° + \frac{\varphi}{2}\right) + 2c\tan\left(45° + \frac{\varphi}{2}\right) \tag{1-53}$$

或 $$\sigma_3 = \sigma_1 \tan^2\left(45° - \frac{\varphi}{2}\right) - 2c\tan\left(45° - \frac{\varphi}{2}\right) \quad (1-54)$$

以上所得出的关系式为黏性土的极限平衡条件式。对于砂土，可认为黏聚力 $c = 0$，则可得出砂土中某点的极限平衡条件式为

$$\sigma_1 = \sigma_3 \tan^2\left(45° + \frac{\varphi}{2}\right) \quad (1-55)$$

$$\sigma_3 = \sigma_1 \tan^2\left(45° - \frac{\varphi}{2}\right) \quad (1-56)$$

式（1-53）~式（1-56）可以用来验算土中某点是否已达到极限平衡状态。

土中某点处于极限平衡状态时，其破裂面与最大主应力 σ_1 平面间的夹角 α_{cr} 可由图1-35的几何关系得出：

$$\alpha_{cr} = \pm\left(45° + \frac{\varphi}{2}\right) \quad (1-57)$$

由此可知，剪切破裂面的位置是发生在与最大主应力平面成 $\left(45° + \frac{\varphi}{2}\right)$ 夹角的斜面上。

1.6.4 不同排水条件的抗剪强度指标及试验方法

工程上，为了测定土的抗剪强度，必须做土的抗剪强度试验，通常称为剪切试验，其目的是确定土的抗剪强度指标。室内试验的仪器常用直剪仪、三轴压缩仪与无侧限压缩仪等。现场原位测试的仪器常用十字板剪切仪。有关试验方法参见土工试验规程或试验指示书。本节只介绍采用直剪仪和三轴压缩仪测定不同排水条件的试验方法。

1. 不同排水条件的试验方法

在测定土的抗剪强度指标时，应该紧密结合工程实际来选择试验方法，如施工期的长短、加荷速率、土的性质和排水条件，以及工程使用过程中的荷载变化情况与土样原来的固结程度等。不管是采用直剪仪还是采用三轴压缩仪测定土的抗剪强度指标，均有三种特定的剪切试验方法供选用。

（1）不排水剪（快剪）：指在整个试验过程中，不让土样排水固结（不使孔隙水压力消散）。采用直剪试验时，由于不易控制排水，故在施加垂直压力后应立即施加水平剪力，并使土样在3~5 min内剪破。采用三轴剪切试验时，应自始至终都关闭排水阀门，使土样不能排水。由不排水剪试验测得的抗剪强度指标用 τ_u、φ_u 和 c_u 表示。

（2）排水剪（慢剪）：指在试验的全过程中，使土样充分排水固结（使孔隙水压力完全消散）。如采用直剪试验，待土样在垂直压力作用下充分排水固结后，再缓慢地施加水平剪力，在剪切过程中让土样排水固结，直至土被剪破。由于剪切所需要的时间较长，故称为慢剪。抗剪强度指标用 τ_d、φ_d 和 c_d 表示。如采用三轴剪切试验，在施加周围压力和竖向压力时，均需打开排水阀门，并留有充分时间让土样排水固结。

（3）固结不排水剪（固结快剪）：如采用直剪试验，使土样在垂直压力作用下完全固结后，再施加水平剪力，在3~5 min内将土样剪破，故称为固结快剪。如采用三轴剪切试验，在施加周围压力时，打开排水阀门，使土样排水固结后，再关闭排水阀门，施加垂直压力，使土样在不排水条件下剪破。由此测得的抗剪强度指标用 τ_{cu} 、φ_{cu} 和 c_{cu} 表示。

以上三种试验方法，对同一种土样测出的抗剪强度和抗剪强度指标都不相同，即 $\tau_d > \tau_{cu} > \tau_u$；$\varphi_d > \varphi_{cu} > \varphi_u$；$c_u > c_{cu} > c_d$。

2. 剪切试验方法的分析与选用

1）剪切试验方法的分析

可用直剪仪通过快剪、慢剪和固结快剪三种特定的试验方法，粗略地模拟地基土体、路堤堤身或边坡土体的固结情况。但直剪试验最突出的缺点是不能准确地控制排水条件和测得孔隙水压力的变化情况。直剪试验中通过快和慢的剪切速率来解决土样的排水条件问题，与实际情况有较大的差别。下面将三种直剪试验方法与相应的三轴剪切试验方法进行简要的比较分析。

（1）快剪与不排水剪切试验。

直剪仪的快剪试验与三轴压缩仪的不排水剪切试验结果的差别主要取决于土样的渗透性，对于渗透性很大的土，直剪仪的快剪试验可以相当于三轴压缩仪的排水剪试验，因为在规定的剪切时间内（快剪），土样中的水可以通过各种缝隙排出，使土样达到固结的程度，这一点已为某些试验所证实。

（2）慢剪与排水剪试验。

由于试验的全过程中土样中没有孔隙水压力，所施加的应力就为有效应力，所以直剪仪的慢剪试验与三轴压缩仪的排水剪试验的排水条件相同。除仪器本身的性能与误差外，两种试验的结果基本相同。因施加的应力是有效应力，故所得出的抗剪强度指标 φ_d、c_d 基本上等于有效应力抗剪强度指标 φ' 、c' 。

（3）固结快剪与固结不排水剪试验。

因为土样在垂直压力作用下都已达到完全固结的程度，在剪应力作用下土样的固结排水条件类似于直剪仪的快剪试验，类似于三轴压缩仪的不排水剪试验。

综上所述，对于透水性很大的砂类土，快剪、固结快剪的试验成果接近于排水剪；对于透水性很小的黏土，直剪试验的三种试验方法与三轴剪切试验的三种试验方法，它们各自相应的结果比较接近；对于中等透水性的土样（如粉质黏土），直剪试验与三轴剪切试验的成果有差别。

2）工程中试验方法的选用

经过对有效应力法的分析，以及三种特定的抗剪强度试验方法的介绍，对如何结合工程特点选用相应的试验方法就比较明确了。现简单归纳如下。

（1）当工程需要采用有效应力进行设计时，应该使用有效抗剪强度指标。有效抗剪强度指标可用直剪仪的慢剪试验和三轴压缩仪的排水剪试验测得。使用有效应力和有效抗剪强度指标进行工程设计，概念明确，指标比较稳定，是一种比较合理的方法。但由于土中的孔隙水压力很难测准，这给工程应用带来一定困难。

（2）三轴剪切试验中的不排水剪，相当于所施加的外力全部都由孔隙水承担，土样保持初始应力状态。固结不排水的固结应力即有效应力，而固结后施加的轴向应力使

土样产生了孔隙水压力。当工程中实际存在的应力状态与上述两种情况相符合时，采用不排水剪与固结不排水剪试验，指标才是合理的，否则将是近似的。

试验方法的具体选用，应该紧密结合工程实际，考虑土体的受力情况、应力分布及排水条件等因素，选用适合的试验方法与抗剪强度指标。例如，当地基为不易排水的饱和软黏土，施工期又比较短时，可选用不排水剪或快剪试验的抗剪强度指标；当地基容易排水固结，如砂类土地基，而施工期又比较长时，可选用排水剪或慢剪试验的抗剪强度指标；当建筑物完工后很久，荷载又突然增大，如水闸完工后挡水的情况，可采用固结不排水剪或固结快剪试验的抗剪强度指标。当用总应力法分析土坝坝体的稳定时，施工期可采用不饱和快剪试验的抗剪强度指标，运用期间可采用饱和固结快剪试验的抗剪强度指标。当分析浸水路堤水位骤然下降的边坡稳定时，也可采用饱和固结快剪试验的抗剪强度指标。

1.6.5 砂类土的振动液化

饱和砂类土在振动时完全丧失抗剪强度而呈现类似液体状态的现象，叫作砂类土的振动液化。地震、车辆行驶、机器振动、打桩及爆破等，都可能引起饱和砂类土的振动液化。其中又以地震引起的大面积砂类土振动液化的危害最大，经常造成工程场地的整体失稳，因此其引起了国内外工程界的普遍重视。

1. 砂类土振动液化的危害

饱和砂类土振动液化造成的危害如下。

（1）喷砂冒水。地震时，在砂类土层中产生很大的孔隙水压力。砂、水混合物在覆盖层比较薄弱的地方或地震所形成的裂缝中喷出，破坏农田、淤塞渠道。1976 年我国唐山丰南一带发生 7.8 级强烈地震，喷出的砂堆大者直径达十余米，并在喷砂冒水的地点，出现室内地坪鼓起和水池断裂等现象。

（2）震陷。振动液化的砂类土层在喷砂冒水时流走了大量的土，建筑物的地基因而产生不均匀的沉陷。1975 年我国辽南地震时，有些桥墩不均匀下沉达 10 ~ 20 cm，以致桥梁倒塌。1964 年日本新潟大地震引起大面积砂类土振动液化，机场建筑物下沉 91 cm，跑道严重破坏，卡车和混凝土结构等重物沉入土中。

（3）滑坡。在岸坡中的饱和粉细砂层，由于振动液化而丧失抗剪强度，使土坡失稳而沿着液化层滑动，形成大面积滑坡。1920 年我国甘肃大地震时，粉质黄土液化，形成面积达 300 km^2 的土坡滑动，房屋被掩埋或流走，道路被移到 1 km 以下。

（4）地基失稳。建筑物地基中的砂类土层，因振动液化而失去承载能力，使地基整体失稳而破坏。1964 年日本新潟大地震时，有一公寓陷入土中，并以 80° 角倾倒。

2. 砂类土振动液化的机理和影响因素

1）砂类土振动液化的机理

研究砂类土振动液化的机理，即研究砂类土在振动时呈现类似液体状态的内在原因。

有效应力法抗剪强度的一般表达式为：

$$\tau_f = \sigma' \tan \varphi' + c' = (\sigma - u) \tan \varphi' + c' \qquad (1-58)$$

对于砂类土，因 $c' = 0$，故有

$$\tau_f = \sigma' \tan \varphi' = (\sigma - u) \tan \varphi' \qquad (1-59)$$

在振动作用下，砂类土有振密的趋势。这种快速的振密趋势使孔隙水压力 u 逐步上升，有效应力 $\bar{\sigma} = \sigma - u$ 逐渐减小。当孔隙水压力 u 与总应力 σ 相等时，有效应力就等于零，没有黏聚力的砂类土，抗剪强度完全丧失，处于没有抵抗外荷载能力的类似液体的状态，这就是砂类土振动液化的机理。

2）砂类土振动液化的影响因素

砂类土振动液化主要影响因素如下。

(1) 土的类型。黏性土由于有黏聚力 c，即使孔隙水压力等于总应力，抗剪强度也不会等于零，因而不具备液化的内在条件。粒径很粗的砂类土，由于渗透性很好，孔隙水压力非常容易消散，在周期荷载作用下，孔隙水压力不易积累增长，因而一般也不会液化。没有黏聚力或黏聚力相当小的粉细砂或粉土，处于地下水位以下时，由于渗透系数较小，在周期荷载作用下，孔隙水一时来不及排出，因而孔隙水压力不断积累增长，最终使抗剪强度完全丧失。所以，土的粒径大小是影响振动液化的一个重要因素。国内资料研究表明，平均粒径 D_{50} 为0.050 ~ 0.15 mm 的砂类土最易振动液化。7 ~9 度可能振动液化的土层和粒度指标见表 1 -25。级配不良的砂比级配良好的砂容易振动液化。

表 1 -25　7 ~9 度可能振动液化的土层和粒度指标

设防烈度	平均粒径 D_{50}/ mm	不均匀系数 C_u	分类范围
7	0.021 ~0.22	1.3 ~4.0	粉土—粉砂—细砂
8	0.020 ~0.47	1.6 ~6.8	粉质黏土—粉土—粉砂—细砂—中砂
9	0.015 ~1.08	1.25 ~9.0	粉质黏土—粉土—粉砂—细砂—中砂—粗砂
7 ~9	0.015 ~1.08	1.25 ~9.0	粉质黏土—粉土—粉砂—细砂—中砂—粗砂

(2) 土的密度。砂类土在剪切过程中会发生体积变化。密实的砂类土在剪切时体积膨胀的现象称为剪胀性，松散的砂类土在剪切时体积收缩的现象称为剪缩性。当砂类土具有剪胀性时，剪切过程中土内产生负的孔隙水压力，土的抗剪强度增大，因此土不会液化。当砂类土具有剪缩性时，剪切过程中孔隙水压力会逐步增长，最终将使抗剪强度完全丧失。根据地震调查，砂越松散越易振动液化。1964 年日本新潟大地震的现场调查资料表明，$D_r \leq 0.5$ 的砂区普遍发生振动液化，而 $D_r > 0.7$ 的砂区，则没有发生振动液化。

(3) 土的原始应力状态。如果埋深较大，其有效覆盖压力和侧压力系数也大，产生振动液化所必需的动应力必然越大，所以埋深较大的土层难以振动液化。同时，地下水位的深浅将直接影响自重应力大小，所以地下水位深比浅更有利于防止振动液化。

(4) 地震动的强度。动荷载是引起饱和土体内孔隙水压力形成的内因。显然，动应力的幅值越大，循环次数越多，积累的孔隙水压力也越高，越有可能使饱和土体振动液化。根据我国地震文献记录，砂类土振动液化只发生在地震烈度 6 度及以上地区。

3. 判定砂类土振动液化可能性的方法

判定砂类土振动液化可能性的方法较多，下面介绍两种。

1）《铁路工程抗震设计规范》方法

《铁路工程抗震设计规范》（GB 50111—2006）规定，对设计烈度为7度，在地面以下15 m内或设计烈度为8度或9度，在地面以下20 m内土层有可能液化的地段，应使用标准贯入法或静力触探法进行试验，并结合场地的工程地质和水文地质条件进行综合分析，判定在地震时是否液化。

（1）标准贯入法。

当实测标准贯入击数 N 小于液化临界标准贯入击数 N_{cr} 时，应判为液化土。N_{cr} 应按式（1-60）计算。

$$N_{cr} = N_0\alpha_1\alpha_2\alpha_3\alpha_4 \tag{1-60}$$

式中：N_0 ——当标准贯入试验点的深度 $d_s = 3$ m，地下水埋藏深度 $d_w = 2$ m，上覆非液化土层的厚度 $d_u = 2$ m 及 $\alpha_4 = 1$ 时的液化临界标准贯入击数，液化临界标准贯入击数 N_0 值见表1-26；

表1-26 液化临界标准贯入击数 N_0 值

特征周期分区 \ 地震动峰值加速度	0.1g	0.15g	0.2g	0.3g	0.4g
一区	6	8	10	13	16
二区、三区	8	10	12	15	18

α_1 —— d_w 的修正系数，$\alpha_1 = 1 - 0.065(d_w - 2)$；

α_2 —— d_s 的修正系数，$\alpha_2 = 0.52 + 0.175d_s - 0.005{d_s}^2$；

α_3 —— d_u 的修正系数，$\alpha_3 = 1 - 0.05(d_u - 2)$；

α_4 ——黏粒含量百分比 p_c 的修正系数，$\alpha_4 = 1 - 0.17\sqrt{p_c}$，当缺乏 p_c 值时，α_4 也可按表1-27取值。

表1-27 p_c 修正系数

土的名称	砂类土	粉土 $I_p \leqslant 7$	粉土 $7 < I_p \leqslant 10$
α_4	1.0	0.6	0.45

（2）单桥探头静力触探法。

当实测计算的贯入阻力 p_{sca} 值小于液化临界贯入阻力 p'_s 值时，应判为液化土。

p'_s 值应按式（1-61）计算。

$$p'_s = p_{s0}\alpha_1\alpha_3 \tag{1-61}$$

式中：p_{s0} ——当 d_w 为2 m、d_u 为2 m时，砂土的液化临界贯入阻力值，MPa，应按表1-28取值。

表1-28 液化临界贯入阻力 p_{s0} 值

α 地震动峰值加速度	0.1g	0.15g	0.2g	0.3g	0.4g
p_{s0}/MPa	5	6	11.5	13	18

p_{sca} 应按下列规定取值。

① 当砂类土层厚度大于1 m时，应取该层液化临界贯入阻力 p'_s 值（MPa）的平均值作为该层的 p_{sca} 值；当砂类土层厚度小于1 m，且上下土层液化临界贯入阻力 p'_s 值较小时，应取上下土层液化临界贯入阻力值的较大者作为该层的 p_{sca} 值。

② 砂类土层厚度较大，按力学性质和 p'_s 值可明显分层时，应分别计算各分层的平均液化临界贯入阻力值作为 p_{sca}，分层进行判别。

《铁路工程抗震设计规范》（GB 50111—2006）还规定，对地质年代属于上更新统及其以前年代的饱和砂类土、粉土和塑性指数 $I_p \leqslant 10$ 的粉质黏土的黏粒含量分别不少于10%、13%和16%时，可不考虑振动液化的影响。还有一些其他情况，也可不考虑振动液化的影响，本书从略。

2）界限指标法

界限指标法，即利用表1-29判定砂类土振动液化的可能性。表中的 d_{50} 和 D_r 应通过试验测定，有效覆盖压力 $\bar{\sigma}$ 为地基中第一层砂类土顶面以上土的自重应力（kPa），用式（1-62）计算。

表1-29 判断砂类土发生振动液化的界限值

划界指标	地震烈度		
	7度	8度	9度
平均粒径 d_{50}/mm	0.02~0.10	0.02~0.20	0.015~0.5
相对密度 D_r	<0.55~0.60	<0.70~0.75	<0.80~0.90
有效覆盖压力 $\bar{\sigma}$/kPa	<98.1	<147.2	<196.2

$$\bar{\sigma} = (d_s - d_w)\gamma' + d_w\gamma \tag{1-62}$$

式中：d_s——地表至第一层砂类土顶面的距离，m；

d_w——地下水埋藏深度，m；

γ——地下水位以上各土层的加权平均天然重度，kN/m³；

γ'——地下水位以下至第一层砂类土顶面各土层的加权平均浮重度，kN/m³。

4. 防止砂类土振动液化的措施

对可能发生振动液化的砂类土层一般可采用避开、开挖或加固等一些工程措施。当可能发生振动液化的范围不大时，可根据具体情况改变工程的位置，或挖除砂类土层；当可能发生振动液化的范围较大、较深时，一般只能采取加固措施，如人工加密砂类土层、围封、桩基和盖重等。加密是增大砂层的密实度；围封是用板桩把可能发生振动液化的范围包围起来；桩基是将建筑物支承在可能发生振动液化的砂层以下的坚实土层上；盖重是在可能发生振动液化的砂层地面上堆放重物。上述方法如果使用合理，便可消减砂类土振动液化带来的危害。

1.6.6 城市轨道交通路基受力

对于城市轨道交通来说，作用在路基面上的荷载可分为两部分：静荷载和动荷载。静荷载是长期荷载，是由道床、轨枕、轨道及其他附属设备的自重产生。动荷载主要由列车通过时的轮载产生，与列车的速度、轴重、轨道状况等因素有关。静荷载和动荷载

是分析路基本体结构的重要依据，其大小按线路等级和道床结构来确定。

动荷载对土体的影响主要表现为两类。第一类是速率效应，即荷载在很短时间内以很高的速率施加于土体所引起的效应；第二类是循环效应，即荷载的增减，多次往复循环地施加于土体所引起的效应。第一类动荷载主要表现出速率效应的影响，第二类动荷载主要表现出循环效应的影响，还有一类动荷载会表现出两种效应共同影响的结果，路基工程中所涉及的动荷载主要是这类。

影响动荷载的因素主要有土性、静应力状态和动应力，因此土的动强度曲线除需标明不同的破坏标准（孔压标准、极限平衡标准和屈服破坏标准）外，尚需标明它的土性条件（如密度、含水率和结构）和起始静应力状态（如固结应力 σ_1 、σ_3，起始剪应力比 τ_0/σ_3 等）。

在一定条件下，路基土可以在列车动载荷不断的作用下仅产生可以恢复的弹性变形，而没有永久变形的积累。这个条件是多方面的：土的力学性质要好，压实质量要好，但重要的是附加在路基面的动载荷不能过大。

通常，在小应变范围内主要研究土的弹性参数、动模量、动泊松比和阻尼比问题，典型的试验仪器为共振柱；在大应变范围内主要研究土的动强度、动变形、振动液化及土体动力稳定性问题，典型的试验仪器为动三轴仪。

根据动三轴仪试验结果，当动静应力比在0.2以下时，土的塑性累积变形在0.2%以下，且很快能达到稳定。如图1－36所示，根据我国的研究，动静应力比为0.2时的深度约为3.2 m，动静应力比为0.1时的深度约为4.2 m，因此《地铁设计规范》（GB 50157—2013）规定动静应力比不应大于1.4，区间限界列车计算速度为100 km/h，故地铁中基床的厚度定为2.0 m。

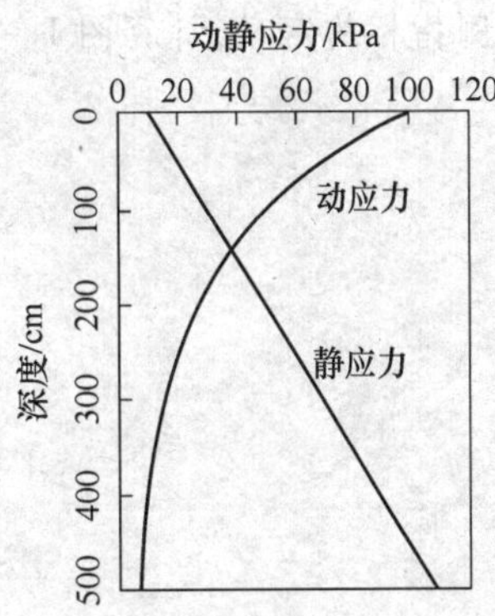

图1－36 路基动静应力比

【项目小结】

我国土地辽阔，幅员广大，由于自然地理环境的不同，分布着多种不同的土类。天然地层的性质和分布，不仅因地而异，即使在较小的范围内，也可能有很大的变化，因此建筑场地都必须进行取样试验。试验是了解土的物理力学性质和特征的必由之路，常规的室内试验有时不完全符合现场实际情况，而且试件易受到扰动，所以常进行现场原位试验，对试验结果进行分析及合理取值；同时进行理论研究。通过理论与实践的反复比较，才能逐步提高对理论的认识，进而不断增强解决设计和施工问题的能力。

【项目训练】

完成土的取样及各种物理力学指标的试验工作。

【复习思考题】

1. 土主要由哪几部分组成？

2. 塑性指数和液性指数有什么物理意义？

3. 填土压实有哪几种方法？试述各自的适用性。

4. 影响填土压实的主要因素有哪些？如何检查填土压实的质量。

5. 由试验测得某原状土样的天然重度 $\gamma=19\ \text{kN/m}^3$，含水率 $w=30\%$，土粒相对密度 $d_s=2.60$，试计算该土样的孔隙比和干重度。（水的重度 $\gamma_w=10\ \text{kN/m}^3$）

6. 某工程地基勘察中，由原状土试验测得土的天然密度为 $\rho=1.80\ \text{g/cm}^3$，土粒相对密度 $d_s=2.70$，天然含水率 $w=18.0\%$，求该土的 e、n、S_r、ρ_d、γ_d、ρ_{sat}、γ_{sat}、ρ'、γ'。

7. 已知某土样的体积为100 cm³，烘干后质量为144.5 g，土粒相对密度 $d_s=2.70$，含水率 $w=32.2\%$，土的天然重度 $\gamma=19.1\ \text{kN/m}^3$，水的重度 $\gamma_w=10\ \text{kN/m}^3$。按各三相比例指标的定义，计算图1-37中8个括号内的数值。

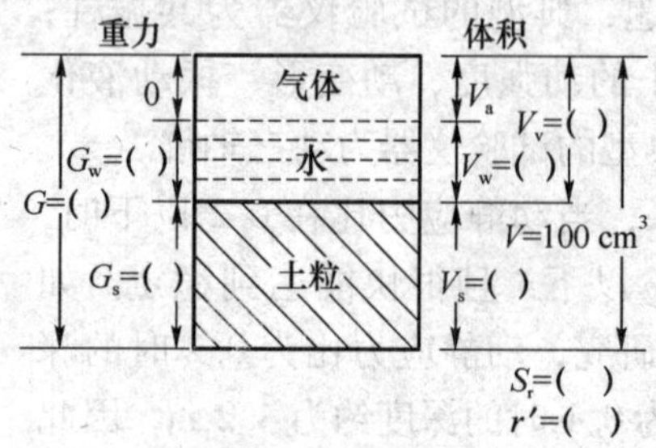

图1-37 题7图

8. 有湿土一块，质量为22 g，烘干后质量为14 g，并测得土样的液限为40%，塑限为24%。求土样的塑性指数和液性指数，并对该土样的地基进行评价。

项目2　路基构造认知

【项目描述】

城市轨道交通路基是城市轨道交通线路的重要组成部分，其与桥梁、隧道相连，共同组成城市轨道交通线路整体。路基主要由路基本体、路基防护与加固建筑物、路基排水设备三部分构成。路基本体是直接铺设轨道并承受列车荷载的部分，它是路基的主体建筑物；路基防护与加固建筑物属路基的附属建筑物，如挡土墙、护坡等；路基排水设备也属于路基的附属建筑物，如排除地面水的排水沟、侧沟、天沟和排除地下水的排水槽、渗水暗沟、渗水隧洞等。

从路基所起的作用来看，路基是轨道的基础，作为一种土工结构物，其具有不同于钢材或混凝土结构物的独特特点。首先，路基主要由松散的土（石）材料构成，并直接以土（石）作填筑材料（如路堤）或者直接建造在地层上（如路堑、支挡建筑物等）；其次，路基完全暴露在大自然中，故而其本身的强度和稳定性也是常常变化的，其工程性质对自然条件变化十分敏感，抵抗能力相对较差；最后，路基受轨道静荷载和多次重复的列车荷载作用，产生累积变形，导致土的强度降低，表现出疲劳的特性。

【拟实现的教学目标】

1. 能力目标

（1）能够正确识读路基图纸；

（2）针对不同工程地质条件，合理选定路基边坡。

2. 知识目标

（1）掌握路基横断面的组成要素；

（2）掌握运营条件下的路基面宽度及加宽设置；

（3）了解路基高程的设计要求；

（4）熟悉不同土质条件下边坡确定方法。

3. 素质目标

（1）培养学生良好的职业道德；

（2）培养学生严谨求实的工作作风；

（3）培养学生团结协作、组织协调的能力。

相关案例

成都地铁2号线某标段路基工程

本标段为成都地铁2号线二期工程（西延伸线）土建施工1标段，其工程范围为：成都地铁2号线二期工程（西延伸线）红光停车场及出入段线，西区站、外语学校站、犀浦站—西区明挖区间、西区站—盾构工作井明挖区间、盾构工作井、区间风井土建工程，YCK15+277.615～YKL15+600段路基工程，1#、2#、3#、4#（盾构工作井至外语学校站、外语学校站至互助站区间）盾构区间。

根据成都地铁2号线场地工程条件及全线的土层情况，场地内不良地质为液化粉土和细砂土，呈褐黄色或青灰色，结构松散，埋深不大，该层均匀性较好；特殊性岩土为人工回填土，以杂填土为主，掺杂少量素填土，呈褐黄、灰黑等杂色，松散，稍湿，由碎石、砂土、砖瓦碎块等建筑垃圾组成，其间填充黏性土，该土层均匀性差，结构疏松，具有欠压密、强度较低、压缩性高、受压易变性的特点，对区间隧道结构影响小，但在盾构施工过程中对地面沉降影响较为敏感，应加强注浆施工的质量控制及场地沉降监测。

由本案例可知，本段路基所处地质环境条件较差，地基强度低，变形大，不能满足路基设计要求，需要对地基进行加固处理。由此可知，由于路基工程的复杂性，我们必须分析研究路基工程所处的环境及工作条件，研究土的工程性质，掌握其变形和强度的变化规律，在此基础上才能做出正确合理的设计，保证路基工程具有坚固、稳定和耐久性，能抵抗各种自然因素的侵袭和破坏。

典型工作任务2.1　路基的组成与构造

路基指的是经开挖或填筑而形成的直接支承轨道结构和列车荷载的土工结构物。在原地面上用土、石填筑的路基是路堤；自原地面向下开挖的路基是路堑。路基是铁路和公路的基础，要在良好的地质、水文、气候条件下修筑路基。“城市轨道交通路基”是为满足轨道铺设和运营条件而修建的土工结构物，必须保证轨顶标高，并与桥梁、隧道连接，组成完整贯通的城市轨道交通线路。

2.1.1　路基特点

城市轨道交通地面线路（见图2－1）路基是城市轨道交通工程的重要组成部

分，它与桥梁、隧道连接，组成一个线路整体，主要用于地面段线路，包括地面正线、车辆段、停车场等。城市轨道交通地面线路路基一般采用独立路基的方式，以减少与地面道路交通的互相干扰。其优点为造价低，施工简便，运营成本低，线路调整与维护较方便；其缺点为运营速度难以提高（有部分平交道口），占地较多，影响城市道路交通，容易受气候影响，乘车环境难以改善，有一定负效应（如噪声、影响景观等）。

图2－1　城市轨道交通地面线路

作为一种土工结构物，路基具有以下不同于桥梁、隧道等工程结构物的特点：①建筑在岩土地基上，并以岩土为建筑材料；②完全暴露在大自然中；③同时受静荷载和动荷载的作用。以上这些特点决定了路基工程的复杂性和重要性，因此，我们必须对路基进行精心的设计和施工，保证路基具有足够的强度、稳定性和耐久性，并应满足防洪、防涝的要求。

2.1.2　路基组成

如图2－2所示，路基主要由路基本体、路基防护与加固建筑物和路基排水设备三部分建筑物构成。

1. 路基本体

路基本体是直接铺设轨道结构并承受列车荷载的部分，如路堤、路堑等。它是路基的主体建筑物。

2. 路基防护与加固建筑物

为保持路基的稳固和耐久，需要设置路基防护与加固建筑物。路基防护与加固建筑物是路基的附属建筑物，如坡面防护、挡土墙、抗滑桩等。

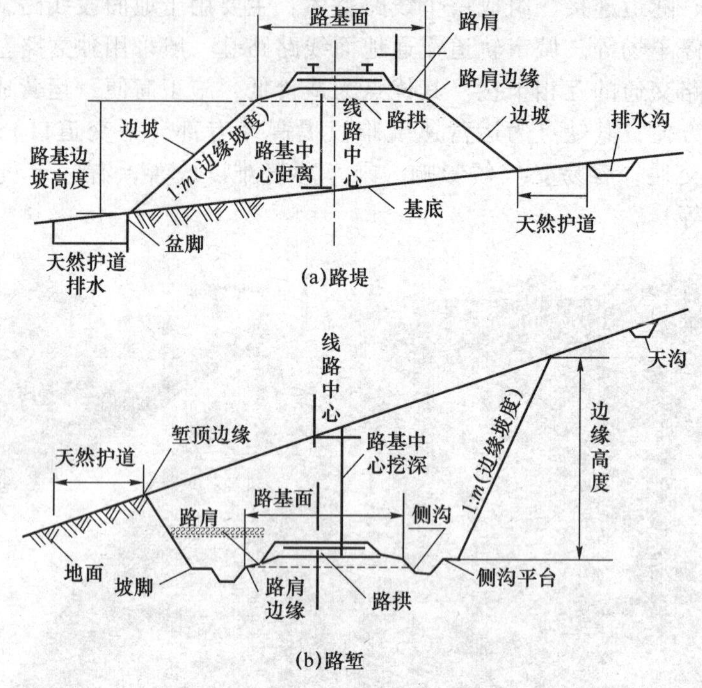

图 2-2 路基的基本结构

3. 路基排水设备

为保持路基长期干燥、稳定，需要设置路基排水设备，路基排水设备是路基的附属建筑物，如排除地面水的排水沟、侧沟、天沟和排除地下水的明沟、渗水暗沟、渗水隧洞等。

路基是用土或石料修筑而成的，长期完全暴露在大自然中，受到各种自然条件的侵袭和破坏，同时还受轨道静荷载和列车动荷载的作用，所以应合理设计，保证路基具有坚固、稳定和耐久性，能抵抗各种自然因素的侵袭和破坏。

2.1.3 路基构造

1. 路基横断面类型

路基横断面是指垂直于线路中心线而截得的断面。如图 2-3 所示，根据所处的地形条件不同，按横断面的挖填情况，路基横断面可分为路堤断面、路堑断面、半路堤断面、半路堑断面、半堤半堑断面及不填不挖断面六种形式。路堤常用的几种横断面形式有矮路堤（填土高度低于 1.0 m 者）、高路堤（填土高度大于 18 m（土质）或 20 m（石质））、一般路堤（填土高度介于两者之间）、浸水路堤、护脚路堤、挖沟填筑路堤等。路堑横断面的几种基本形式有全挖式路堑、台口式路堑、半山洞式路堑。当原地面横坡大且路基较宽时，需一侧开挖另一侧填筑，此为挖填结合路基，也称半填半挖路基。在丘陵或山区公路上，挖填结合是路基横断面的主要形式。

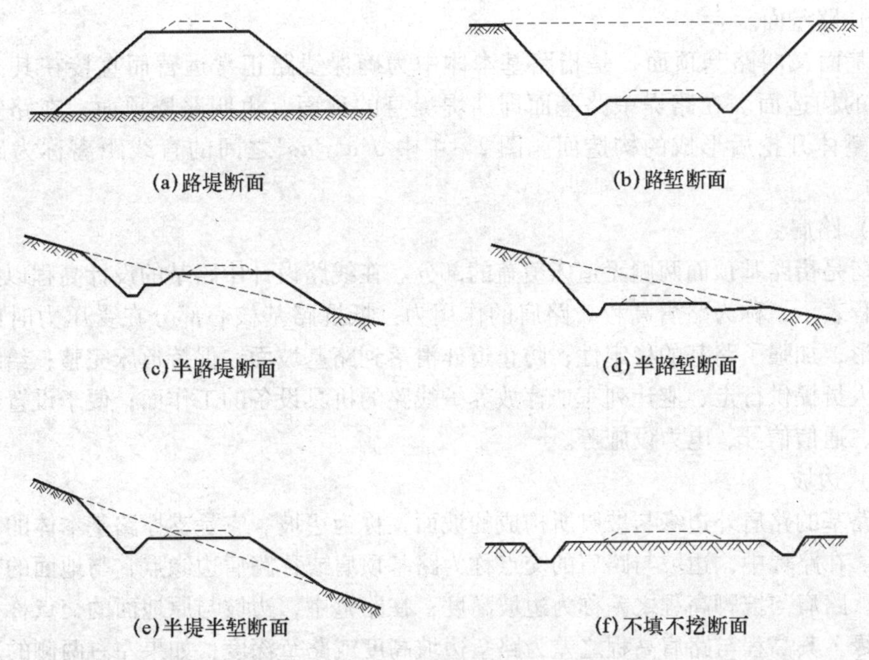

图2-3　路基横断面形式图

2. 路基横断面基本构造

路基横断面主要由路基本体、路基防护与加固建筑物、路基排水设备三部分建筑物构成。

1）路基本体

图2-4所示为路基本体各组成部分示意图。

在路基横断面中，路基本体由路基面、路肩、边坡、路基基床、路基基底几部分组成。

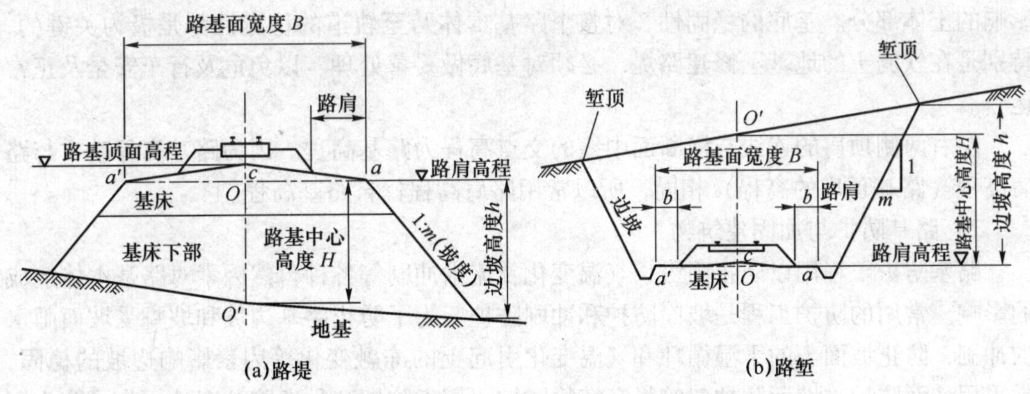

图2-4　路基本体各组成部分示意图

（1）路基面。

路基面又叫路基顶面，是指路基本体中为确保线路正常运营而直接在其上面铺设轨道的构造面。在路堤中路基面即路堤堤身的顶面，也叫路堤顶面；在路堑中路基面即堑体开挖后形成的构造面。图 2－4 中 $a'a$、aa'之间的直线距离称为路基面宽度。

（2）路肩。

路肩是指路基顶面两侧无道床覆盖的部分。在线路设计中路基的设计高程以路肩边缘的高程表示，称为路肩高程。路肩的作用为：抵抗路基核心部分在受压力时向外挤动、变形，加强了路基的稳定性；防止道砟滑落到路基坡面，保持道床完整；给线路养护维修人员提供行走、避让列车、存放养护线路的机具设备的工作面；便于设置各种线路标志、通信信号、电力设施等。

（3）边坡。

在路基的路肩外边缘与坡脚所构成的坡面，称为边坡。它是支撑路基本体的重要组成部分。在路堤中，边坡与路肩的交点称为路基顶肩或称路肩边缘点，与地面的交点称为坡脚，路肩与坡脚高程之差称为边坡高度；在路堑中，边坡与原地面的交点称为路堑堑顶边缘，其高程与路肩高程之差为路堑边坡高度或路堑深度；如果左右两侧的边坡高度不等，则规定以大者代表该横断面的边坡高度。边坡的坡形常修筑成单坡形、折线形和阶梯形。

（4）路基基床。

路基上部承受轨道和列车动力作用，并受水文、气候影响而具有一定厚度的土工结构，称为路基基床。其状态直接影响到列车运行的平稳和速度的提高。路基基床分表层和底层。

（5）路基基底。

在路堤中，路基基底是指填土的天然地面以下受填土自重及轨道、列车动荷载影响的土体部分。在路堑中，路基基底是指在天然地面上以开挖而形成受轨道、列车动荷载影响的土体部分。基底的稳固性，对整个路基本体乃至轨道的稳定性都是极为关键的，特别是在软弱土的地基上修建路堤，必须对基底做妥善处理，以免危及行车安全及正常运营。

左右两侧顶肩的连线与横断面中线的交点高程为路基高程。因为路基高程基本与路肩高程（路基顶肩的高程）相同，所以常用路肩高程代替路基高程。

2）路基防护与加固建筑物

路基防护工程用以防止雨雪、气温变化及流水冲刷等各种自然因素对路基本体造成的影响。常用的防护工程是坡面防护和冲刷防护。为了防止路基边坡和坡脚受坡面雨水的冲刷，防止坡面土的干湿循环和气温变化引起土的冻融变化等因素影响边坡的稳固，常采用坡面防护。坡面防护建筑物有植物防护、圬工防护和骨架防护三种。为了防止河水对边坡、坡脚或坡脚处地基不断地冲刷和淘刷，应设冲刷防护。冲刷防护有直接防护和间接防护。

路基加固工程是用以加固路基本体或地基的工程措施，有挡土墙（见图 2－5）、护堤、抗滑桩、支垛、锚杆、锚索及其他路基加固措施。

图2-5 挡土墙（台北捷运）

3）路基排水设备

路基排水设备分为地面排水设备和地下排水设备两种。地面排水设备用以拦截地面径流、汇集路基范围内的雨水并使其畅通地流向天然排水沟谷，防止地面水对路基的浸湿、冲刷。地面排水设备有边沟、截水沟、排水沟、跌水与急流槽等。地下排水设备用以拦截、疏导地下水和降低地下水位，改善地基土和路基边坡的工作条件，防止或避免地下水对地基和路基本体的有害影响。地下排水设备有暗沟、渗沟和渗井等。

2.1.4 路基标准横断面

1. 路堤标准横断面

（1）直线地段，有取土坑和无取土坑的一般填料路堤标准横断面如图2-6、图2-7所示。

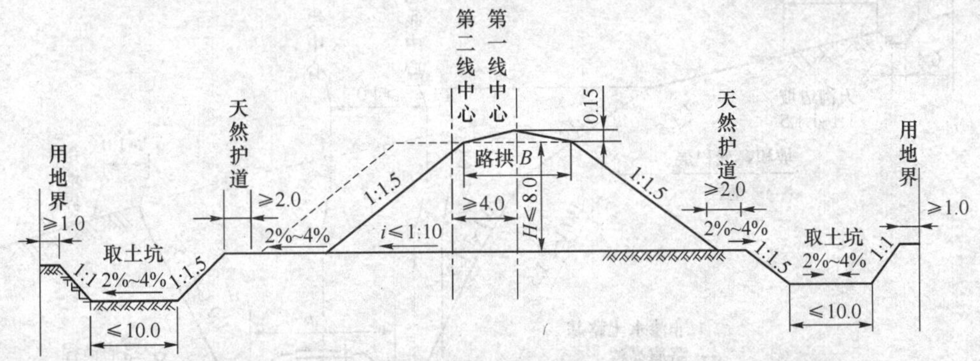

图2-6 有取土坑的一般填料路堤标准横断面（单位：m）

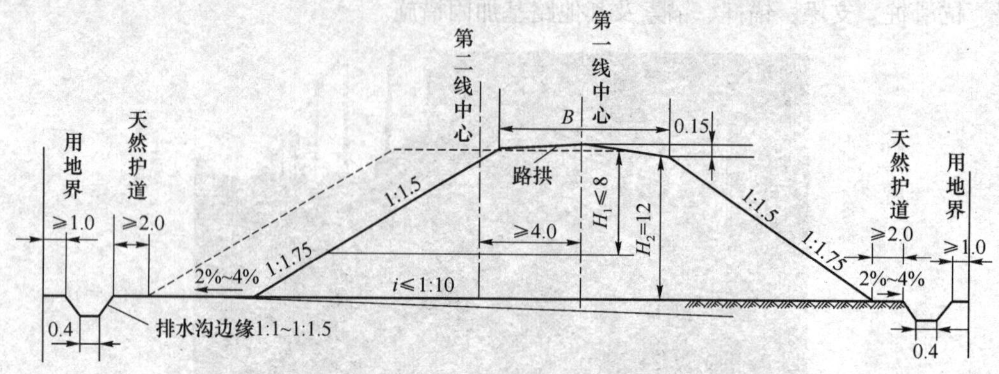

图 2 –7　无取土坑的一般填料路堤标准横断面（单位：m）

（2）在曲线地段，由于曲线外轨设置了超高，路基面宽度必须在曲线外侧加宽，以保证列车安全运行。

2. 路堑标准横断面

曲线地段一般黏性土路堑标准横断面如图 2 – 8 所示，直线地段岩石路堑标准横断面如图 2 –9 所示。

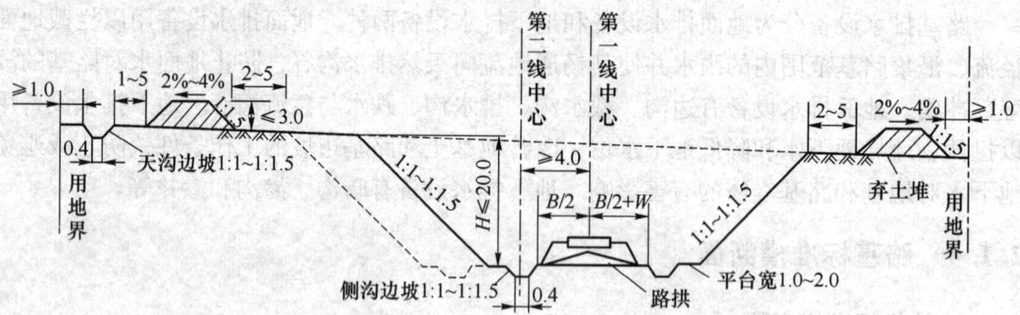

图 2 –8　曲线地段一般黏性土路堑标准横断面（单位：m）

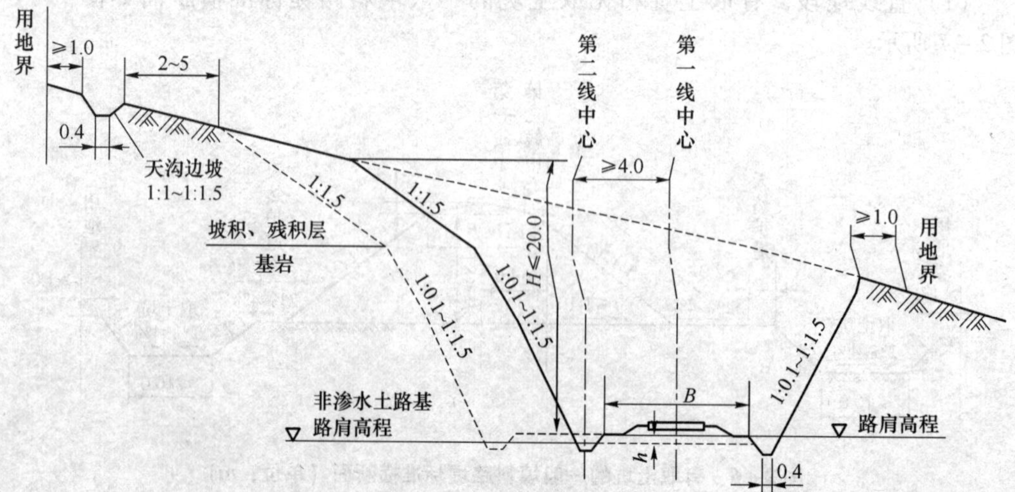

图 2 –9　直线地段岩石路堑标准横断面（单位：m）

典型工作任务2.2 路基横断面设计

在进行路基设计时先要进行横断面设计。横断面确定以后，再全面综合考虑路基工程在纵断面上的配合，以及路基本体工程与其他各项工程的配合。路基横断面设计是根据有关规范的规定，对路基面形状、路基面的宽度、路基高程、路基高度、路基边坡高度与坡度、路基排水设备、路堤基底的处理、路堤取土坑与路堑弃土堆的位置等设计内容做了系统的研究后确定的，并将其编制成路基标准横断面设计图集。在设计路基时，为减少或避免做许多重复性的设计、计算工作，将各种在设计中常遇到的设计要求和设计条件相同或相似的路基，设计成可以共用的设计图式并加以认定，以成为可直接引用的标准图式。路基标准图式有两种：一是在一般情况下，路基可以按照《地铁设计规范》（GB 50157—2013）和《铁路路基设计规范》（TB 10001—2005）进行设计而形成的图式，这种图式有很强的通用性；二是就某些特定的条件或特定的要求而制定的图式，在一定范围内有通用性。

2.2.1 路基横断面形状和尺寸

1. 路拱

为了轨道的铺设而设置的作业面，称为路基顶面，简称路基面。如图2－10所示，为了便于排水，路基面的形状应该设计为三角形路拱，由路基中心线向两侧设4%的人字排水坡，使雨水能够尽快排出，避免路基面积水而使土浸湿软化，保证路基土体的稳定，一般这样形成的单线路基的路拱高约为0.15 m，一次修筑双线路基的路拱高约为0.20 m，曲线加宽时，仍应保持路基面的三角形形状。

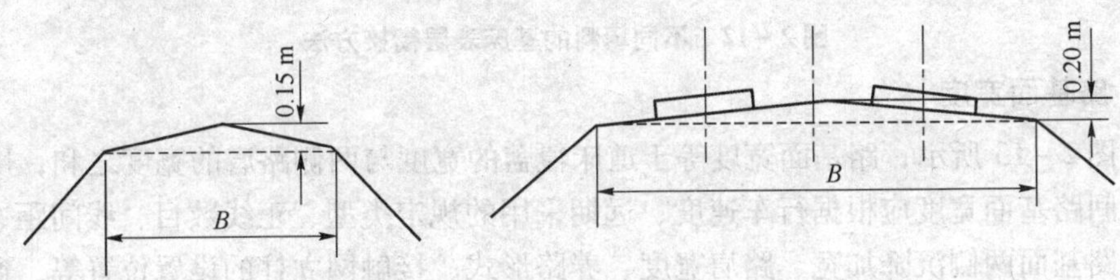

图2－10 单、双线路基面形状示意图

（1）在单线线路（或双线线路并行，并行等高地段）中，硬质岩石路堑及基床表层为级配碎石或级配砾石的路基，由于路肩宽度不同，道砟厚度不同，导致路肩高程不同，其路肩高程应高于土质路基的路肩高程，高出尺寸Δh为

$$\Delta h = (h - h') + \frac{(B - B')}{2} \times 0.04$$

式中：h——土质路基直线地段的标准道床厚度，m；

B——土质路基直线地段的标准路基面宽度，m；

h'——硬质岩石路堑及基床表层为级配碎石或级配砾石的路基直线地段的标准

道床厚度，m；

B'——硬质岩石路堑及基床表层为级配碎石或级配砾石的路基直线地段的标准路基面宽度，m。

（2）如图2－11所示，站场内路基面的形状可根据站场内股道数目的多少选用单坡形、人字坡或锯齿形，路基面的横向排水坡度为2%～4%，并在低谷处设置排水设备。

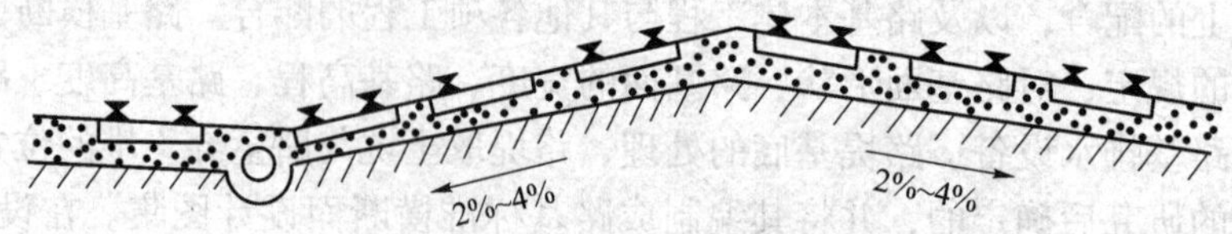

图2－11　站场多股道路基面示意图

如图2－12所示，不同填料的基床表层衔接时，应设长度不小于10 m的渐变段。渐变段应在路肩设计高程较高的段内逐渐顺坡至路肩设计高程较低处。渐变段的基床表层应采用相邻填料中较好的填料填筑。双线线路并行等高地段与局部单线地段连接时，应在局部单线地段内逐渐顺坡至并行等高地段，其顺坡长度要大于10 m。

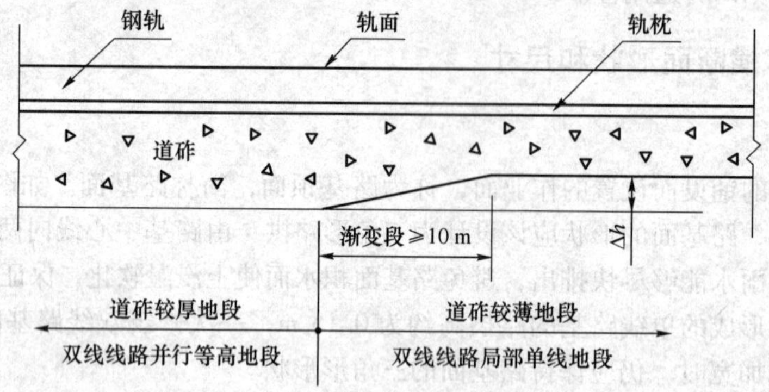

图2－12　不同填料的基床表层衔接方法

2. 路基面宽度

如图2－13所示，路基面宽度等于道床覆盖的宽度与两侧路肩的宽度之和，用B表示。区间路基面宽度应根据行车速度、远期采用的规定类型、正线数目、线间距、曲线加宽、路基面两侧沉降加宽、路肩宽度、养路形式、接触网立柱的设置位置等，通过计算确定，必要时还应考虑光、电缆槽及声屏障基础的设置。

路肩宽度对于线路的维护和路基边坡的稳定性有重要影响。路肩宽度大，有利于维修作业的开展，也有利于路基边坡的稳定，当然工程造价也大。《地铁设计规范》（GB 50157—2013）规定了时速100 km以内的路肩宽度为：当路肩埋有设备时，路堤及路堑的路肩宽度不得小于0.6 m，无埋设设备时路肩宽度不得小于0.4 m。

1）直线地段路基面宽度的计算

直线地段，区间路基面宽度根据正线数目、线间距、轨道结构尺寸、路基面形状、路肩宽度、是否有接触网立柱等计算确定。

（1）单线标准路基面宽度（见图2－14）的计算公式为

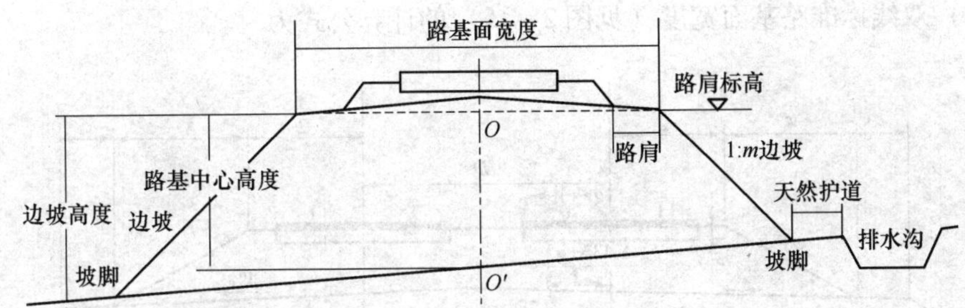

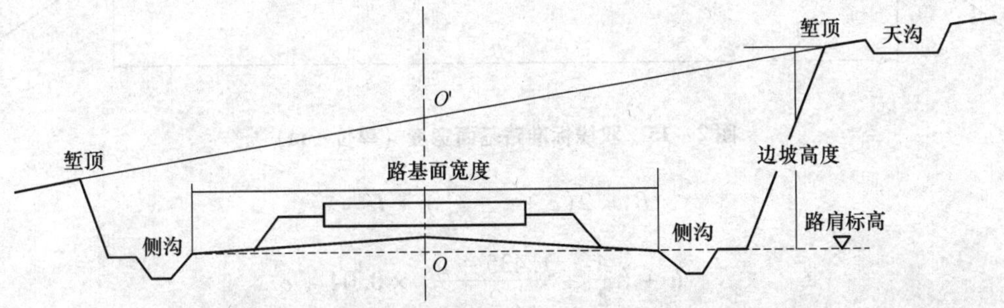

图 2－13　路基本体横断面尺寸图

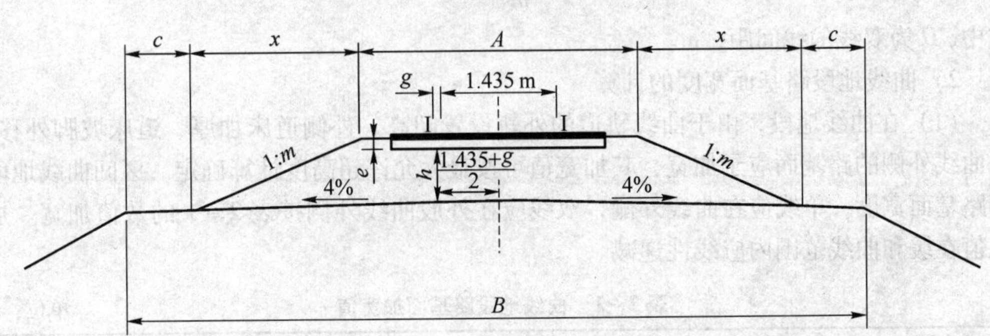

图 2－14　单线标准路基面宽度（单位：m）

$$B = A + 2x + 2c$$

$$x = \frac{h + \left(\frac{A}{2} - \frac{1.435 + g}{2}\right) \times 0.04 + e}{\frac{1}{m} - 0.04}$$

式中：B——路基面宽度，m；

A——单线地段道床顶面宽度，m；

m——道床边坡坡率；

h——靠近路基面中心侧的钢轨中心处轨枕底以下的道床厚度，m；

e——轨枕埋入道砟深度；

g——轨头宽度，m；

c——路肩宽度，m；

x——砟肩至砟脚的水平距离。

（2）双线标准路基面宽度（见图 2－15）的计算公式为

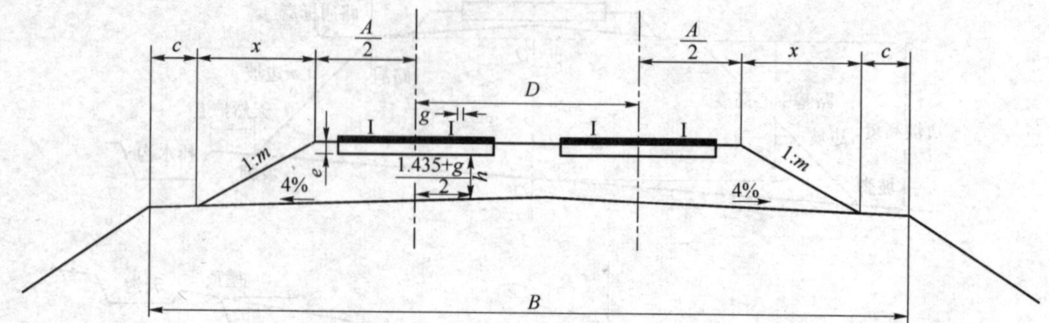

图 2－15　双线标准路基面宽度（单位：m）

$$B = 2(c + x + \frac{A}{2}) + D$$

$$x = \frac{h + (\frac{A}{2} + \frac{1.435 + g}{2}) \times 0.04 + e}{\frac{1}{m} - 0.04}$$

式中，D 为双线的线间距，m。

2）曲线地段路基面宽度的计算

（1）在曲线地段，由于曲线轨道的外轨设置超高、外侧道床加厚、道床坡脚外移，故曲线外侧的路基面应予加宽，其加宽值可按最大允许超高度计算确定。区间曲线地段的路基面宽度，单线应在曲线外侧，双线应在外股曲线外侧按表 2－1 的数值加宽。加宽值在缓和曲线范围内应线性递减。

表 2－1　曲线地段路基面加宽值

单位：m

曲线半径 R	路基面外侧加宽值
$R \leqslant 600$	0.5
$600 < R \leqslant 800$	0.4
$800 < R \leqslant 1\,000$	0.3
$1\,000 < R \leqslant 2\,000$	0.2
$2\,000 < R \leqslant 5\,000$	0.1

（2）双线和多线曲线地段路基面宽度除按表 2－1 规定的数值加宽外，还应根据双线线间距、外轨超高度、道床宽度及其坡度、路拱形状等计算确定，确保规定的安全行车空间所需的线间距加宽值。双线曲线地段线间距加宽的原因是当两线列车交会时，外线车辆中部向内偏移而内线车辆两端向外偏移，使行车安全空间被压缩；若外线超高值大于内线超高值，则两线上行驶的车辆顶部相互靠近，也减少了行车安全空间。

区间曲线地段路基面加宽值是按照适宜列车最高运营速度为 100 km/h 计算的。计算轨面超高值根据最高行车速度，按《地铁设计规范》（GB 50157—2013）条文说明中超高

上界值选用，均不超过 120 mm 的最大超高值。曲线地段路基面的加宽如图 2－16 所示。

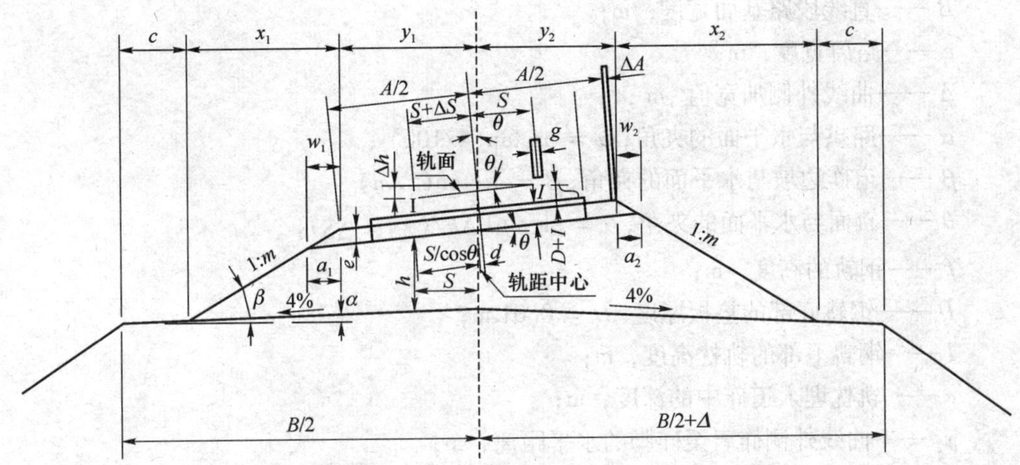

图 2－16　曲线地段路基面的加宽

从图 2－16 可知曲线地段路基面外侧的加宽值为：

$$\Delta = (y_2 + x_2 + c) - \frac{B}{2}$$

$$d = (f + D + I)\tan\theta$$

道砟顶面上轨枕中垂线至铁路中心线的距离为：

$$\Delta d = \frac{d(f + D + I - e)}{f + D + I}$$

$$a_2 = \frac{e}{\tan(\beta + \theta)}$$

$$w_2 = \sqrt{a_2^2 + e^2} \times \cos\beta$$

$$y_2 = \left(\frac{1}{2} \times A + \Delta A + \Delta d\right)\cos\theta$$

由式 $h + S(\tan\theta - \tan\alpha) = (x_2 - w_2)(\tan\beta - \tan\alpha) - \left(d + \frac{A}{2} + \Delta A + a_2\right)\cos\theta(\tan\theta + \tan\alpha)$ 得

$$x_2 = \frac{h + S(\tan\theta - \tan\alpha) + \left(d + \frac{A}{2} + \Delta A + a_2\right)\cos\theta(\tan\theta + \tan\alpha)}{\tan\beta - \tan\alpha}$$

式中：g ——钢轨头部宽度，m；

S ——轨面上外轨轨头中心至轨枕中垂线与铁路中心线相交处的距离，m，

$$S = 0.5 \times (1.435 + g)；$$

ΔS ——曲线内侧轨距加宽值，m；

h ——曲线内侧轨距铁路中心线的水平距离为 s 处的轨枕底以下的道床厚度，m；

Δh ——计算轨面超高值，m；

A ——直线段的道床顶面宽度，m；

ΔA ——道床顶面加宽值，无缝线路 $R < 800$ m 时，$\Delta A = 0.1$ m，否则 $\Delta A = 0$ m；
B ——直线段路基面宽度，m；
c ——路肩宽度，m；
Δ ——曲线外侧加宽值，m；
α ——路拱与水平面的夹角，$\alpha = \arctan(4/100)$；
β ——道砟边坡与水平面的夹角，$\beta = \arctan(1/m)$；
θ ——轨面与水平面的夹角，$\theta = \arcsin[\Delta h/(2S + \Delta S)]$；
f ——钢轨的高度，m；
D ——钢轨底部的垫板厚度，$D = 0.01$ m；
I ——钢轨下部的轨枕高度，m；
e ——轨枕埋入道砟中的深度，m；
x_2 ——曲线外侧砟肩至砟脚的水平距离，m；
y_2 ——曲线外侧铁路中心线至砟肩的水平距离，m；
d ——轨枕底面上铁路中心线与轨枕底面的交点至轨枕中心的距离，m。

3. 路基高程

线路中心线 O 处设计高程为路基高程。在线路设计中，路基的设计高程常用路肩高程表示。路肩高程也是路肩外缘的高程。其作用是保护轨道以下的路基土体，防止其在列车动荷载作用下侧向挤动；防止路基面边缘部分的土体稍有塌落时，影响轨道道床的完整状态。一般路堤浸水后边坡部分土质软化，在自重与列车产生的振动加速度的共同作用下，容易发生边坡浅层坍滑。路肩较宽时，即使边坡发生坍滑，也不影响路堤的承载部分，从而可使因边坡坍滑而影响列车正常运行的事故大幅度减少。在线路养护维修作业中，它是线路器材存放处和辅助工作面。城市轨道交通线路的标志、信号设备和有些通信、电力及给水设施也都设置在路肩上或设槽埋置在路肩下。路肩高程应保证路基不致被洪水淹没，也不致在地下水最高水位时因毛细水上升至路基面而产生冻胀或翻浆冒泥等病害，因此，对路肩高程有一个最小值要求。

（1）当路肩高程受洪水位或潮水位控制时，应计算其设计水位。计算时应符合路基设计规范的规定。

（2）滨河、河滩路堤的路肩高程（见图 2－17）应高出设计水位加壅水高（包括河道卡口或建筑物造成的壅水、河湾面超高）加波浪侵袭高与斜水流局部冲高，加河床淤积影响高度，再加 0.5 m。其中波浪侵袭高与斜水流局部冲高应取二者中之大值。

（3）水库路基的路肩高程应高出设计水位加波浪侵袭高加壅水高，再加 0.5 m。当按规定洪水频率计算的设计水位低于水库正常高水位时，应采用水库正常高水位作为设计水位。

（4）当顶部未设防浪胸墙时，滨海路堤的路肩高程应高出设计高潮水位加波浪侵袭高加不小于 0.5 m 的安全高度；当设有防浪胸墙时，路肩高程应高出设计高潮水位以上不小于 0.5 m。

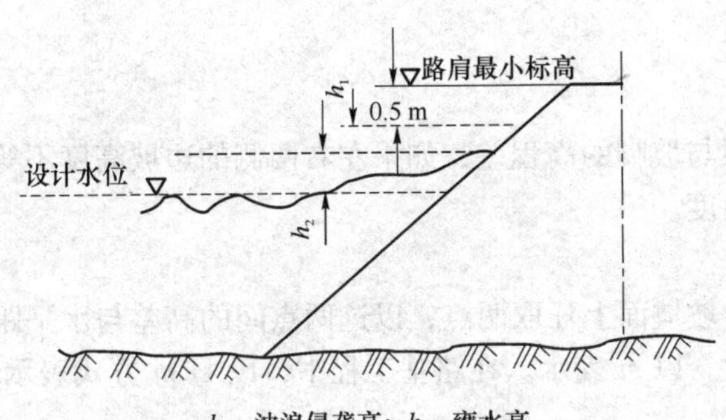

h_1—波浪侵袭高；h_2—壅水高

图2-17 滨河、河滩路堤的路肩高程

(5) 地下水位或地面积水水位较高地段的路基，其路肩高程应高出最高地下水位或最高地面积水水位加毛细水强烈上升高度，再加0.5 m。

(6) 季节冻土地区路基的路肩高程应高出冻前地下水位或冻前地面积水水位，加毛细水强烈上升高度加有害冻胀深度，再加0.5 m。

(7) 盐渍土路基的路肩高程应高出最高地下水位或最高地面积水水位，加毛细水强烈上升高度加蒸发强烈影响深度，再加0.5 m。当盐渍土路基存在季节性冻害时，应按(6)和本条的规定分别计算路肩高程，取二者中之大值。

(8) 当路基采取降低水位、设置毛细水隔断层等措施时，路肩高程可不受前面的(5)、(6)和(7)规定限制。

4. 路基高度

路基高度指路基中心线的地面高程与该处的路肩标高之间的竖直距离，也就是横断面图上线路中心线所表示的填挖高度，对于路堤就是中心填高，对于路堑则称为路堑深度，即中心挖深。

5. 路基基床

城市轨道交通路基面以下受到列车动荷载作用，并受水文、气候四季变化影响的深度范围称为路基基床。一般认为自重应力占附加应力20%的深度为基床厚度。基床状态直接影响列车运行的平稳和速度的提高，设计时应严格执行《地铁设计规范》(GB 50157—2013)对基床厚度、填料及其压实度、排水等的规定。如图2-18所示，路基基床结构分为表层及底层，《地铁设计规范》(GB 50157—2013)规定基床表层厚度不应小于0.5 m，底层厚度不应小于1.5 m。基床厚度以路肩施工高程为计算起点。

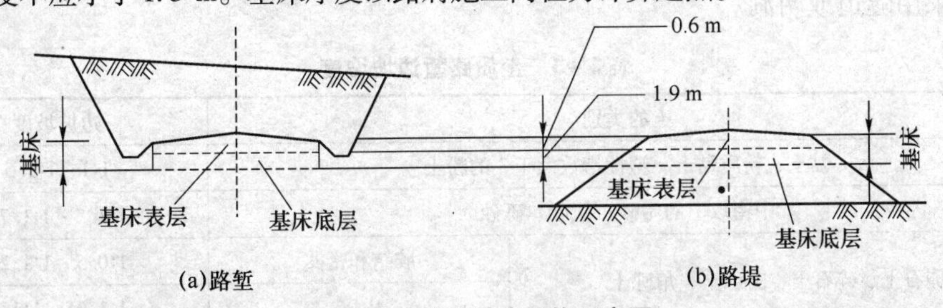

图2-18 路基基床结构示意图

6. 路基边坡

1）边坡高度

边坡高度指坡顶与坡脚的高程差，如果左右两侧的边坡高度不等，则规定以大者代表该横断面的边坡高度。

2）边坡坡度

边坡坡度是在边坡坡面上任取两点，以这两点间的高差与水平距离之比来表示，边坡斜率是坡度的倒数，以 m 表示。在路基工程中，以 $1: m$ 方式表示坡度。

3）路堤边坡

在路堤本体构造中，边坡的形式和坡度对堤身与基底的稳定性及经济性影响很大，所以它是路堤工程中必须重视的部分。

路堤边坡的坡形和坡率应根据填料或土质的物理力学性质、边坡高度、轨道类型、列车荷载和路基工程地质条件等确定。

当地基条件良好时，边坡高度不大于表 2－2 的规定时，其边坡形式和坡度应按表 2－2 采用。

表 2－2　路堤边坡坡度和形式

填料类别	边坡高度/m			边坡坡度			边坡形式
	全部高度	上部高度	下部高度	全部坡度	上部坡度	下部坡度	
细粒土、易风化软块石土	20	8	12	—	1:1.5	1:1.75	折线形
粗粒土（细砂、粉砂、不易风化软块石土除外）、碎石土、卵石土、漂石土	20	12	8	—	1:1.5	1:1.75	折线形
硬块石	8	—	—	1:1.3	—	—	直线形
	20	—	—	1:1.5	—	—	直线形

路堤坡脚外应设宽度不小于 1.0 m 的护道。

4）路堑边坡

（1）土质路堑边坡。

土质路堑边坡形式及坡度应根据工程地质和水文地质条件、土的性质、边坡高度、防排水措施、施工方法，并结合自然稳定山坡和人工边坡的调查及力学分析综合确定。

路堑边坡高度不宜超过 20 m，边坡坡度可按表 2－3 设计。路堑设计高度超过 20 m 时，应采用隧道或明洞。

表 2－3　土质路堑边坡坡度

土的类别		边坡坡度
黏土、粉质黏土、塑性指数大于 3 的粉土		1:1～1:1.5
中密以上的中砂、粗砂、砾砂		1:1.5～1:1.75
卵石土、碎石土、圆砾土、角砾土	胶结和密实	1:0.5～1:1.25
	中密	1:1.25～1:1.5

（2）岩质路堑边坡。

岩质路堑边坡形式及坡度应根据工程地质和水文地质条件、岩性、边坡高度、施工方法，并结合岩体结构、结构面产状、风化程度和地貌形态，以及自然稳定边坡和人工边坡的调查综合确定。必要时可采用稳定分析方法予以检算。对强风化、岩体破碎的石质路堑、特殊岩土和土质路堑的边坡高度，应严格控制，并应采取支挡防护措施。路堑边坡高度不宜超过 20 m，岩质路堑边坡坡度可按表 2－4 设计。

表 2－4　岩质路堑边坡坡度

岩石类别	风化程度	边坡坡度
硬质岩	未风化、微风化	1:0.1～1:0.3
	弱风化、强风化	1:0.3～1:0.75
	全风化	1:0.75～1:1
软质岩	未风化、微风化	1:0.3～1:0.75
	弱风化、强风化	1:0.5～1:1
	全风化	1:0.75～1:1.5

注：（1）如有可靠资料和经验时，可不受本表限制；

（2）填料为粉砂、细砂、膨胀土时，《地铁设计规范》（GB 50157—2013）规定边坡应按《铁路特殊路基设计规范》（TB 10035—2006）的有关规定设计。

7. 路基基底

路堤填土的天然地面以下承受填土自重及轨道、列车荷载作用的部分称为路堤基底。路堑边坡土体内和堑底路基面以下的地基内因开挖而产生应力变化的部分称为路堑基底。基底部分土体的稳固性，对整个路基本体以至轨道的稳定性都是极为关键的，特别是在软弱土的基底上修建路堤，必须对基底做妥善处理，以免危及行车安全与正常运营。

2.2.2　路基横断面设计方法

路基横断面设计就是在横断面测量所得的各桩号的横断面图上按纵断面设计所确定的填挖高度和平面设计所确定的路基宽度、超高、加宽值，结合地质情况等自然条件，参照典型路基横断面图式，逐桩号绘出路基横断面图。横断面设计俗称“戴帽子”或“戴帽”。

横断面图的比例尺常采用 1:200，特殊情况时可采用 1:100。

1. 一般横断面图的绘制步骤

（1）根据横断面地面线测量记录表（见表 2－5），绘制地面横断面图。

表 2－5　横断面地面线测量记录表

左侧	桩号	右侧
0.9　－0.4　－1.1　－0.9 2.6　2.1　3.2　2.4	K12＋100	0.5　0.7　1.3　－0.6 2.3　1.8　2.5　3.0
…	K12＋115	…

记录表一般均自中桩分别向左、右两侧由近及远逐点按分数形式记录，其中分子表示相邻点间高差，“+”为升高，“-”为降低，分母表示相邻点间的水平距离。

（2）根据纵断面设计、平面设计或路基设计表的成果，在地面横断面图上，逐桩号标注填（T）挖（W）高度、路基宽度、超高的数值。

（3）按上述资料逐桩绘出横断面设计图。路基横断面设计图如图2-19所示。

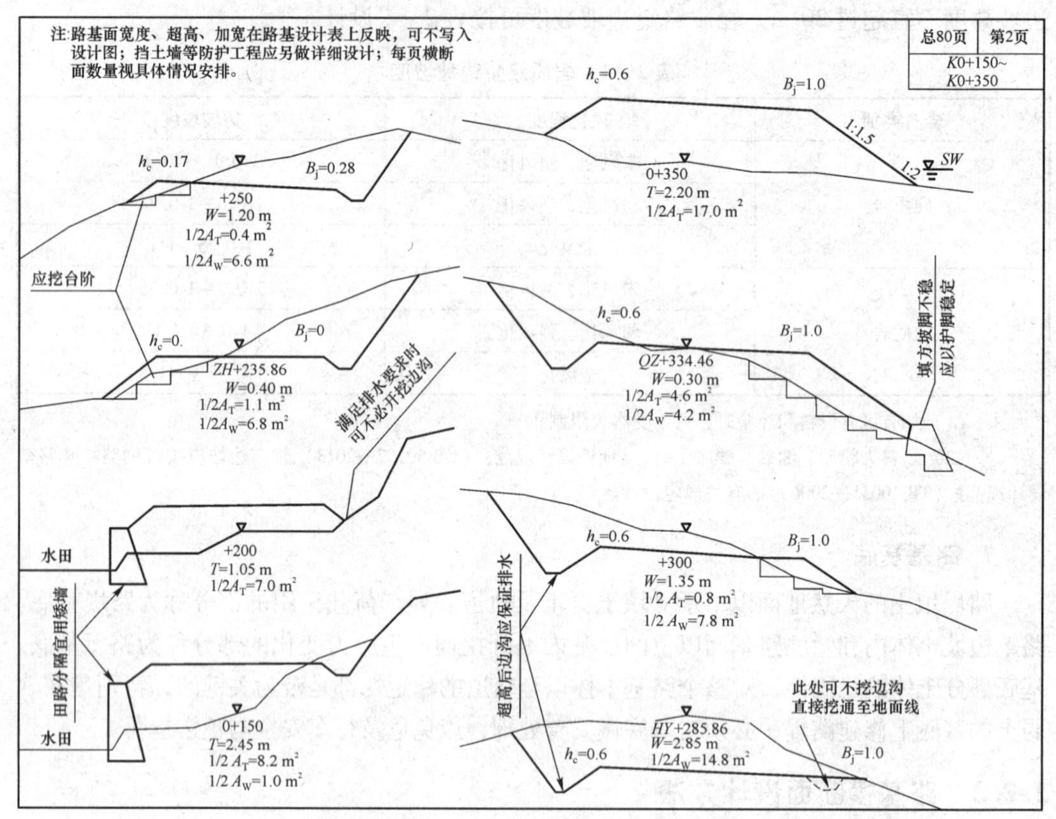

图2-19　路基横断面设计图

① 直线段。

路堤：在中桩上按填土高度作水平线，在其上截取路基宽度得左、右侧路基的边缘点，再按边坡坡度绘出边坡线，与地面线相交得坡脚点。

路堑：按挖方高度及路基宽度得路基边缘点后，在路基边缘点外绘出边沟断面，在边沟沟底的外侧边缘点做边坡线，与地面线相交得坡顶点，又叫堑顶。

半填半挖：分别按路堤和路堑的方法得填挖部分的坡脚点或坡顶点。

② 圆曲线段。

无超高、加宽时：与直线段相同。

无超高、有加宽时：在加宽一侧按所需加宽值求得该侧路基边缘点，其他与直线相同。

有超高、无加宽时：以超高前路基顶面水平线为准，按路基左、中、右的超高值绘得路基顶面横坡线及两侧路基边缘点，再绘出路基坡脚点。

有超高、有加宽时：按所需超高、加宽值，采用上述方法绘得。

③缓和曲线段。

按各桩号断面所需的超高和加宽值，采用上述圆曲线段设计方法绘得。其他如护坡道（护道）、边沟、截水沟、挡土墙等路基组成部分按尺寸分别绘出。

④分别计算各桩号断面的填方面积和挖方面积并标注于图上。

2. 路基横断面设计成果

路基横断面设计成果主要有路基横断面设计图、路基土石方数量计算与调配表。

（1）路基横断面设计图。

路基横断面设计图的比例通常采用1:200。如图2－19所示，在图纸上绘制横断面设计图时，必须从图纸的左下方开始，按顺序逐个桩号在图纸上方排列，直至图纸的右上方（为本页图纸的编码数）。

（2）路基土石方数量计算与调配表。

路基土石方数量计算和调配表直接影响工程投资，务必正确计算和周密调配，使用时可参考表2－6。

【项目小结】

城市轨道交通路基是轨道的基础，它既承受轨道和列车荷载，又将荷载向地基深层传递扩散，其所经地区的工程地质条件、水文地质条件、气候条件各不相同，加之所用填料性质各异，导致不同地区的路基破坏性质及程度不同，故路基的形状、尺寸、边坡坡度、填土含水率等对路基后期性能有重要的影响，为此，需掌握城市轨道交通路基横断面形式、路基面形状和尺寸、路基边坡设计要求等。

【项目训练】

1. 既有线路基横断面尺寸测量并与设计规定比照。
2. 正确判读路基横断面图。
3. 正确确定不同土质的边坡坡度。

【复习思考题】

1. 路堤、路堑的横断面各由哪几部分组成？
2. 曲线地段路基面为什么要加宽？如何加宽？
3. 路肩加宽的常用方法有哪些？
4. 路基的横断面形式有哪些？
5. 绘出路堤标准横断面，并说明各部分有关规定。
6. 绘出路堑标准横断面。

表 2－6　路基土石方数量计算与调配表

桩号	横断面面积/m^2			平均面积/m^2			距离/m	总数量	挖方分类及数量/m^3												填方数量/m^3		利用方数量/m^{3}及运距/单位							借方数量/m^{3}及运距/单位		废方数量/m^{3}及运距/单位		总运量/m^3	
	挖	填		挖	填				土						石								本桩利用		填缺		挖余		远运利用纵向图配示意						
		土	石		土	石			松土		普通土		硬土		软石		次坚石		坚石		土	石	土	石	土	石	土	石		土	石	土	石	土	石
									%	数量	%	数量	%	数量	%	数量	%	数量	%	数量															
1	2	3	4	5	6	7	8	9	10	11	12	13	14	15	16	17	18	19	20	21	22	23	24	25	26	27	28	29	30	31	32	33	34	35	36
K14+000	60.0																																		
				71.1			17	1209				242		121				604		242							363	846	土:363 石:500				346③		1038
+017	82.2																																		
				84.3		60 *20	8	674			20↓	135	10↓	67				337	20↓	135		40 *16		56			202	416	土:202 石:(87)				329③		987
+025	86.4		10.0 40																																
				43.2	39.0	50 *20	12	518				103		52				299		104	468	60 *24	(279) 155	84	34										
+037		78.0																																	
					83.8		4														295				295				石:(40)						
+041		69.6																																	
				39.2	34.8		9	353						71				176		106	313		71 (242)					40							
+050	78.4																																		
				56.4			10	564						113				282		169							113	451	土:113 石:8				443②		886
+060	34.4																																		
				60.6			12	727						145				364		218							145	582	土:145 石:538(22)						
+072	86.3																																		
				55.9			8	447						89				224		134							89	358	土:89 石:336(44)						
+080	25.0																																		
				12.5	12.3	27.3	6	75						15			30↓	37	30↓	25	74	164	15	60	59	104									8
+086		24.6	54.6																																
					26.3	55.3	8														210	442			210	442								226	
+094		28.0	56.0																																
					24.0	56.0	6														144	336			144	336									33
+100		20.0	56.0																																
					22.0	50.0	8														176	400			176	400								35	206
+108		24.0	44.0																																
				12.0	12.0	220 *10	6	72						14				36		22	72	132 *6	14	58	58	80									
+114	24.0		*20																																
				35.0		*1.5	10	350						70				175		105		*15		15			70	265	土:30 石:265						
+124	46.0		*10																																
				31.0	4.0	*0.5	16	496						99				248		149	64	*8	64	8			35	339	土:35 石:215(129)				45		
+140	16.0	8.0																																	
				29.0	7.0		20	580					20↓	116				290		174	140		116 (24)					440	土:(215)				440		
+160	42.0	6.0																																	
				52.0	3.0		20	1040						208				520		312	60		60				148	832				148	832		
+180	62.0																																		
				38.0	10.5		10	380						76				190		114	105		76 (29)					275					60		
+190	14.0	21.0																																	
				7.0	28.5		10	70						14				35		21	285		14 (56)		215										
+200		36.0																																	
小计							200	4600.3				480		1270				3817		2030	2406	1574 *69	585 (630)	281	1191	1362	1165	4844	土:65.4 石:1362(537)			148	2495	261	3158

注:(1)4、7、23 栏中“*”表示砌石;(2)24、30 栏中“(　)”表示以石代土;(3)31、32、33、34 栏中分子为数量,分母为运距;(4)30、31、32、33、34 栏中“○”内数字为平均超远运距单位数。

项目3　路基排水、防护和支挡

【项目描述】

路基排水是为保证路基稳定而采取的汇集、排除地表或地下水的措施。路基排水系统是为防止和控制路基受水侵害而设置的拦截、引排地表水（降水及雨雪形成的地面径流）及地下水（上层滞水、潜水及层间水等）的系统。路基排水的任务是把路基工作区内的土基含水率降到工程容许范围内，以保证路基稳定的工作状态。

路基边坡是城市轨道交通路基的重要组成部分，处理不当，容易发生破碎、崩塌、滑塌，甚至滑坡，既破坏环境，又影响城市轨道交通正常运行，严重时造成重大的经济损失。为了保证路基边坡稳定，防止坡体滑坍和坡面冲蚀、破落，需要采取合理适宜的工程措施进行坡面防护。

为保证路基安全、稳固、可靠而修建的挡土墙、土钉墙、护坡、堤坝、锚固结构、抗滑桩等附属建筑物，统称为路基支挡建筑物。最普遍使用的路基支挡建筑物为重力式挡土墙，在城市轨道交通线路随处可见。重力式挡土墙以浆砌片石或混凝土构筑，人工操作简单易行，为防止路基土质边坡的坍塌、支承路堑高坡和填土路堤的侧向土压力等有显著功效。随着海滨和冻土等地区修筑城市轨道交通，各种形式的路基支挡建筑物有很大发展，新技术、新工艺、新材料不断涌现。

【拟实现的教学目标】

1. 能力目标

（1）能够进行地面排水设备的施工；

（2）能够进行地下排水设备的施工；

（3）能够根据路基边坡的土质、岩性、水文地质条件、边坡坡度等，选择适宜的防护措施；

（4）能够根据水流特性、河道地貌、地质等情况选用适宜的防护类型；

（5）能够正确确定路基支挡结构类型。

2. 知识目标

（1）掌握路基排水的设计原则；

（2）掌握路基地面排水设备功用、特点及设置要求；

（3）掌握路基地下排水设备功用、特点及设置要求；

（4）掌握路基坡面防护的常用类型及适用条件；

（5）掌握路基冲刷防护的常用类型及适用条件；

（6）掌握路基支挡建筑物的结构及受力特点。

3. 素质目标

（1）培养独立自主解决问题的能力；

（2）增强分工协作的意识；

（3）具备一定的协调组织能力。

相关案例 1

南京地铁四号线九华山站涌水涌沙

2014 年 5 月 4 日晚上 9 时，南京地铁四号线九华山站围挡内突然出现涌水、涌沙现象。造成险情的原因主要和该地段特殊的地质条件有关。四号线九华山站北京东路一段位于秦淮河古河道上，砂层里的含水率特别丰富。

当时，基坑已经下挖到 19 m，坑内积水排空，坑外水压便非常大，坑外水击穿了地连墙缝隙，涌了出来。现场施工者介绍，当时涌水口面积很小，大概只有 1 cm 宽，但因为水压很大，水渗速度非常快。建设部门第一时间启动了应急预案，首先是在事发涌水口处垒沙袋，迅速制止涌水。然后，从基坑外侧和内侧打孔注浆，把这一渗水点封堵住。

由本案例可知，本站段路基所处的地质环境条件较差，砂层里的含水率特别丰富，土层强度低，变形大，在对基坑进行排水时，需要对地基进行加固处理。由此可知，由于地层土质的复杂性，我们必须分析、研究工程所处环境及工作条件，研究排水方式、排水设备及地基加固处理方法、边坡防护方式，保证施工安全。

相关案例 2

广州地铁附近工地塌方

1. 事故经过

2005 年 7 月 21 日中午，海珠区江南大道中某建筑工地基坑挡土墙突然发生坍塌，事故工地基坑南端约 100 m 长的挡土墙突然坍塌，工地与居民楼之间宽约 6 m 的水泥路整体下陷，并造成位于工地边的砖木平房倒塌，压倒 5 人。同时，塌方事故引起邻近一幢 9 层楼宾馆和一幢 8 层居民楼出现倾斜，部分墙面开裂，198 户居民及酒店人员约 590 人疏散。

由于事故现场距离地铁二号线隧道较近，为安全起见，有关专家正在对地铁隧道状况进行监测，因此地铁二号线中大站（旧二号线有该站，现属于八号线）至市二宫站区段从当日下午开始暂停运营，有关方面立即在电台、电视台发布消息，告知市民。

2. 事故原因

经初步调查，工地在事故发生时，正进行地下室底板施工，在7月21日中午12时，位于基坑南边的支护结构倒塌，位于东南角的斜撑脱落。支护结构倒塌范围为104.55延米，面积约2 007 m^2，南面宾馆的基础桩折断滑落，居民楼基桩近基坑面外露并发生变形，并导致宾馆北楼在7月22日倒塌。

主要原因是：①支护方案选择不当。深基坑支护方案的选择取决于基坑实际开挖的深度，地基土体的物理力学性质，地下水位，周围环境，设计变形要求及施工条件等诸多因素，任一因素考虑不周或疏忽都有可能造成严重后果。②设计的安全储备小。过大地折减主动土压力，减小支护结构配筋；验算中使用的安全系数过小，最后导致支护结构较大变形、滑坡、管涌、流砂等事故。③荷载取值不当，与实际受力状态有较大出入。

由本案例可知，路基支挡结构物是使路基稳固和正常使用的重要组成部分，几乎所有路基工程中都会用到支挡结构物。根据路基所在位置地形和地质条件的不同，路基支挡结构物的类型也不同。各种类型的路基支挡结构物施工方法、砌体材料、施工质量等各项要求都应按照相应规范进行才能达到对路基边坡加固的要求。

典型工作任务3.1　路基排水

暴露在大自然中的路基，除受到所处环境的工程地质及水文地质条件的影响外，还不断受到自然风化和雨水的冲刷破坏及人类活动的影响，因而往往会出现不同情况的变形，进而发展成严重的路基病害，所以路基应有良好、完善的排水系统，从而保证路基的稳定性。路基坍陷如图3－1所示。

图3－1　路基坍陷

3.1.1　路基排水设计原则

水对土体的浸湿、饱和及冲刷作用，常常会造成土体的强度降低，导致路基的各种病害发生，如基床产生翻浆冒泥、下沉和冻害，路基边坡产生滑动和坍塌等，影响线路的正常运营。为了保持路基的稳定，使路基经常处于干燥和坚固状态，应将可能停滞在路基范围内的地面和地下水及时排除，并防止路基范围外的水流入或渗入路基范围内。因此必须建立良好完善的排水系统，做好路基范围内的地面水和地下水的排除工作。其主要的设计原则为：

（1）路基设计应有完善、通畅的排水系统。排水设施应布置合理，与桥涵、隧道、车站等排水设施衔接配合，并具有足够的过水能力。

（2）排水设施应根据各段落的汇水面积、表面形状、周边地形、地质情况、地下水状况和气候条件等进行设计。

（3）设计时应首先注意保护农田的水利排灌系统和水土保持工程，并尽量考虑农田水利综合利用，少占耕地和良田。

（4）城市地区的路基排水应与地方灌溉和排污系统密切配合。

3.1.2 路基地面排水

路基地面排水的目的主要是将桥涵间路基两侧的地面水截引至附近桥涵或沟谷，使地表水迅速排离路基范围，防止地表水停滞下渗和流动冲刷而降低路基的稳定性。路基地面排水的主要工作包括沿线地面排水系统的设计和地面排水设备的设计。

1. 沿线地面排水系统的设计

沿线地面排水系统的设计就是根据线路平面和纵断面图，以及沿线的地形、地势和水文地质条件，做出总的排水规划，研究桥涵、隧道、车站等过水建筑物布置的合理性，设置必要的路面排水设施及其适宜位置和排水方向，将路基范围内的地面水及可能流向路基的地面水导入顺畅的排水通道，最终排入沟河。其主要的设计原则为：

（1）沿线地面排水系统应布置合理，避免勉强改沟或合并天然沟。在天然沟槽不甚明显的漫流地段，应设置足够的过水建筑物，并在其上游设置必要的束流设施，以防病害发生。

（2）排水设施应基本上顺线路方向布置并位于路基本体较近的范围内，以最大限度地发挥其效用，并尽量选择在地质比较稳定和地形比较平缓的地带设置沟渠，以防排水系统变形，保证路基边坡的稳定。

（3）排水设施大体上沿等高线布置，设计为多段直线相连，其转向处尽可能用较大半径（不小于5 m）的圆曲线连接。

（4）为使水流通过最短通路迅速排出路基本体外，不宜采用长距离的排水沟，以免增加养护困难，从而节省养护费用，争取既经济又适用。

2. 地面排水设备的设计

路基要长期处于干燥、坚固、稳定的状态，才不会变形发展成病害，就必须修建排除或拦截地面水的地面排水设施。路基地表水的排除设施包括：排水沟、侧沟、天沟（截水沟）、缓流井和跌水、急流槽等。现将各设备的功用和特点及一般设计要求分述如下。

（1）地面排水设备的功用和特点。

① 排水沟。

如图3-2所示，排水沟位于路堤护道的外侧，用于排除路堤范围内的地面水和截排自田野方向流向路堤的地面水。在地面横坡不明显的平坦地段，可设置双侧排水沟；当地面横坡较陡时，排水沟应设置于地面迎水一侧。当有取土坑时，可以用取土坑代替排水沟。

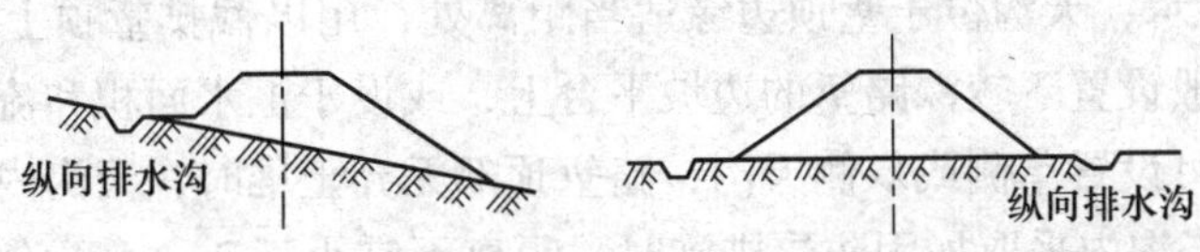

图3-2 排水沟

如图3-3所示，排水沟常采用底宽（b）0.4 m，深度（h_P）0.6 m的梯形断面，干旱少雨地区或硬质岩石地段，深度可减至0.4 m；根据需要，有时也采用矩形断面。排水沟纵坡不应小于2‰，平坦地段或反坡排水地段，在困难情况下，不得小于1‰，且分水点的沟深可减至0.2 m。大于8‰的地段，应对水沟的沟身进行加固，防止冲刷破坏。在水沟纵坡变化段、水沟弯曲段尤应注意。排水沟沟壁的边坡坡度一般采用1:1，细粒土和砂类土的地段宜采用1:1～1:1.5。

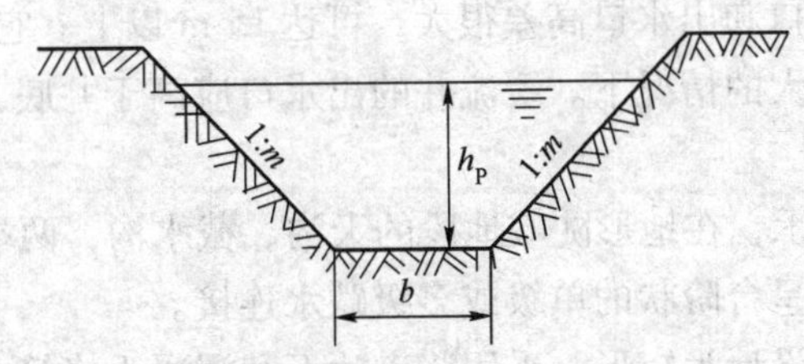

图3-3 梯形排水沟横断面图

② 侧沟。

如图3-4所示，侧沟在路堑地段或线路不挖不填地带，位于路肩边缘外侧，用以汇集和排除路堑范围内的地表水。

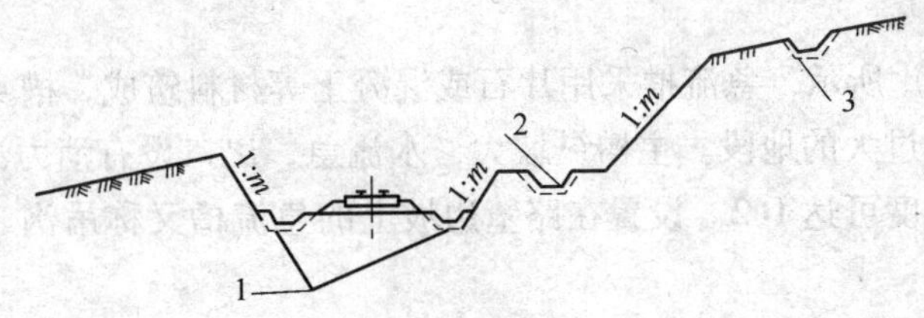

图3-4 侧沟、天沟（截水沟）

1—侧沟；2—截水沟；3—天沟

在一般情况下，侧沟的横断面和纵坡设计与排水沟相同；但对基床表层换填A、B填料的土质路堑，其侧沟深度不应小于0.8 m（含困难地段）。靠线路一侧沟壁的边坡坡度可采用1∶1。侧沟外侧与防护工程相连时，侧沟外侧沟壁的边坡坡度与防护工程相同；当有侧沟平台时，外侧沟壁的边坡坡度采用1∶1；在砂类土中，两侧沟壁坡度采用1∶1～1∶1.5。在深长路堑和反坡排水困难的地段，宜增设桥涵建筑物，将侧沟水尽快引排至路基外。路堑侧沟的水不得流经隧道排出。当排水困难或隧道长度小于300 m时，洞外路堑排水沟的水量较小、含泥量少时，经研究比较确定。

③ 天沟（截水沟）。

如图3－4所示，天沟位于堑顶边缘适当距离处，用以截排堑顶上方流向路堑的地面水；截水沟一般设置于较深路堑的边坡平台上，或设于汇水面积和流量较大的路堑天沟外侧。堑顶外可设置单侧或双侧天沟，路堑顶部无弃土堆时，天沟内边缘至堑顶距离不宜小于5 m，当沟内采取加固防渗措施时，距离不宜小于2 m。天沟的横断面和纵坡设计与排水沟相同；边坡平台截水沟的尺寸可采用底宽0.4 m，深度0.2～0.4 m。天沟或截水沟的数量应视天沟距上方分水岭的距离和所需截排的流量而定。

天沟不应向路堑侧沟排水，当受地形限制需修建急流槽向侧沟排水时，应在急流槽的进口处进行加固，出口处设置消能设施及防止水流冲刷道床的挡水墙，急流槽下游的侧沟应加大断面，按1/50洪水频率流量确定。

④ 缓流井。

为了缓和纵坡过大段水流的流速，可以设置缓流井。如图3－5（a）所示，缓流井为井形构造，所以进水口和出水口高差很大，可达15 m以上。它常设于地面高差很大、地形陡急、水流量又较大的情况下。缓流井的出水口应高于井底，以井底为消能设备。

⑤ 跌水。

如图3－5（b）所示，在地形陡峻地段的天沟、截水沟，两端高差很大而水平距离很短时，可用主槽底部呈台阶状的单级或多级跌水连接。

跌水的横断面一般设计为矩形，采用浆砌片石和混凝土修筑。跌水的每级台阶高差为0.2～2.0 m，跌水设备利用台阶跌水消能，主体部分和消力部分的槽底厚度应按流量和冲击力的大小设计。进口部分始端和出口部分终端的裙墙埋深应在冻结线以下，不小于0.4 m（浆砌片石）或0.3 m（混凝土）；槽壁顶面厚度不小于0.3 m（浆砌片石）或0.2 m（混凝土）。

⑥ 急流槽。

如图3－5（c）所示，急流槽采用片石或混凝土等材料筑成，槽身一般为矩形，常用于衔接水沟纵坡过大的地段。主槽纵坡大，水流急，出口设有消力池、消能槛等消能设施，沟底纵坡坡度可达1∶2。设置在路堑边坡上的急流槽又称吊沟。急流槽的横断面设计与跌水相同。

（2）地面排水设备的一般设计要求。

① 排水沟、侧沟、天沟（截水沟）的横断面应具有足够的过水能力，一般情况下，若汇水面积不大，流量不多，可直接采用以上尺寸和有关规定进行横断面设计；否则应按1/50洪水频率流量进行横断面设计，沟顶（包括跌水和急流槽）应高出设计水位0.2 m。

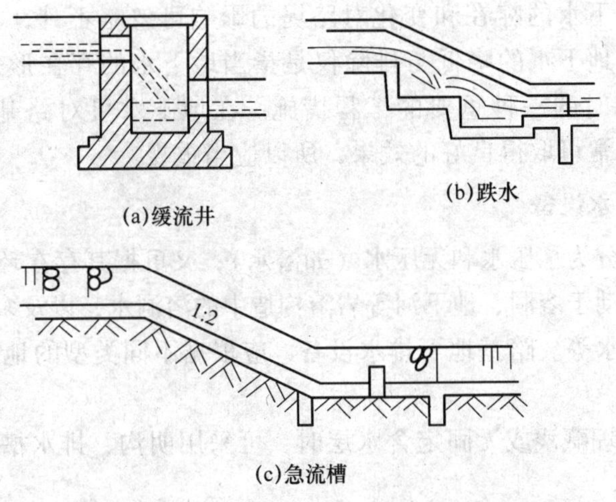

(a)缓流井
(b)跌水
(c)急流槽

图3-5 缓流井、跌水、急流槽

② 排水沟、侧沟、天沟（截水沟）的构造可根据土质、防渗要求和流速的大小等，采取夯拍表层、三合土（或四合土）捶面、单层栽砌卵石护面、干砌或浆砌片石和混凝土板护面等。

③ 土质、软质岩、强风化或全风化的硬质岩石地段的排水沟、侧沟、天沟（截水沟）应采取防止冲刷或渗漏的加固措施，必要时可设垫层。

3.1.3 路基地下排水

地下水对路基和周围山体的强度和稳定性有很大的危害和影响，因此做好路基地下排水，对保证路基的稳定和正常使用极为重要。

1. 地下水对路基的危害

地下水对路基稳固性的危害是指在路基设计和施工中，由于地下水存在的形式和数量可使工程设计与实施产生一定的困难，因而应采取措施，使地下水存在的形式或数量改变，以确保路基的稳固和工程的实施。同样，对已修成的路基，地下水的变化如造成路基稳固性下降，也应采取必要的措施，使它的变化被调节到允许的限度内。例如，在饱和的软黏土上填筑路堤时，若堤高形成的荷载大于地基的承载力，就会造成一定的困难，如能使地基土排水固结，就可提高软土的强度，提高地基承载力并减少后期的沉降量。在路堤堤身的稳定过程中，也常受到地下水的危害，如地下水位高，路堤填料为黏性土，在毛细作用下，水分可升入路堤内，使填料湿度增大，强度下降；在严寒地区，它是路堤出现冻害的重要因素。在路堑地段，如果路堑挖深到地下水位以下，当路堑边坡土为细粒土时，边坡的稳定性会受到地下水出渗的动力作用；当嵌体为破碎的岩块时，地下水从裂隙中或含水层中流出，也会使原有的胶结物质及沉淀的碎屑带出而使边坡失去稳定。地下水的存在形式常可因其补给来源的变化而变化，它对路基稳固性的影响还可因其他因素的作用而不同。例如在路堤中，当路堤的填筑高度在地基承载力允许的范围内，在堤身下部铺设有渗水土垫层，则地下水的存在和变化对路堤的影响可忽略不计，在路堑中也可做相似的分析。所以，地下水的降低与排除仅是指当地下水的存在形式和数量可以对路基的稳固造成危害时的一种重要的工程措施。在地下水可对路基稳定造成危害时，降低和排除地下水常可取得良好的效果，所以应当重视。

2. 路基地下排水设备

地下水可大致分为承压水和无压水（如潜水）；又可据其存在环境分为裂隙水、孔隙水，岩溶地区活动于溶洞、地下河等岩溶构造中的溶洞水，以及多年冻土地区的层上水、层间水和层下水等。路基地下排水设备，应根据不同类型的地下水及工程具体条件、要求确定。

（1）当地下水埋藏浅或无固定含水层时，可采用明沟、排水槽、边坡渗沟、支撑渗沟、渗水暗沟等。

① 明沟和排水槽。

明沟和排水槽建于地表，兼排地表水和土（岩）层中上层滞水及埋藏很浅的潜水。图 3－6、图 3－7 所示为浆砌片石明沟断面图和浆砌片石排水槽断面图。

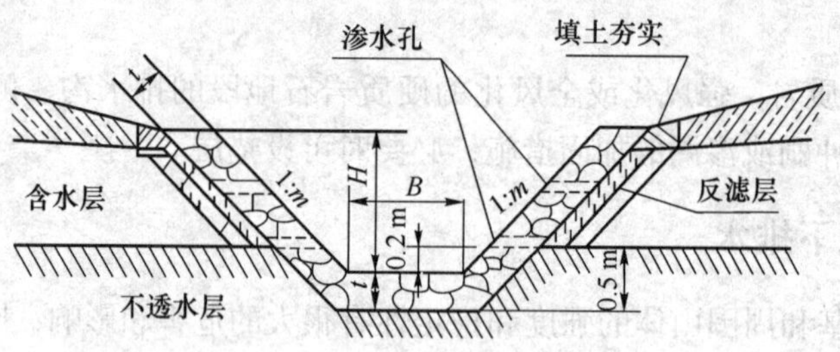

图 3－6　浆砌片石明沟断面图

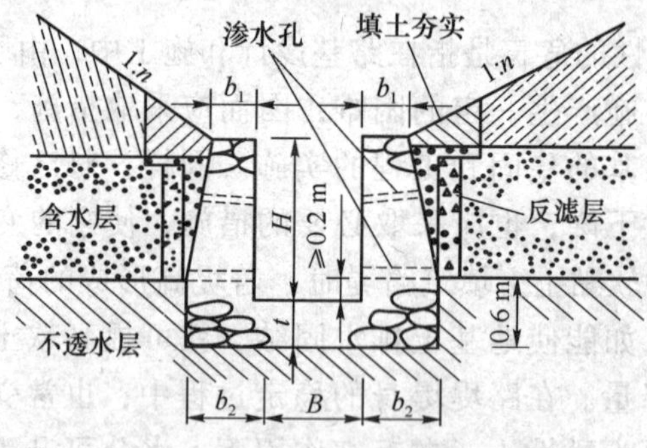

图 3－7　浆砌片石排水槽断面图

明沟和排水槽的底面宜埋入不透水层内，沟壁最下一排渗水孔应高出沟底 0.2 m 以上。一般情况下，为避免开挖断面过大和节省圬工，明沟深度 H 不宜超过 1.2 m，否则应采用排水槽，排水槽深度 H 不宜超过 2 m，再深时改用渗沟。

明沟断面通常采用梯形，底宽 B 为 0.4～1.0 m，沟壁边坡坡度为 1∶1～1∶1.5。排水槽过水断面通常采用矩形，过水断面底宽 B 为 0.6～1.0 m，槽壁顶面宽度 b_1 为

0.4 m，底面宽度 b_2 为0.4～0.75 m。明沟和排水槽多用浆砌片石修筑，槽（沟）壁外侧与含水层之间应设置反滤层，沟（槽）壁上设置一排或多排向内倾斜的渗水孔或缝隙。沿明沟和排水槽纵向，每隔10～15 m设置一道伸缩缝，缝宽2 cm，以沥青麻绳或沥青木板填塞密实，以防漏水。明沟和排水槽不易保温，在冻结期较长的严寒地区，不宜兼排地表水。

② 边坡渗沟。

边坡渗沟用于疏干潮湿边坡和引排边坡上局部出露的上层滞水或泉水，并对边坡起支撑作用。边坡渗沟常用于处理坡度不陡于1:1的土质路堑边坡，也常用于加固潮湿的易发生边坡表土溜塌的土质路堤边坡。

边坡渗沟应垂直嵌入边坡，对于较小范围的局部湿土或泉水出露处，其立面宜采用条带形布置；对于较大范围的局部湿土，其立面宜采用树枝形布置；当边坡表土普遍潮湿时，宜采用拱形和条带形相结合的形式布置，条带形及树枝形、拱形布置正面示意图如图3－8（a）、（b）所示，主沟纵断面及出水口布置示意图如图3－8（c）、（d）所示。渗沟断面常采用矩形，宽度不小于1.2 m，深度视边坡潮湿土层的厚度而定，横断面示意图如图3－8（e）、（f）所示。由于边坡渗沟集引的地下水流量较小，故可只在其底部用大粒径石料作为排水通道，其外周设置适当的反滤层，渗沟内部的其余空间可用筛洗干净的小颗粒渗水材料填充。渗沟顶部一般用单层干砌片石覆盖，其表面大致与边坡面齐平；渗沟下部的出水口一般采用干砌片石垛，用于支挡渗沟内部填料，并将渗沟集引的土中水或地下水排入路堑侧沟或路堤排水沟。

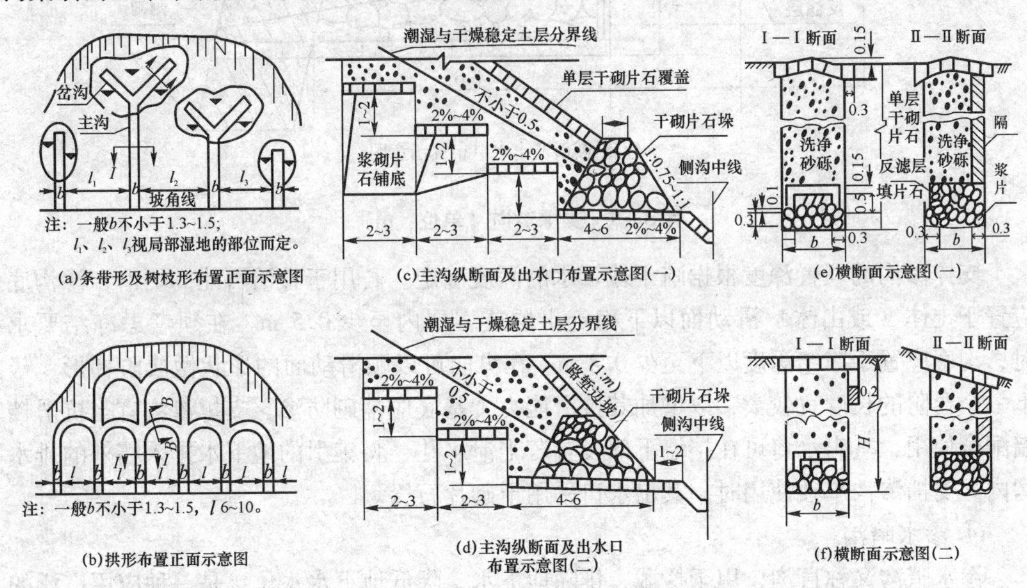

图3－8　边坡渗沟图（单位：m）

③ 支撑渗沟。

支撑渗沟用以支撑可能滑动的不稳定土体或山坡，并排除在滑动面附近活动的地下水和疏干潮湿土体。如图 3－9 所示，支撑渗沟常采用成组的条带形布置，其轴线应与山体的滑移方向大致平行，支撑渗沟深入山体内的长度、间距及断面宽度，可按照每条渗沟所担负的推力计算确定。其断面采用矩形，宽度为 2～3 m，各条渗沟的间距一般为 8～15 m。

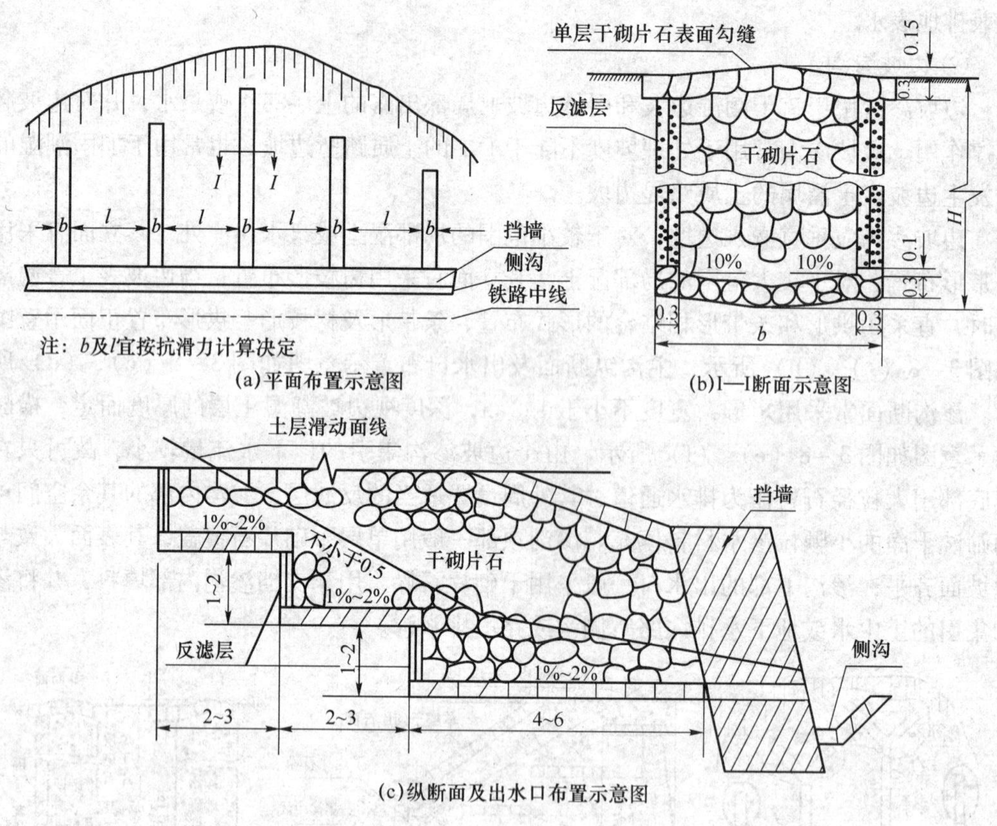

图 3－9　支撑渗沟（单位：m）

支撑渗沟的埋置深度根据疏干地下水的深度确定。若用于整治可能的坍滑，渗沟底应置于土体（或山体）滑动面以下稳定土层或岩层内至少 0.5 m。在须考虑冻结要求时，沟底应置于冻结深度以下至少 0.4 m。在纵向可以顺滑动面的形状做成阶梯形，最下一个台阶的长度宜较大，以增加其抗滑能力，基底应铺砌防渗。支撑渗沟宜与抗滑挡墙配合使用，其出水口可在挡墙下部设置若干泄水孔，将集引的地下水排入墙外的排水沟内。支挡渗沟单独使用时，其出水口采用干砌片石垛。

④ 渗水暗沟。

渗水暗沟又称盲沟，用于拦截、排除地下水，降低地下水水位，是一种应用广泛的排水设施之一，一般采用明挖法施工。渗水暗沟按照埋置深度分为浅埋渗沟和深埋渗沟；按照排水功用分为引水渗沟和截水渗沟；按照构造的差异分为有管渗沟、无砂混凝土渗沟和无管渗沟。

（a）浅埋渗沟和深埋渗沟。浅埋渗沟的埋置深度一般为 2 ~ 6 m，深埋渗沟的埋置深度一般大于 6 m。对于浅埋渗沟，截面形状为矩形的，尺寸一般采用 0.3 m × 0.4 m，截面形状为圆管的，内径尺寸常采用 0.3 ~ 0.5 m；对于深埋渗沟，为了便于进入检查和维修，矩形沟的尺寸可采用 0.8 m × 1.2 m，圆管沟的内径尺寸可采用 1.0 m。单侧渗沟和双侧渗沟如图 3 – 10、图 3 – 11 所示。

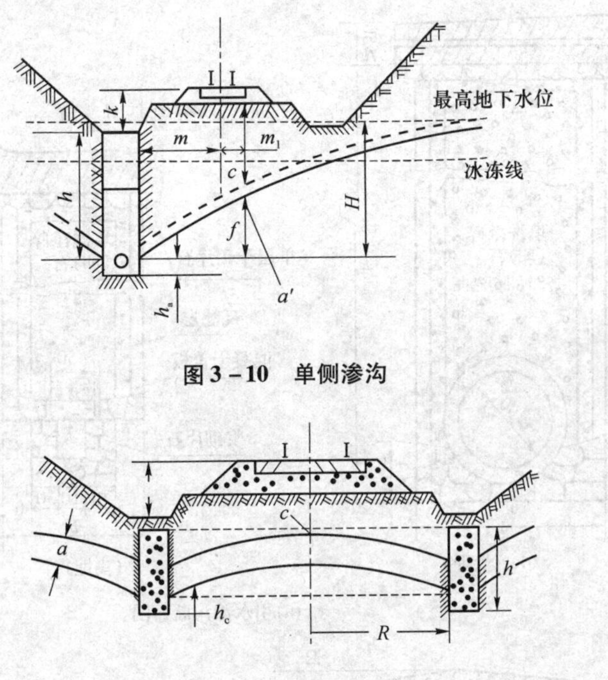

图 3 – 10　单侧渗沟

图 3 – 11　双侧渗沟

（b）引水渗沟和截水渗沟。引水渗沟可以引出低洼湿地或泉水出露地带和地下凹槽地层处的地下水，并使其循最短通路排出，以疏干其附近的土体或者降低地下水位。位于路堑侧沟下或侧沟旁的浅埋引水渗沟可以降低路堑范围内的地下水和疏干其附近的土体，视需要在路基的一侧或两侧布置。引水渗沟断面图如图 3 – 12（a）所示。

路堑侧沟下或侧沟旁的浅埋引水渗沟一般顺侧沟走向布置，但其排水出口部分宜偏离路基。其他引水渗沟可布置成条带形和树枝形，其主沟轴线宜循最短通路将所集引的地下水排至病害区域范围以外。

截水渗沟可以截断流向病害区的浅层或深层地下水，并将其排至病害区域范围以外。截水渗沟应布置在渗流上游较稳定的地层内，其纵向轴线宜尽可能与渗流方向垂直，其纵向长度应能确保地下水不致流入病害区域内。截水渗沟只需在渗流上游一侧沟壁进水，下游侧沟壁应不透水，可用黏土或浆砌片石做成隔水层。截水渗沟断面图如图 3 – 12（b）所示。

（c）有管渗沟、无砂混凝土渗沟、无管渗沟。有管渗沟的渗水管是管壁带有渗水孔的陶管或混凝土管，如图 3 – 13 所示，其适用于地下水流程较长、流量较大的情况。

为防止渗水孔堵塞，渗水管周围设置反滤层，可采用砂砾（卵）石、无砂混凝土板块、土工合成材料。砂砾（卵）石应筛选清洗，其中小于 0.15 mm 的颗粒含量不应大于 5%；无砂混凝土板块的材料要求可参考无砂混凝土渗沟（后面详述）；土工合成材料可采用无纺土工织物，当坑壁土质为黏性土或粉细砂时，可在土工织物与坑壁土之间增铺一层 10 ~ 15 cm 厚的中砂。

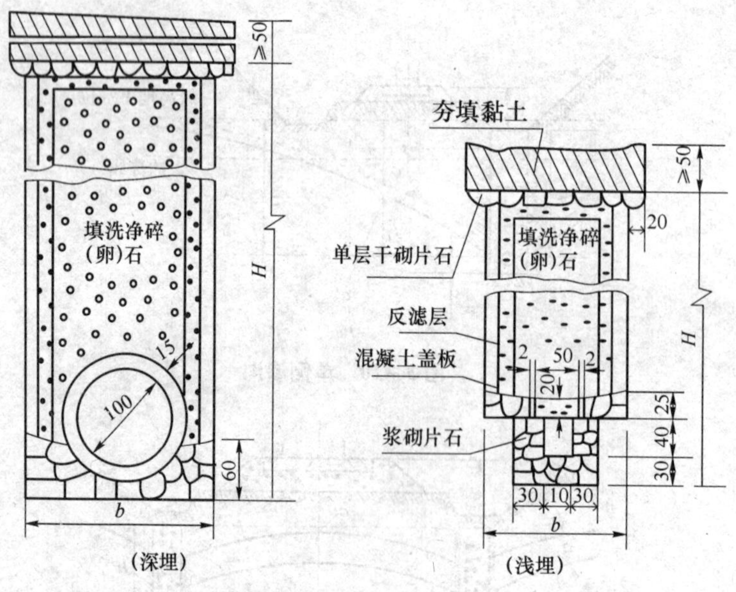

(a)引水渗沟断面图

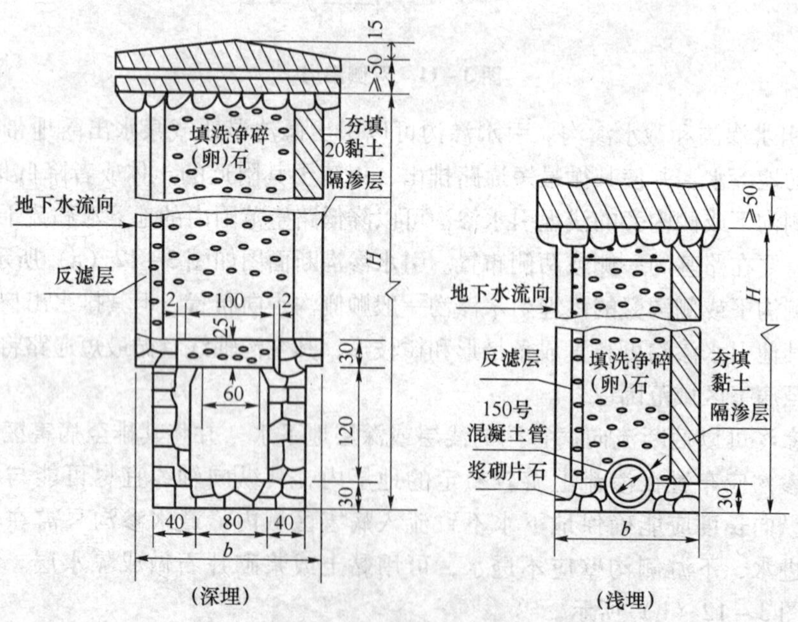

(b)截水渗沟断面图

图 3－12　引水渗沟和截水渗沟（单位：cm）

为防止水反向渗入土中，尽管渗水管置于不透水层上，如渗水管中的水对沟底有冲刷时，应采用混凝土或浆砌片石作基础。为防止地表水渗入，渗沟顶部可设防水层（铺藓苔或泥炭或倒铺草皮等），再于其上铺黏土并夯实。当有防冻要求时，从地面到渗水管应夯填不小于冻结深度的黏土，且渗水管的出口应做成如图3－13所示的形式，为便于检查和疏通渗水管必须设检查井。

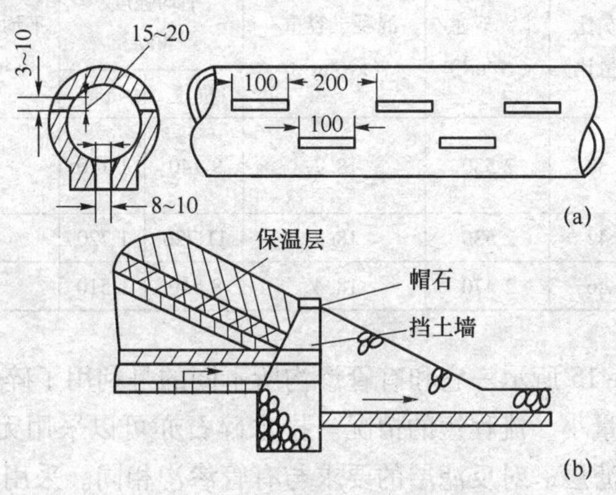

图3－13　有管渗沟（单位：cm）

如图3－14所示，无砂混凝土渗沟是由无砂混凝土壁板及普通钢筋混凝土横撑和盖板等组成的，其中无砂混凝土壁板是由水泥浆和粗集料（级配砾石（卵）及碎石）及水拌制而成的有透水孔隙的圬工块体。无砂混凝土可作为反滤层，在地下水流量不大的地段，亦可代替渗水管。由于它具有一定的强度，可以承受一定的荷载，具有良好的渗滤性能，施工简单，还可以省去渗沟内部的填充料，使用效果良好。但在黏土和粉砂地层中应慎重使用。

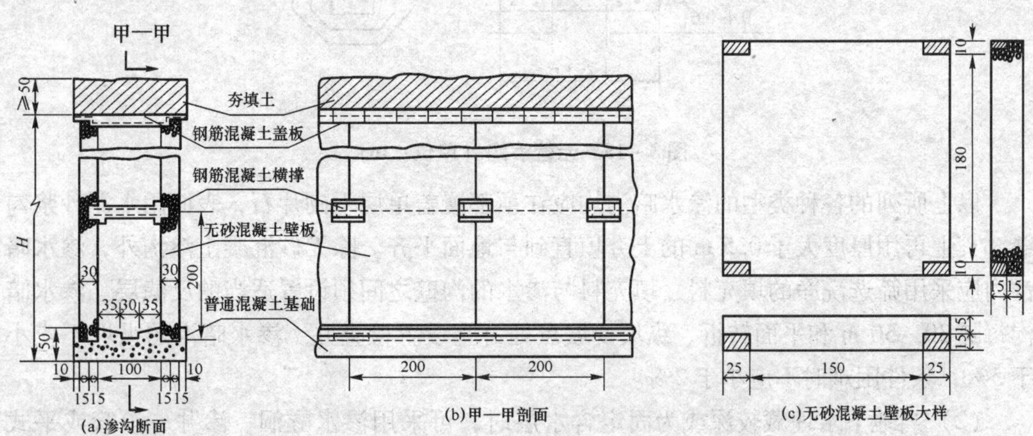

图3－14　无砂混凝土渗沟（单位：cm）

无砂混凝土的粗集料的粒径应与含水地层土的粒径相适应，以保证其过水能力。对于砾（卵）石和粗砂地层，粗集料的粒径宜用10～20 mm；对于中砂地层，粗集料的粒径宜用 5～10 mm；对于细砂地层，粗集料的粒径宜用 3～5 mm；灰石比（水泥与粗集料的重量比）宜采用 1∶6，无砂混凝土壁板厚度以不小于 30 cm 为宜，以保证无砂混凝土有良好的透水性，无砂混凝土技术指标参考表见表 3－1。

表 3－1　无砂混凝土技术指标参考表

粗集料/mm	灰石比（重量比）	水灰比（重量比）	水泥容重/（N/m³）	混凝土容重/（kN/m³）	平均强度/kPa		平均渗透系数/（m/昼夜）	适应含水地层
					抗压	抗弯		
10～20	1∶6	0.38	2 530	18.7	9 140	1 170	2 240	卵石、砾石、粗砂
5～10	1∶6	0.42	2 530	18.7	11 720	1 720	1 410	粗砂、中砂
3～5	1∶6	0.46	2 470	18.4	8 540	1 510	377	中砂、细砂

无管渗沟如图 3－15 所示。它和有管渗沟所不同的是利用了碎石的孔隙作为排水通道，适用于地下水流量小、流程短的情况。排水碎石亦可以采用无砂混凝土壁板代替。排水碎石周围应设反滤层，对反滤层的要求与有管渗沟相同。采用无纺土工织物作为碎石体的围护起渗滤作用是目前许多工程中普遍采用的方法。

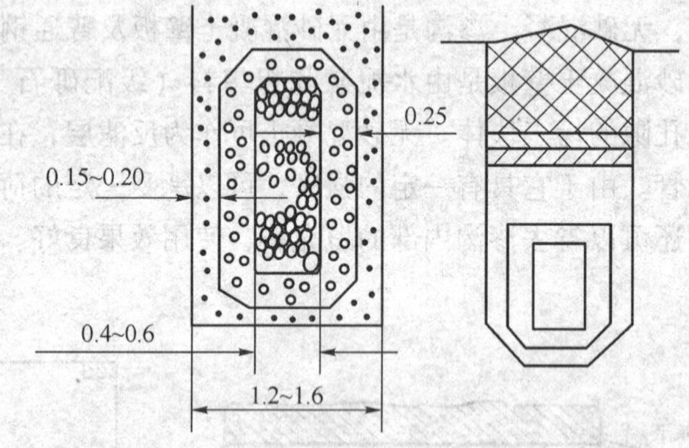

图 3－15　无管渗沟（单位：m）

以上所列的各种类型的渗水暗沟均应在顶部覆盖单层干砌片石，表面用水泥砂浆勾缝，其上再用厚度大于 0.5 m 的土夯填直到与地面平齐。除无砂混凝土渗沟外，渗水暗沟内应采用筛选洗净的填充料，填充料与渗水的沟壁之间须设置适当的反滤层。渗水暗沟每隔 30～50 m 和平面转折、纵坡变坡点处，宜设置检查井。渗水暗沟的纵坡不应小于 5‰，条件困难时不应小于 2‰。

（2）当地下水埋藏较深或为固定含水层时，可采用渗水隧洞、渗井、渗管或平式排水钻孔等。

① 渗水隧洞。

为拦截或引排埋藏较深的地下水且地下水流量较大时，可采用渗水隧洞。渗水隧洞常和立式渗井、渗管配合使用，用以排除土体内存在多层含水层的复杂地层中的地下

水。滑坡整治工程中大型滑坡的滑坡体及滑动带（面）的地下水，多采用渗水隧洞及其他排除地下水的设施进行综合治理。

渗水隧洞的平面布置与前述的引水渗沟和截水渗沟相同；渗水隧洞的埋设深度应选择在欲截引的主要含水层内，并应置于稳定地层上，在穿过不同的地层分界处时应设沉降缝。渗水隧洞穿过路基时，按铁路拱涵考虑。滑坡区的渗水隧洞，其顶部应设置在滑动面以下不小于 0.5 m 处。

渗水隧洞断面形状可根据所在地层的性质不同，采用直墙式断面或曲墙式断面，如图 3－16（a）所示，一般在裂隙岩层、破碎岩层或中密的碎石土层内可用直墙式断面；如图 3－16（b）所示，在松散的或夹有少量卵石、碎石的黏土层内可用曲墙式断面。拱部及边墙的进水部分均应留渗水孔，其外围设置与渗水孔眼大小及隧洞所在地层性质相应的反滤层。渗水隧洞断面净空从便于施工、检查维修及节省开挖土石方等方面考虑，不受地下水流量限制。较长的渗水隧洞宜用较大的净空，较短的隧洞可用较小的净空。渗水隧洞衬砌厚度应按理论计算确定。

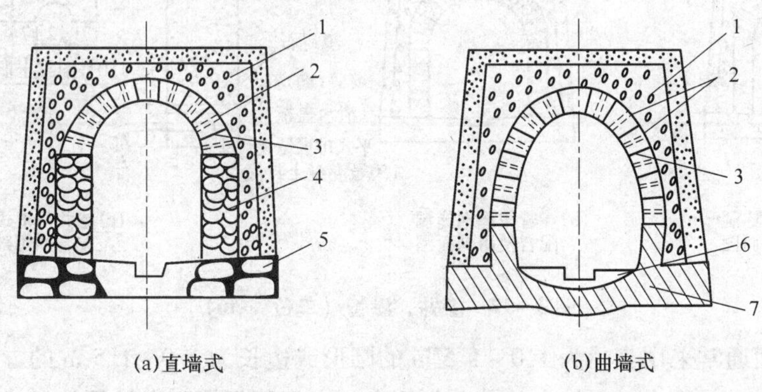

图 3－16 渗水隧洞断面

1—反滤层；2—C_{13}混凝土拱砖；3—M_{10}水泥砂浆灰缝；4—M_{10}浆砌片石边墙；5—M_{10}浆砌片石底板；6—C_8混凝土；7—C_{13}混凝土

渗水隧洞洞口位置宜根据当地的地质情况及便于迅速排水的条件进行选择。洞口挖方不宜太深，以免因仰坡和两侧边坡过高而发生变形和病害，堵塞出口。洞门墙按挡土墙设计，通常采用仰斜重力式挡土墙，采用浆砌片石或混凝土修筑，其基础埋入较坚实稳定的地层内，墙的两侧嵌入洞口挖方边坡内不小于 0.5 m；洞门墙以外应紧接翼墙或挖方边坡砌石防护及一段具有防冲刷铺砌的排水沟。渗水隧洞出水口底部宜高出当地天然河沟的设计洪水位，并至少高出洞门外铺砌的排水沟沟底。渗水隧洞每隔 30～50 m 和平面转折、纵坡变坡点处，宜设置检查井。渗水隧洞的纵坡不应小于 5‰，条件困难时不应小于 2‰。

② 渗井、渗管。

如图 3－17 所示，渗井和渗管的功用是集引具有多层含水层的复杂地层中的地下水和潮湿土体中的自由水，一般成群布置并与平式排水设备配合使用，以降低地下水位或者疏干其附近的土体。渗井群或渗管群的排列方向宜垂直于渗流方向；其深度一般是穿过含水层而与下卧的平式排水设备（如渗水隧洞或平式排水钻孔）相衔接。

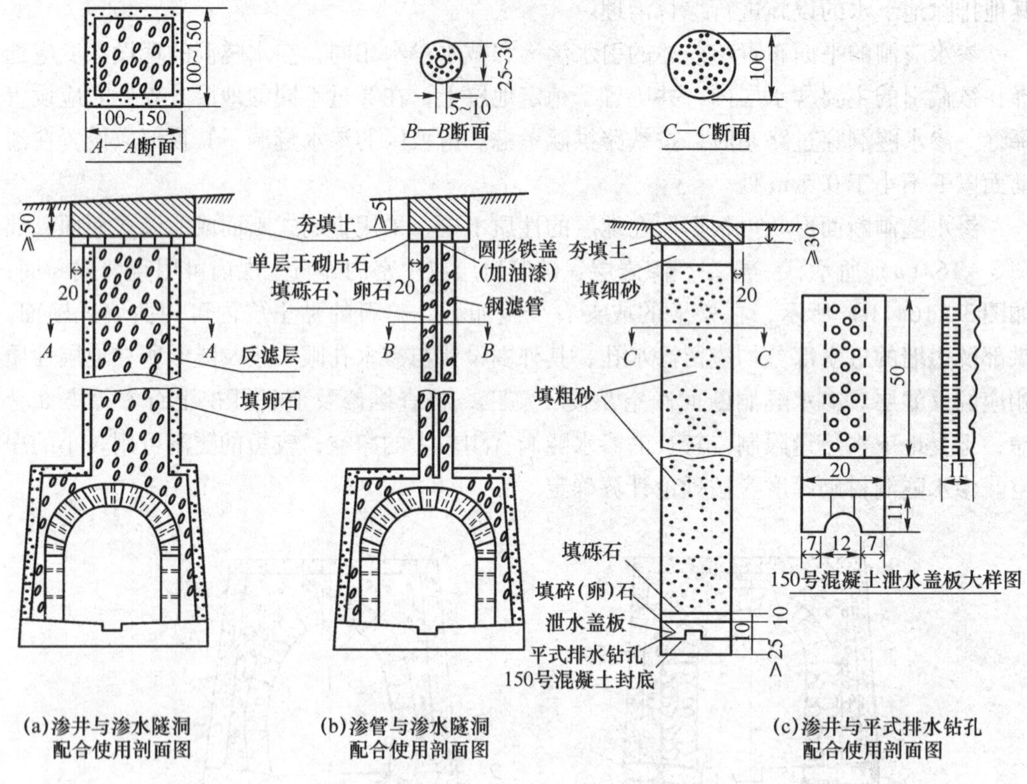

图3-17　渗井、渗管（单位：cm）

渗井断面通常采用直径为1.0~1.5 m的圆形或边长为1.0~1.5 m的方形。渗井内部可用筛洗干净的渗水材料填充，井壁与填充料之间可根据两者的颗粒组成情况设置或不设反滤层。渗井或渗管的顶部应用隔渗材料覆盖，以防淤塞。圆形渗井也可采用无砂混凝土结构代替设置反滤层和填充渗水材料。

③ 平式排水钻孔。

平式排水钻孔的功用是引排地层内的地下水及盆地或分散的局部凹地中聚集的地下水，或与渗井群配合使用以疏干潮湿的土体。平式排水钻孔除本身集引一部分土中水外，还作为通道排除上方立式设备集引的土中水。

如图3-18所示，平式排水钻孔可平行布置，亦可扇形布置，可设一层排水平孔，也可设多层排水平孔。单独使用的平式排水钻孔一般宜按垂直于山坡走向或土体边坡走向钻入；与渗井群配合使用的平式排水钻孔一般宜按垂直于渗井群纵向布置的走向钻入，并尽可能多穿连几个渗井。设置的位置应在地下水低水位以下，以有效地排除地下水，扩大排水疏干的范围。

平式排水钻孔的仰坡设计以考虑迅速排水的需要为主；若穿过有可能沉落的土体时，还应考虑土体下沉的影响，一般以采用10%~15%的平均仰坡较为适宜。

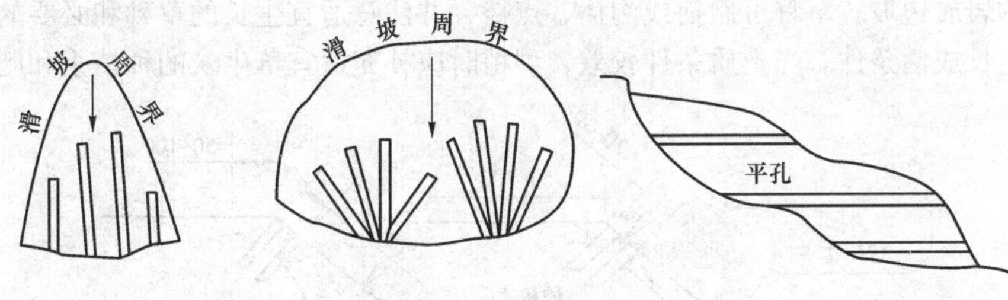

图3－18　平式排水钻孔

典型工作任务3.2　路基防护与加固

3.2.1　路基防护

路基属于完全暴露于大自然的露天工程，不可避免地受到自然环境的影响。易于冲蚀的土质边坡和易于风化的岩石路堑边坡施工完成后，在长期的自然风化营力和雨水冲刷的作用下，将发生溜坍、掉块和冲沟等坡面变形和破坏；而修建在河滩上和水库边的路堤，在经常的或周期性的水流冲刷作用下，路基的边坡和稳定性必然受到很大的影响而遭破坏。因此必须及早采取相应的防范措施。坡面破坏的轻重程度，除与边坡的岩土性质有关外，还与当地的气候环境、地层、地质构造及边坡所处的方位有关，必须综合考虑这些因素，并结合现场的条件，选择适当的防护类型。

路基防护的主要内容包括路基坡面防护和路基冲刷防护两部分。

1. 路基坡面防护

地表水沿路基坡面流动的速度与边坡坡度和坡面状态有关，缓坡、坡面粗糙及有草木生长时流速小，反之就大。地表水流对坡面的破坏，最初被洗蚀，冲走细小颗粒并搬运到侧沟中，日积月累，坡面出现鸡爪状沟和深浅不一的冲沟，进而坍滑、错落、掉块，最终失去稳定。因此，应及时进行坡面防护。当坡面由易分化岩石或疏松土层组成，或由于爆破施工，使边坡岩土层松动时，更应首先采取坡面防护措施，以策安全。

路基坡面防护应根据路基边坡的土质、岩性、水文地质条件、边坡坡度与高度等，选择适宜的防护措施，具体如下。

1）植被防护

植被防护是指用人工培植边坡植被，使植物的根系产生加固边坡表层土的作用，同时利用植物的枝叶保护坡面，防止或减少降水尤其是暴雨对边坡的冲刷来保护边坡。另外，植被防护可以改善环境，且施工简单、费用低廉，是一种效果较好的坡面防护方法。

依照采用植被防护的方式不同，有种草、铺草皮和植树几种措施。

种草示意图如图3－19所示，适用于高度较低、边坡坡度缓于1∶1.25的土质或严重风化的岩质边坡。草籽可撒播或沟播、点播，并注意适宜生长的草种和必要的土、肥和水等生长成活条件。当土质条件较差，种植时应补充适宜草生长的种植土和肥料。

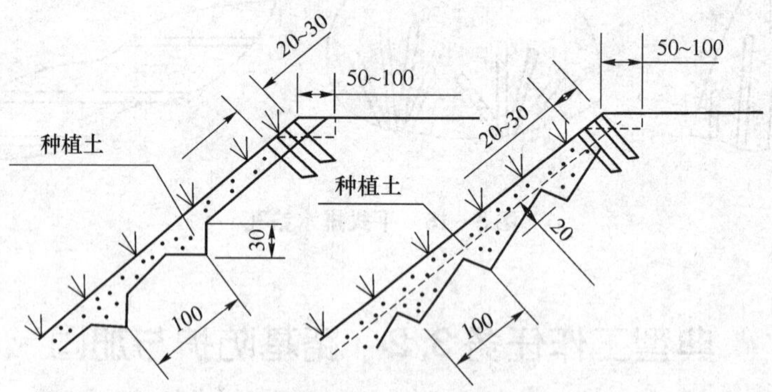

图 3－19　种草示意图（单位：cm）

铺草皮示意图如图 3－20 所示，适用条件与种草相同。其成活速度更快一些，抵抗水流冲蚀能力更强，但要求有适宜的成活草皮。铺设的方法可满铺，也可与方格骨架护坡结合使用。

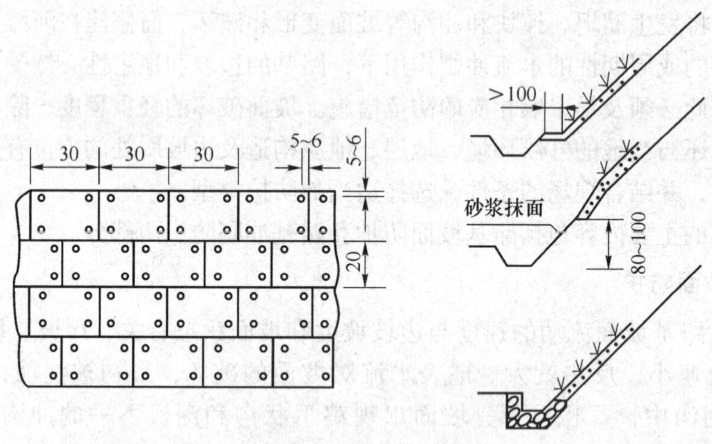

图 3－20　铺草皮示意图（单位：cm）

植树以适宜生长的灌木为佳。树种应选择容易成活、根系发达的灌木。植树布置形式有梅花形和方格形，间距为 40 ~ 60 cm。植树亦可与种草同时配合进行。

2）坡面的补强及加固

易风化的岩质边坡坡面常常受风化和坡面水流的侵蚀。为防止山区易风化岩质边坡产生变形，危及线路和运营的安全，可采用坡面的补强及加固措施。补强及加固措施包括勾缝和灌浆、抹面、喷浆、锚杆铁丝网喷射混凝土和土工合成材料防护等。

(1) 勾缝和灌浆。

勾缝采用 1∶2 或 1∶3 的水泥砂浆，也可用体积比为 1∶0.5∶3 或 1∶2∶9 的水泥石灰砂浆，它适用于节理裂隙较多而细的岩石路堑边坡，以防止雨水沿裂隙侵入岩层内部。灌浆适用于裂缝较大、较深的岩石路堑边坡，一般采用 1∶4 或 1∶5 的水泥砂浆，裂缝很宽

时可用混凝土。勾缝和灌浆前应先用水清洗工作面，并清除裂缝内的泥土杂草。

（2）抹面。

抹面适用于易风化但尚未严重风化的黏土岩类边坡。抹面示意图如图3-21所示。使用抹面的路基边坡坡度不限，但坡面须干燥，无地下水。抹面材料可因地制宜，抹面是采用具有一定强度且具有良好防水性的二合土（石灰、炉渣）、三合土（水泥、石灰、炉渣）或水泥砂浆均匀地摊在路基边坡上，经压实、提浆、抹光后形成的一种防护层。抹面的使用年限较短，一般为8~10年。

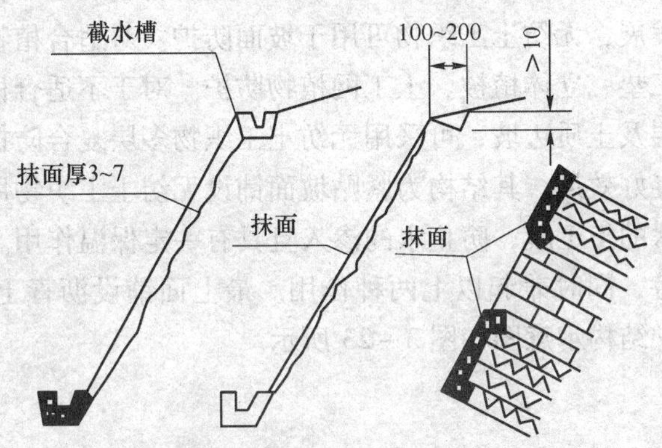

图3-21　抹面示意图（单位：cm）

（3）喷浆。

喷浆适用于易风化但未遭严重风化的岩石边坡，对高而陡、上部岩层较破碎而下部岩层完整并需要大面积防护的边坡，此方法更为经济。喷浆厚度不宜小于5 cm，喷射混凝土厚度以8 cm为宜，分2~3次喷射。喷浆及喷射混凝土护坡的周边与未防护坡面衔接处应严格封闭，坡脚应做1~2 m高的浆砌片石护坡。应注意喷射混凝土护面适用于堑坡稳定、地下水不发育、边坡较干燥但陡峻的边坡。砂浆抹面与喷射混凝土护面相比，前者施工较简单，后者水泥用量节省，较可靠。常用材料主要有三种形式：喷掺砂水泥土（砂+水泥+黏性土）、喷纯水泥砂浆或水泥石灰砂浆、喷混凝土。喷浆如图3-22所示。

图3-22　喷浆

（4）锚杆铁丝网喷射混凝土。

当坡面岩体破碎时，可采用锚杆铁丝网喷射混凝土防护，以加强防护的稳定性。一般锚杆的锚固深度为0.5～1.0 m，用1∶3水泥砂浆固定。铁丝网间距为20～25 cm。喷射混凝土厚度为8～10 cm，混凝土粗骨料粒径小于2.0 cm。水泥∶砂∶石子比例为1∶2∶2～1∶2.5∶2.5，水灰比为0.4～0.5，喷射护面应设置伸缩缝和泄水孔。

（5）土工合成材料防护。

土工合成材料可分为土工织物、土工膜、土工复合材料和土工特种材料等类型。随着土工合成材料的发展，无纺土工织物可用于坡面防护。对适合植物生长而土质较差的路基边坡可采用土工垫、立体植被、土工网植物防护。对于不适合植物生长的稳定破碎岩层、易于风化岩层及土质边坡，可采用无纺土工织物多层复合防护。国外采用这种复合防护结构取得了良好效果。其结构为紧贴坡面铺设无纺土工织物用以排水，保证边坡稳定，其上铺设隔水的土工膜，防止水的渗入且具有一定保温作用。亦可两层合为一层采用复合土工膜代替，同时兼起以上两种作用。最上面铺设沥青土工膜作为保护层保暖、防水。复合防护结构示意图如图3－23所示。

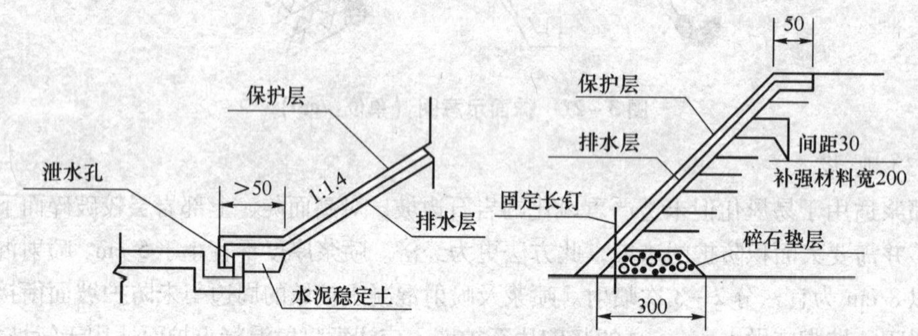

图3－23　复合防护结构示意图（单位：cm）

3）砌石护坡

砌石护坡适用于边坡坡度缓于1∶1的各类土质及岩质边坡。当坡面受地表水流冲蚀产生冲沟，表层溜坍或剥落时，均可采用砌石护坡。

砌石护坡有干砌片石护坡、浆砌片石护坡和浆砌片石护墙。

（1）干砌片石护坡。

干砌片石护坡适用于不陡于1∶1.25的土质（包括土夹石）边坡，且有少量地下水渗出的情况，厚0.3 m左右。干砌片石护坡示意图如图3－24所示。若土体为粉土质土、松散砂和砂黏土等土时，应设不小于0.2 m厚的碎石或砂砾垫层。干砌片石护坡应设基础，堑坡干砌片石护坡基础应砌至侧沟底。

（2）浆砌片石护坡。

浆砌片石护坡适用于不陡于1∶1的各类岩质和土质边坡，厚度一般为0.3～0.4 m。浆砌片石护坡可作为边坡的补强措施。对高边坡可分级设置平台，平台宽度不小于1 m，每级高不宜大于20 m，沿线路方向每10～20 m应设伸缩缝，并在护坡下部设置泄水孔。片

石的砌筑采用50号水泥砂浆。施工应在边坡土体沉实后进行，防止因土体下沉开裂。

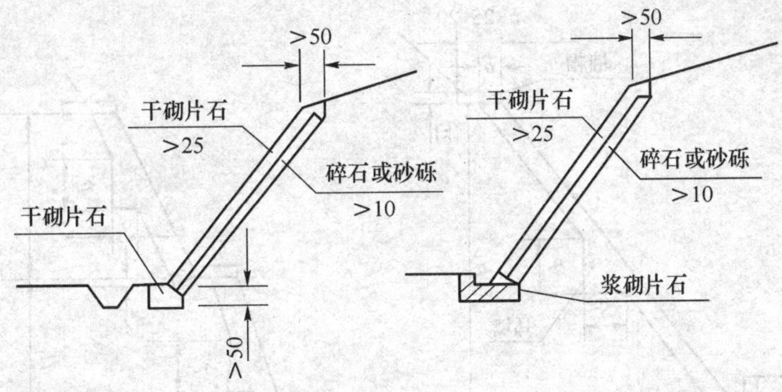

图3－24 干砌片石护坡示意图（单位：cm）

作为边坡的补强措施，可采用浆砌片石骨架护坡。浆砌片石骨架护坡示意图如图3－25所示。骨架常用方格形和拱形，骨架内可采用植被防护、捶面填补。

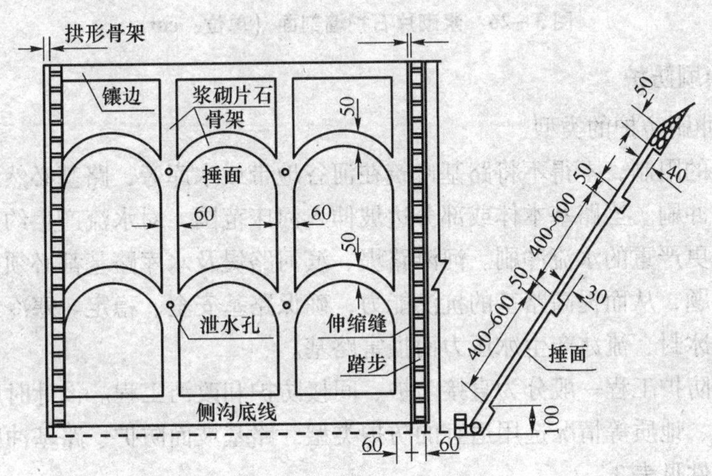

图3－25 浆砌片石骨架护坡示意图（单位：cm）

（3）浆砌片石护墙。

浆砌片石护墙适用于各类土质边坡和易风化剥落且破碎的岩质边坡，用以防治较严重的边坡坡面变形，常作为边坡加固措施。对较陡的路堑边坡防护仅限应用于稳定的路堑边坡，且边坡坡度不陡于1:0.3。

浆砌片石护墙有实体护墙及孔窗式护墙两种形式，孔窗内可采用干砌片石或捶面防护。一般土质及破碎岩质边坡多采用实体护墙，较完整且较陡的岩质边坡可采用肋式护墙，若下部较完整、上部较破碎的岩质边坡可采用拱式护墙。

当浆砌片石护墙的高度大于12 m、浆砌片石护坡和浆砌片石骨架护坡高度大于15 m时，宜在适当高度处设置平台，平台宽度不宜小于2 m。浆砌片石护墙剖面如图3－26所示。浆砌片石护墙、护坡的基础应埋置在路肩线以下1 m处，并不应高于侧沟砌体底面；当地基为冻胀土时，应埋在冻结线以下不小于0.25 m处。若护面为封闭式，应在防护砌体上设置伸缩缝和泄水孔。

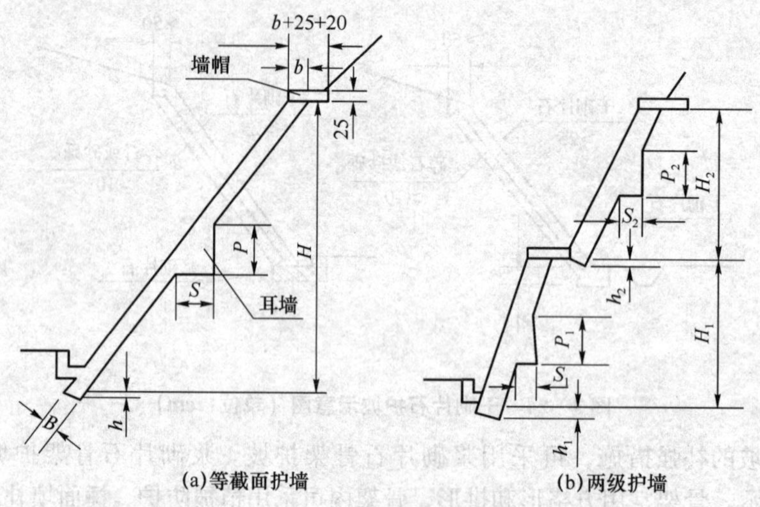

图 3－26　浆砌片石护墙剖面（单位：cm）

2. 路基冲刷防护

1）路基冲刷防护的类型

由于地形的限制，不得不将路基修筑在河谷地带或水库旁，路基必然经常或周期性地受到水流的冲刷。当路基本体或部分边坡伸入河床范围，对水流产生约束，改变水流特性，将导致更严重的水流冲刷。河滩路堤、滨河路堤及水库路基都必须妥善解决路基的冲刷防护问题，从而提高路基的抗洪能力，确保路基安全、稳定。寒冷地区冬季还会因河流或水库冰封、流冰产生冰压力而损害路基。

路基冲刷防护工程一般分为直接防护、间接防护和改河工程。设计时应根据水流特性、河道地貌、地质等情况选用适宜的防护类型。路基坡面防护、路基冲刷防护的常用类型和适用条件见表 3－2。

表 3－2　路基坡面防护、路基冲刷防护的常用类型和适用条件

类型	结构形式	适用条件		说明
		容许流速/（m/s）	水流方向、河道地貌	
植物防护	铺草皮	1.2～1.8	水流方向与线路近乎平行；不受洪水主流冲刷的浅滩地段路堤边坡防护	
	种植防水林、挂柳		有浅滩地段的河岸冲刷防护	
干砌片石护坡	单层干砌厚 0.25～0.35 m，双层干砌上层厚 0.25～0.35 m，下层厚 0.25 m	2～3	水流较平顺的河岸滩地边缘；不受主流冲刷的路堤边坡；无漂浮物和滚石的河段	应设置垫层

续表

类型	结构形式	适用条件		说明
		容许流速/（m/s）	水流方向、河道地貌	
浆砌片石护坡	厚0.3 ~0.6 m	4 ~8	受主流冲刷及波浪作用强烈处的路堤边坡	有冻胀变形的边坡应设垫层，有流木、流冰、滚石时应适当加厚
混凝土护坡	厚0.08 ~0.2 m			
抛石	石块尺寸根据流速及波浪大小计算，不宜小于0.3 m	3	水流方向较平顺，无严重局部冲刷河段，已浸水的路堤边坡与河岸	抛石厚度不小于两倍石块尺寸
石笼	镀锌铁丝制成箱形或圆形，笼内装石块	4 ~5	受洪水冲刷但无滚石河段及大石料缺乏地区	
大型砌块	2 m×2 m×2 m 3 m×3 m×2 m	5 ~8	受主流冲刷严重的河段	常与脚墙配合使用
浸水挡土墙		5 ~8	峡谷激流河段及水流冲刷严重河段	

汛期洪水是路基的严重威胁，水流对路基的冲刷乃至冲毁，会威胁列车安全运行，对城市轨道交通线路设施造成严重的破坏。因此必须采取正确的路基冲刷防护措施。

2）常用路基冲刷防护措施

(1) 直接防护。

直接防护主要是对河岸或路基边坡和基底的直接加固，以抵抗水流的冲刷作用。其特点是可以尽量不干扰或少干扰原来水流的性质，易遭受洪水破坏，但由于这类工程直接建筑在受冲刷的河岸或路堤边坡及基础部分，因此直接防护建筑物必须具有足够的坚固性与稳定性。常用的直接防护措施如下。

① 草皮护坡。

草皮护坡多采用台阶式叠砌形式。草皮护坡示意图如图3－27所示。草皮尺寸为25 cm×40 cm，厚为10 ~15 cm，叠砌前先平整坡面，再将草皮砖紧贴坡面，并用竹尖桩钉紧。在坡脚部分，一般铺草皮砖2 ~3 层。草皮成活生长后根系错结，从而起到防止冲刷路基的作用。

② 抛石防护。

抛石防护的应用很广，适用于水流方向稳定、无严重局部冲刷且河床地层承载力较高的路基边坡下部及河岸的防护，对于经常浸水且水深较大的路基边坡（水库边岸和海岸）防护及洪水季节防洪抢险时更为常用。为了减少坡脚处的局部冲刷及增加抛石的稳定性，抛石堆的水下边坡不宜陡于1∶1.5，当水深较大且流速较大时，不宜陡于1∶1.2 ~1∶1.3；抛石防护的顶面宽度不应小于所用最小石块尺寸的两倍。所抛石料应选用质地坚硬、耐冻且不易风化崩解的石块。在缺乏石料地段，还可以使用各种形状适宜的混凝土块体作为抛石材料。常用抛石防护断面如图3－28所示。

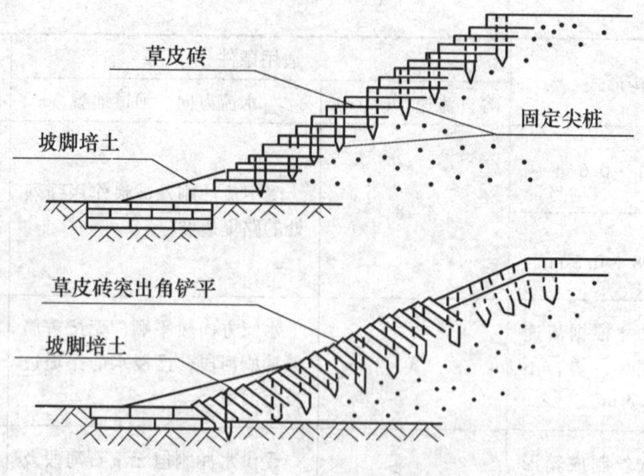

图 3－27　草皮护坡示意图

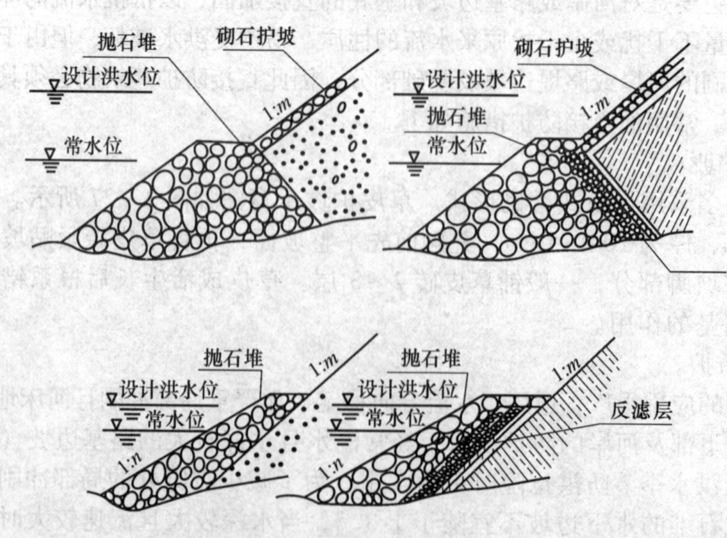

图 3－28　常用抛石防护断面

③ 片石护坡。

片石护坡包括干砌片石护坡（见图 3－29）和浆砌片石护坡(见图 3－30)两类。干

砌片石护坡用于周期性浸水的河岸或路基边坡防护，适用于水流较平顺，不受主流冲刷且流速小于3 m/s的地段。根据护坡的厚度可分为单层或双层干砌片石护坡。浆砌片石护坡适用于经常浸水的受主流冲刷或受较强烈的波浪作用的路基边坡防护和河岸及水库边岸防护，亦可用于有流冰及封冰的河岸边坡防护。护坡砌筑石料宜选用坚硬、耐冻未风化及遇水不易崩解的石块，其抗压强度应大于30 MPa。浆砌片石护坡应设置。2～3 cm宽的伸缩缝，并用沥青麻筋填塞紧密。护坡的厚度应根据流速及波浪的大小等因素计算确定，其最小厚度不应小于35 cm，当流速 $v\geqslant 6$ m/s时，厚度宜采用50～60 cm。护坡基础宜采用浆砌片石脚墙或混凝土脚墙基础，脚墙按浸水挡土墙设计。一般多采用重力式脚墙基础与浆砌片石护坡配合使用。

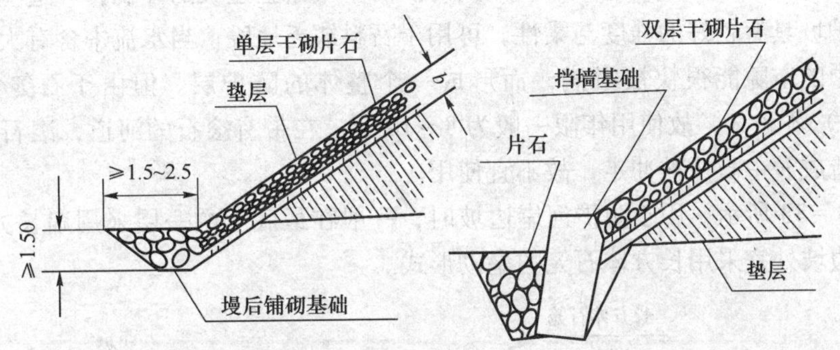

图3－29　干砌片石护坡（单位：m）

④ 混凝土板及柔性混凝土板块。

如图3－31所示，在冲刷防护措施中，混凝土板整体性强，能抵御强烈水流波浪或流水的作用，在缺乏石料地段，可采用边长较大的混凝土板，代替浆砌片石护坡。一般最小尺寸不小于1 m，最小厚度不小于6 cm，可设置必要的构造钢筋预制。铺设时板下应设置砂砾垫层。其适用条件与浆砌片石防护相同，但造价较高。

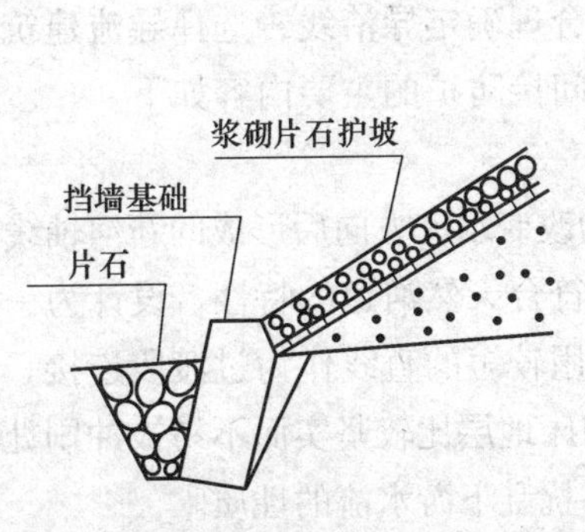

图3－30　浆砌片石护坡

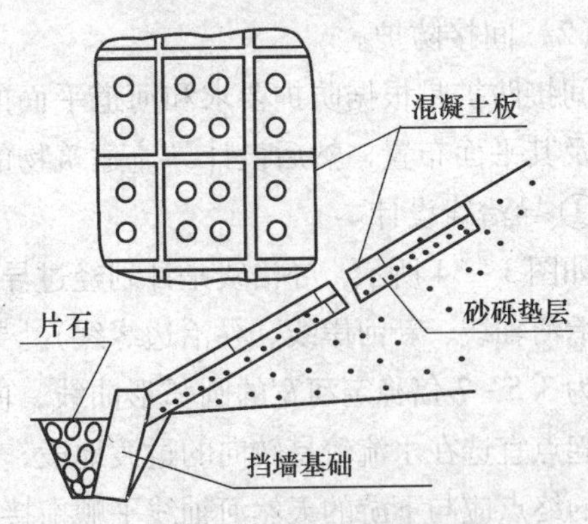

图3－31　混凝土板

柔性混凝土板块以0.5 m×0.5 m～1.0 m×1.0 m为宜，如图3－32所示，铺设时拼接安装成为整体，由于具有柔性，可紧贴防护土体下沉，防止进一步淘刷。

土工合成材料近些年来已应用于路基冲刷防护。土工模袋就是其中一种，由用编织型土工织物做成可在水下灌注混凝土的许多间隔开的袋子形成。

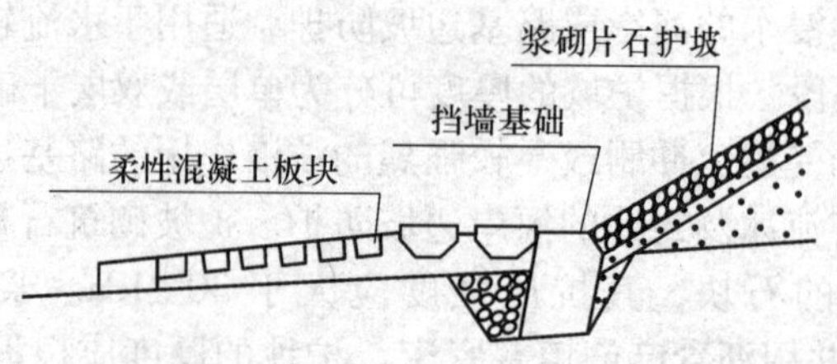

图 3-32　柔性混凝土板块防护

⑤ 石笼护坡。

石笼护坡属于半永久性建筑物，用以防护河岸或路基边坡的冲刷，可适应较陡的边坡。石笼护坡具有较好的强度与柔性，可用于石料缺乏地段。当水流中含有大量的泥沙时，石笼中的空隙能很快被淤满，而形成一个整体的防护层。但由于石笼笼箱材料（如铁丝网）不耐久，故使用年限一般为 8～10 年。在带有滚石的河道，滚石易将铁丝网冲破，造成笼中石块被冲走，故不宜使用。

如图 3-33 所示，用于防护河岸边坡时，一般在最底下的一层采用扁长方体石笼，在靠河岸边坡处宜采用长方体石笼的垒砌形式。

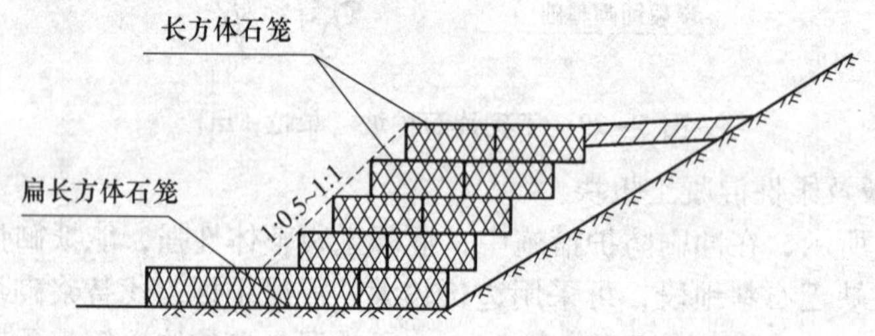

图 3-33　石笼护坡垒砌形式

（2）间接防护。

间接防护是根据防护要求和河道平面的轴线，合理确定导治线，选择导流建筑物的类型及其平面布置，然后设计导流建筑物的尺寸。间接防护的主要内容如下。

① 导治线设计。

如图 3-34 所示，导治线是计划经过导流建筑物改变水流方向后形成的新河轴线（又称导治河轴线、新河岸线、导治边缘线）。导治线应符合天然河道的特性，设计为一系列半径为 3.5～7 倍稳定河宽的圆弧形曲线，曲线之间用较短的直线作为过渡段连接。导治线的起点宜选在水流较易转向的过渡地段，或河岸河床地层比较坚实而不易被冲刷处。导治线的终点应与下游的天然河轴线平顺衔接，尽量不扰乱下游水流的性质。

② 导流建筑物的类型。

导流建筑物的建筑高度的选择应根据所选导治水位而定。在不同水位时的水流特性（如流量、流速、流向等）一般有所不同，因而被防护地段所受的冲刷作用会出现差异。导治水位应按最不利的冲刷情况来选择，并结合当地水流的容许压缩高度、不同高程导流建筑物的作用及相应的冲刷防护方案比较等综合确定。按照导流建筑物的建筑高

度，导流建筑物的类型有以下几种。

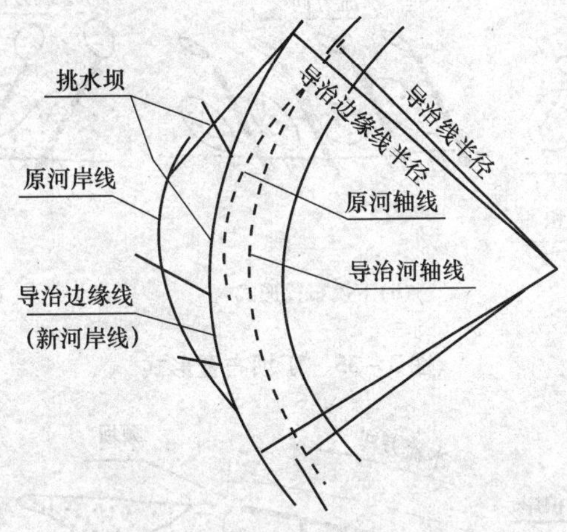

图3－34 导治线示意图

(a) 高水位坝：坝顶高程在设计水位以上的不漫水建筑物，可以是横向的挑水坝，也可以是纵向的顺坝。其作用是使水流离开被防护的河案，免遭洪水的威胁；其缺点是侵占水流断面较多，不宜在狭窄河道上使用。

(b) 中水位坝：坝顶高程高于中水位，在洪水位时为漫水建筑物。坝位可以是横向的，也可以是纵向的。其作用是导治中水位时的水流，防止被防护地段的冲刷并稳定主河槽。它可以在狭窄河道上使用，但中水位与洪水位之间的河岸或路基边坡需要补加防护。

(c) 低水位坝：亦称潜坝，坝顶高程低于枯水位或中水位，最低者可与浅槽河底齐平或略高一些，因而压缩水流断面较少或很少，为经常漫水的横向建筑物。其作用是使水流离开岸坡坡脚和减少底流流速，促进深槽淤积，可以防止建筑物基础脚下的淘刷或稳定河底纵坡。一般与顺坝或直接防护建筑物配合使用。

按照导流建筑物的平面布置，导流建筑物分为以下几种：

(a) 挑水坝：亦称丁坝，坝体伸向河心，其轴向布置与导治边缘线成正交或较大角度的斜交。丁坝的作用是横向约束水流迫使水流改变方向，因其压缩水流断面较多，故能强烈地扰乱原来水流的性质。由于单个挑水坝只会引起水流情况的恶化，所以必须成群布置。在挑水坝头部附近有强烈的局部冲刷，但在坝间形成淤积，经过多次洪水后可造成新河岸。如图3－35所示，按与水流方向所成角度的大小，丁坝分为垂直、下挑和上挑三种布置形式。漫水的中水位坝宜布置成垂直或上挑形式，以减低坝顶溢流速度；不漫水的高水位坝宜布置成下挑形式，以减轻水流对坝头的冲击作用。

(b) 顺坝：如图3－36所示，顺坝的轴向大体沿导治边缘线布置。其作用是使水流较均顺和缓地改变方向，偏离被防护的河岸。顺坝压缩水流断面较少，很少扰乱原来水流的性质，不致引起过大的冲刷，坝体和基础的防护均可较轻，但坝体的长度约与被防护地段的长度相等，造价较高，且改建比较困难。

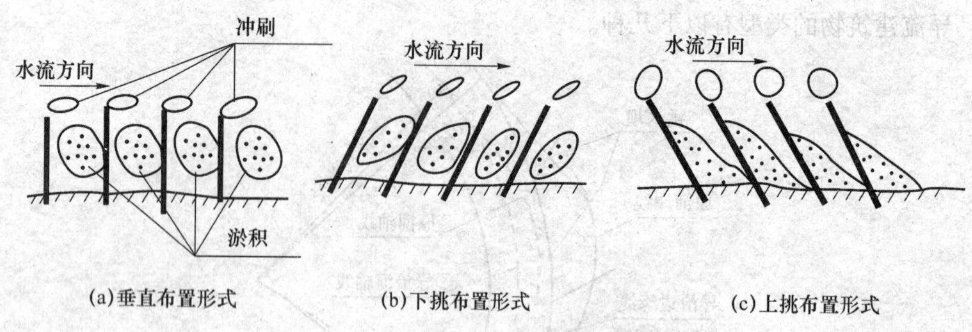

图 3-35　丁坝布置形式

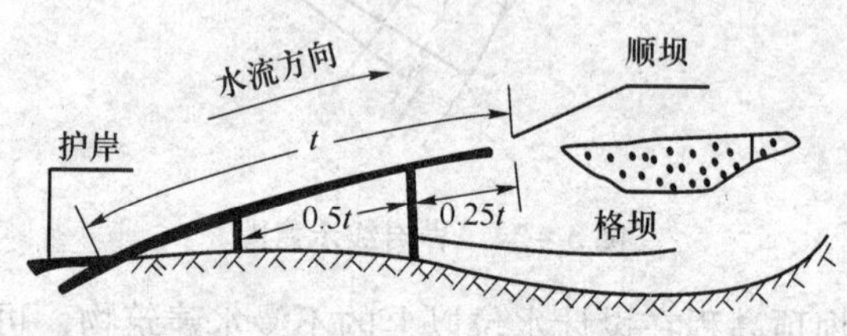

图 3-36　顺坝示意图

根据所选导治水位，顺坝可以是不漫水的高水位坝或漫水的中水位坝；对于较长的不漫水顺坝，一般需要加设横向格坝（见图 3-37）以连接并加固坝体和河岸。第一格坝与坝头的距离可为顺坝全长的 1/4 左右。为使水流中挟带的泥沙能较多地通过坝体以促进坝后的淤积，可在坝身部分开出若干缺口，格坝与坝身缺口配合使用组成勾头丁坝。

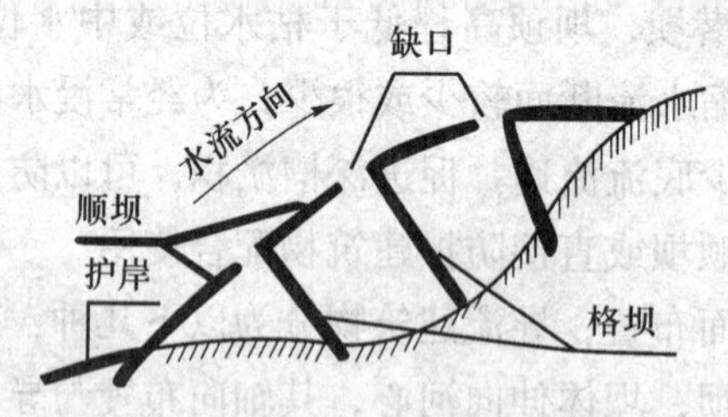

图 3-37　横向格坝

（c）潜坝：潜坝的平面布置可与水流方向相互垂直或与主体防护建筑物的基础边缘轮廓线相互垂直，其根部应与建筑物基础妥善衔接。

（3）改河工程。

改移河道工程（改河工程）包括新河道的平面设计、纵断面及横断面设计等，相对其他措施而言，它是一项技术复杂、工程浩大的工程。河流在其天然演变及形成发展过程中有其特殊的规律，对天然河道一般不宜轻易改移，必须改移时应因势利导慎重从事，并切忌改移不稳定的河道。出于路基冲刷防护目的的改河工程，一般只在局部地段改动，并要求新河道能顺应河势大体，符合该河道的天然特性。根据以往的实践经验，由于改河不当而失败之事不少。

为了保证改河工程的成功，改河前应注意查明当地河段的流量、流速、水深、河面宽度、河槽断面形状尺寸、河床纵坡、稳定直线段的长度，以及稳定河湾长度和半径等。另外，还应了解河床河岸的地层情况、冲淤情况，并结合当地的地形，确定最适宜的改河中线，为防止水流重归故道，一般还应在旧河道上设置拦河坝。同时，新河道应尽量少占耕地，节省土石方和防护工程数量，并保证附近居民及其他建筑物的安全。

3.2.2 路基边坡坡面绿色防护技术

路基边坡坡面绿色防护技术是对路基坡面采取种植植物或种植植物与工程防护（如土工合成材料、浆砌片石骨架、混凝土框格、坡脚矮挡墙等）相结合的边坡坡面防护措施。它是一项集岩土工程学、植物学、土壤学、肥料学、高分子化学及环境生态学于一体的综合工程技术。

我国对城市轨道交通线路路基边坡坡面的稳定性比较重视，为防止坡面在自然应力作用下产生冲沟、溜坍、剥落等坡面变形，边坡坡面多采用圬工防护。对植物防护技术普遍重视不够，边坡刷坡成形后，只是撒草籽、铺草皮或种植灌木。植物防护方法单一，科技含量低，防护效果差，既不讲究科学施工，也不重视养护管理。温湿地区城市轨道交通线路路基边坡植物防护技术较多采用平铺草皮和撒草籽的方式，一般与片石骨架联合使用或单独使用，而种植灌木防护技术应用较少。

随着改革开放和经济建设的发展，特别是随着“绿色通道建设”工作的推进，人们的环境保护意识普遍提高，路基边坡坡面绿色防护技术已引起了工程界的普遍重视，开始借鉴国外的成功经验，积极引进国外先进技术，逐步从传统的边坡坡面工程防护向绿色防护方面转变。路基边坡坡面绿色防护的设计思想、具有城市轨道交通线路特色的设计体系也正在逐渐形成。液压喷播植草防护、植生带植草防护、土工合成材料植草综合防护、OH液化学植草防护、行栽香根草防护、混凝土框格内填土植草综合防护、客土植生防护、喷混植生防护等边坡坡面绿色防护技术逐渐在新建、改建城市轨道交通线路工程中得到了应用，并取得了良好的防护效果。

1. 城市轨道交通线路路基边坡坡面绿色防护技术现状

1）种草防护

种草防护是一种传统的路基边坡坡面防护方法，是在土质路堑和路堤边坡坡面上人工撒播或行播草籽，进行边坡坡面防护的一种传统植物防护措施。种草防护施工简单，造价较低，但只适用于低矮缓坡，只适宜于春、秋雨季施工。播撒草籽选用适合当地土质和气候条件，根系发达、茎干低矮、枝叶茂盛、生长能力强的多年生草种。若边坡土层不适宜种草，可将边坡挖成台阶，再换填一层5～10 cm厚的种植土。为使草籽播撒均匀，可将种子与砂、干土或锯末混合播种。种子埋入深度应不小于5 cm，种完后将土耙匀拍实。施工完成后在路堤的路肩和路堑的堑顶边缘埋入与坡面齐平的宽20～30 cm的带状草皮。

由于种草施工一般都不铺盖坡面，不进行浇水、施肥等养护管理，因此，在植物长成前，遇雨边坡表土易冲刷、草籽易流失，遇干旱草种易失去活力、幼苗易干死，因此，往往成坪时间长，植被覆盖率低，达不到预期的防护效果，导致大量修复工程。所以，该技术的应用受到了一定的限制。

种草既可单独用来防护边坡，又可与片石骨架、土工合成材料等联合使用，形成边坡综合防护。

2）平铺草皮防护

平铺草皮防护是在土质边坡、全风化的岩质和强风化的软质岩石边坡上人工贴铺草皮，进行边坡防护的一种传统植物防护措施。平铺草皮防护施工简单，造价较低，但只适用于坡度不陡于1∶1.25的边坡，只适宜于春、夏季或雨季施工。所使用草皮应选用根系发达、茎矮叶茂的耐旱草种，通常采用当地天然草皮。《地铁设计规范》（GB 50157—2013）采用《铁路工程设计技术手册》中平铺草皮的规定：草皮规格一般为宽20 cm，长30 cm，厚5～10 cm，干燥炎热地区厚度可增加到15 cm；草皮铺设前应先将坡面表土挖松整平、洒水湿润，再将草皮从一端向另一端由下向上错缝铺砌，边缘互相咬紧，并撒细土充填，然后用木锤将草皮拍紧、拍平，确保草皮与坡面密贴、接茬严密，并用木（竹）桩钉牢。

但是，在实际边坡防护施工时往往未按上述规定进行，草皮实际厚度通常只有2～3 cm，草皮铺设前坡面通常未耙松整平、洒水湿润，铺设时一般没按上述规定满铺，也未在草皮缝隙间撒土充填，铺设完成后基本上没用木锤将草皮拍紧、拍平，未用木（竹）桩钉牢，难以确保草皮与坡面密贴。所铺草皮不仅会因干旱而导致草皮死亡，还会因植物“水土不服”和根系“向性”所限，只在表土生长、扎根不深，致使草皮难以与边坡成为一体，因此，往往草皮成活率低，见效慢，达不到预期的防护效果，易造成坡面严重冲刷，甚至边坡溜坍，导致大量修复工程。另外，由于其施工季节受到限制，不能及时对竣工边坡进行防护。再者，由于铲用当地天然草皮对植被造成新的破坏，不利于水土保持。所以，从保护自然环境方面考虑，该技术的应用受到了越来越多的限制。

平铺草皮既可单独用来防护边坡，又可与片石骨架、土工合成材料等联合使用，形成边坡综合防护。

3）液压喷播植草防护

液压喷播植草防护是一种现代植草新技术，适用于草坪建植和不同坡率的土质（包括碎石类土）边坡、全风化的岩质和强风化的软质岩石边坡坡面绿色防护。液压喷播植草技术是利用液态播种原理，将试验确认适用、生命力强、能满足各种绿化功能的植物种子经科学处理后与肥料、防土壤侵蚀剂、内覆纤维材料、保水剂、色素及水等按一定比例放入喷播机混料罐内，通过搅拌器将混合液搅拌至全悬浮状后，利用离心泵把混合液导入消防软管，经喷枪喷播在欲建边坡裸地，形成均匀覆盖层保护下的草种层，再铺设无纺布防护，而后进行养护，在坡面形成植被防护。

由于混合液中的内覆纤维材料、防土壤侵蚀剂形成的半渗透覆盖层和表土黏合后，具有良好的固种保苗效果，加之外铺无纺布的防护作用，保证了刮风、降雨时植物种子

不会流失。同时，覆盖层大大减少了水分蒸发，给种子发芽提供了水分、养分和遮阴条件，创造了植物种子的适生初始条件，促使其生根发芽、生长发育。另外，利用植物具有的“土生土长”“劣境锻炼则生命力强”等特性，以及向光、向水、向土、向肥四个“向性”和植物生长的连续性和长期性，并根据其生长情况进行适当浇水、施肥、除病虫等养护工作，促使植物适应各种恶劣环境而健壮生长，最终使裸地永久性地被植物所覆盖。液压喷播植草防护具有施工简单、适用性广、施工质量高、防护效果好、工程造价低等特点，近几年得到了迅速推广应用。

由于限制液压喷播植草防护效果的最主要因素是水热条件，因此不同地区要根据水热条件选择喷播期。一般而言，雨季前和雨季是最佳喷播期，干旱季节或台风暴雨季节不宜喷播，如因业主或工期要求及交通条件限制需要实施喷播时，需加大易存放种子用量，并做好防护养护工作；最热的夏季或寒冷的冬季不应进行喷播施工。

液压喷播植草防护技术可以套种乔木、灌木，形成边坡乔、灌、草立体复层绿色防护，还可以与片石骨架、土工合成材料联合使用，形成边坡综合防护。

4）植生带植草防护

植生带植草防护是将工厂化生产的中间均匀、夹有草籽的两层无纺布构成的植生带，铺设于各种土质边坡、全风化的岩质和强风化的软质岩石边坡进行边坡防护的一种植物防护新方法。植生带植草防护施工操作简单，先清理坡面浮石、浮根，平整坡面，再将植生带沿等高线铺设在边坡上，用铁钉固定，然后盖上细土，并适当洒水养护，促使种子发芽、生长，对边坡形成植物防护。

植生带植草防护充分利用了植生带的固种保苗作用，以及在植物长成以前对坡面良好的防冲刷作用，避免了风、雨造成的种子流失和坡面表土流失，而且植生带质量轻，搬运施工都很方便，但是在施工过程中通常难以使植生带全部与边坡坡面密贴，往往造成部分幼苗死亡，达不到绿化防护的目的。因此，近十年来，该技术多用于平地植草绿化，而在城市轨道交通线路路基边坡坡面防护工程中未能得到大量推广应用。

5）土工合成材料植草综合防护

土工合成材料（包括土工网垫、三维土工网垫及立体植被护坡网等）植草综合防护是近十年来开发的一项集坡面加固和植物防护于一体的综合边坡绿化防护措施。它是利用土工合成材料对路基边坡进行加筋补强或防护，并结合液压喷播植草进行的一种综合防护技术，近年来在国外得到越来越广泛的应用，具体如下。

（1）土工网垫植草护坡。

土工网垫植草护坡是国外最近二十年新开发的一项集边坡加固、植草防护和绿化于一体的复合型边坡植物防护措施。施工工序是：平整边坡—铺设土工网垫—摊铺松土—人工（或机械）播种—覆盖砂土—养护。所用土工网垫是一种三维立体网，不仅具有加固边坡的功能，在播种初期还起到防止冲刷、保持土壤以利草籽发芽、生长的作用。随着植物生长，坡面逐渐被植物覆盖，植物与土工网垫共同对边坡起到长期防护、绿化作用。

(2) 土工格栅与植草护坡。

对填料土质不良的路堤，采用土工格栅对路堤边坡进行加筋补强，以保证路堤的稳定性，同时对坡面采用液压喷播植草，可防止雨水冲刷。

6) OH 液化学植草防护

OH 液化学植草防护是国外近十年来针对不同坡率的各种土质边坡、全风化的岩质和强风化的软质岩石边坡开发的一项化学植草防护新技术。OH 液化学植草防护是通过专用机械将化工产品 HYCEL - OH 液用水按一定比例稀释后和种子一起喷洒于平整坡面，使之在极短的时间内硬化，从而将边坡表土固结成弹性固体薄膜，达到植草初期边坡防护的目的。3 ~6 个月后，其弹性固体薄膜开始逐渐分解，此时草种已发芽、生长成熟，根深叶茂的植物已能独立起到边坡绿化、防护的作用。

OH 液化学植草防护具有施工简单、迅速，不需后期养护，边坡绿化、防护效果好等特点，但是由于该技术所用的化工产品 HYCEL - OH 液还未实现国产化，其工程造价较高，故目前还难以推广应用，只在京九铁路等个别工点进行了试用。

7) 行栽香根草防护

香根草属禾本科多年生植物，原产于印度、泰国和马达加斯加等国。由于行栽香根草具有良好的生物特性，在水土保持、堤岸边坡防护、构筑绿篱等方面有广泛的应用，故受到了世界上许多国家的重视。20 世纪 80 年代，在世界银行的资助下，设立世界银行香根草基金，推广应用香根草，已推广的国家有马来西亚、泰国、澳大利亚、菲律宾和南非等。

在我国，中国科学院南京土壤研究所香根草网络组负责组织推广。福建、广东、浙江三省应用香根草防护公路边坡较早，福建省公路局于 1998 年发文到市地级公路局，建议推广应用香根草。目前铁路系统除新长铁路有限责任公司 2001 年在新长铁路进行了香根草防护路基边坡试验外，尚无应用。

香根草 (Vetiveria Zizanioides) 又名岩兰草，主要特性如下。

(1) 适应性强，易繁殖，耐旱、耐涝、耐火、耐贫瘠、耐酸碱、抗病虫，适用于土壤 pH 值 3.0 ~11.0、年降雨量 300 ~3 000 mm、气温 -15.9 ~50 ℃的地区，耐水淹可达 6 个月。

(2) 生长快，根系发达。栽种后 3 个月可长高 1 m 以上，生物量每亩可达 25 t，根系发达、粗壮，长势迅猛，下扎深度大，通常一年内可深入地下 2 ~3 m；据马来西亚检测，香根草根直径为 0.2 ~2.2 mm，当根直径为 0.7 ~0.8 mm 时，其抗拉强度达到 75 MPa，约为钢材的 1/6。

(3) 香根草为雌雄同体，一般大田条件下，除少数品种外，开花不结籽，靠分枝或根分蘖繁殖，其繁殖多采用分枝或压埋活茎方法，不会蔓延扩散形成杂草。

(4) 香根草的缺点是不耐土壤长期冻结，不耐严重遮阴。

路基边坡行栽香根草防护充分利用了香根草的优良特性，是一种新的边坡植物防护措施。行栽香根草防护施工简单，施工时平行边坡行栽，行距视边坡坡度、高度、土质和具体防护情况而定，每行的株距一般为 15 ~20 cm。栽植前施足基肥，栽植时将丛苗分蔸 (2 ~3 蘖)，并用泥浆沾根，要防止根系上翘，定植后要踩实并浇定根水。为提高

成活率，促使幼苗生长，栽植后应适当进行浇水、施肥等养护管理。香根草最好在春、秋栽植，应避免在酷暑和严冬季节种植。

8）混凝土框格内填土植草综合防护

混凝土框格内填土植草综合防护是一项类似于干砌片石护坡的边坡植草防护措施——先在修整好的边坡坡面上拼铺正六边形混凝土预制框砖（外接圆直径一般为35 ~ 50 cm，高度一般为5 ~ 10 cm），形成蜂巢状框格，再在框格内铺填种植土并植草的一项边坡综合防护新技术。该技术所用框砖可在预制厂批量生产，拼铺在坡面上能有效地分散坡面雨水径流，减缓径流速度，防止坡面冲刷，保护植物生长。

混凝土框格内填土植草综合防护施工简单，外观齐整，造型美观大方，边坡绿化防护效果好，工程造价适中，与浆砌片石骨架护坡相当，多用于填方边坡的防护。

9）客土植生防护

客土植生防护是对不适宜植物生长的土质边坡，先将坡面开挖成台阶状，再换填一定厚度、适宜植物生长的种植土，然后在坡面建植草灌植物，进行边坡防护。该技术一般适用于路堑边坡，换填方式可选择采用人工铺设或采用泥浆机喷射，换填材料可选用种植壤土或混合材料，换填厚度通常为5 ~ 10 cm，植物建植方式可选用液压喷播植草、人工种草或贴铺草皮等。

客土植生防护适用于不适宜植物生长的各种土质（如过酸土、过碱土等）边坡、全风化的岩质和强风化的软质岩石边坡。

10）喷混植生防护

喷混植生防护是近年来从国外引进的一种适用于岩质边坡坡面植草的绿色防护技术，是将种子、肥料、黏结剂、土壤改良剂、种植土、保水剂和水等材料按一定比例搅拌均匀后，利用强力压缩机喷射于岩质边坡坡面作为植生基材层，再铺设无纺布覆盖，然后依靠基材层使植物生长发育，形成坡面植物防护的措施。对于植生基材层厚度小于3 cm且边坡坡度缓于1:1的可直接进行喷混植生防护；在其他条件下，应先在边坡上施工短锚杆、铺设一层机编镀锌铁丝网，再进行喷混植生防护，其植生基材层厚度一般为5 ~ 10 cm。

该技术所建成的植生基材层有下述特性：①由于植生基材层的材料组成中包含黏结剂，因此具有自身稳定性，不易被雨水冲刷；②由于植生基材层的材料组成中包含肥料、土壤改良剂、种植土、保水剂等材料，因此植生基材层适合植物生长发育。所以，植生基材层组成材料的合理配比是实施该技术成败的关键。

由于该技术具有边坡防护、绿化双重作用，一般条件下可以取代传统的边坡喷锚防护、片石护坡防护等圬工措施，最近几年来在城市轨道交通线路路基边坡防护工程中应用较多。该技术还可与混凝土框架联合使用。

2. 土质路基边坡坡面绿色防护设计

1）一般地区

指年平均降水量大于600 mm，最冷月月平均气温高于或等于 －5 ℃的温暖、湿润地区。

（1）路堤。

土质路堤边坡坡面绿色防护宜选用多年生草本植物或灌木，在不影响城市轨道交通线路行车和设备安全的条件下，路堤坡脚可选用种植中小乔木。

路堤边坡高度小于或等于 8 m，边坡坡面可单独采用植物防护。

路堤边坡高度大于 8 m，或填料为膨胀土、粉土、粉砂土、砂类土、砾石类土、碎石类土和易风化的软块石的路堤边坡，宜采用土工网垫、三维土工网垫、多边形立体植物护体网、浆砌片石骨架、混凝土框格等与植草相结合的防护措施。

对于短时间浸水的路堤边坡，当流速小于 1.8 m/s 时，宜选用根茎性、缠绕性和耐湿、耐水淹的草种进行绿色防护。沿河路堤的下部边坡或坡脚一定范围内，可采用栽植乔木、灌木的冲刷防护措施。

土壤贫瘠的路堤边坡，可采用在坡面上开挖水平横沟或挖坑、沟内放置植生带、坑内放入肥料等方法，为植物提供生长基质。

（2）路堑。

土质路堑边坡坡面绿色防护宜选用多年生草本植物或矮灌木，不宜采用乔木。

单独采用植物防护的土质边坡高度不宜大于 10 m。

边坡高度大于 10 m 的土质边坡，或土质为膨胀土、粉土、砂类土和碎石类土等边坡，坡面受雨水冲刷严重或潮湿，边坡坡面绿色防护宜采用土工网垫、三维土工网垫、多边形立体植被护坡网、浆砌片石骨架、混凝土框格等与植草、栽植灌木相结合的防护措施。必要时采用设置坡脚矮挡墙、边坡支撑渗沟等工程措施。

砂类土、碎石类土等土质贫瘠的边坡，可在坡面上开挖行距 20 ~ 40 cm、深度不小于 20 cm 的水平横沟，沟内回填种植土，然后采用液压喷播植草防护措施。必要时，可采用客土植生防护、喷混植生防护等措施。

边坡坡面较光滑，植物种子着落困难时，应采取措施增加坡面表面面积和粗糙度，必要时可在坡面上开挖凹槽、植沟或蜂窝状浅坑。

当土壤 $5.0 < pH < 8.5$ 时，应进行土壤酸碱度改良。对 $pH < 5$ 的酸性土可掺入细石灰粉或草木灰；对 $pH > 8.5$ 的碱性土可掺入过磷酸钙或硫酸亚铁。改良材料的掺入量应通过试验确定。

2）寒冷地区

指最冷月月平均气温低于 −5 ℃的地区。

（1）路堤。

边坡高度小于或等于 6 m 时，可采用单纯的植物防护。

边坡高度大于 6 m 时，可采用斜铺固土网垫、平铺土工格栅或骨架护坡结合植物防护。

（2）路堑。

边坡高度小于 6 m 时，可采用单纯的植物防护。

边坡高度大于或等于 6 m 时，可采用铺固土网垫或骨架结合植物防护。

3）干旱地区

指年平均降水量小于 600 mm 的地区。

（1）路堤。

边坡高度小于 6 m 时，可采用撒播灌木（草籽）、穴植、穴植容器苗、保水型植生带防护，也可采用液压喷播植草防护。

边坡高度大于 6 m 时，可采用坡面铺设土工网格或土工网垫结合液压喷播植草防护。

沙漠路堤边坡可采用土工网垫液压喷播植草、土工格室植草防护。

(2) 路堑。

坡度不陡于 1∶1 的边坡，当边坡高度小于 10 m 时，可采用液压喷播植草、铺设土工网垫液压喷播植草、穴植或穴植容器苗防护；边坡高度大于 10 m 时，宜采用骨架内液压喷播植草或穴植容器苗防护。穴植容器苗的间距为 0.3 ~0.6 m。

对于坡度陡于 1∶1 的边坡，可采用挂网喷混植生防护。

沙漠地区路堑边坡，可采用土工网垫液压喷播植草、土工格室植草防护。

3. 石质路基边坡坡面绿色防护设计

1）一般地区

石质路堑边坡应根据当地气候、水文地质条件，结合地层岩性、风化程度、边坡坡度、高度及周围环境对绿化、美化的要求，进行绿色防护设计。

全风化的硬质岩和全风化、强风化的软质岩边坡，可参照土质边坡进行绿色防护设计，进行土质改良，增加植生层肥力和保水、养护等措施。

非全风化的硬质岩和非全风化、强风化的软质岩边坡，应根据地层岩性、风化程度、边坡坡度、高度等因素，采用挖坑栽种低矮灌木结合液压喷播植草、挖沟填种植土后液压喷播植草、铺设土工网垫人工草皮卷、骨（框）架内填充种植土后液压喷播或土工网垫植草、土工格室植草等绿化措施。当边坡坡度陡于 1∶0.75 时，宜采用挂网喷混植生防护，路堑边坡中部和底部平台可设置绿化槽，槽内栽植灌木、藤本植物。

填充于骨（框）架、土工格室内的种植基土宜过筛，最大粒径不大于 30 mm，必须含有植物生长所必需的平衡养分和矿物元素。

2）寒冷地区

(1) 路堤。

石质路堤边坡采用绿色防护时须对边坡坡面进行处理，使之具备植物生长的条件。边坡处理的方法可采用挖沟穴换土、边坡填土、喷混凝土植生等。

石质路堤边坡坡面绿色防护也可采用坡脚处种植藤本植物的方法。

(2) 路堑。

全风化、强风化的软质岩和全风化的硬质岩路堑边坡，其绿色防护设计可参照土质路堑。其他石质路堑边坡可采用喷混植生进行绿色防护。喷混植生的绿化基材层喷射厚度，应根据施工地点的气候、水文地质条件、堑坡坡度等综合确定。石质路堑边坡可在坡脚或坡脚和边坡平台上种植藤本植物或灌木进行绿色防护。

典型工作任务 3.3　路基支挡结构

路基支挡结构（也称为挡土墙）是用来支撑天然山坡或填土路基边坡以防止山体或土坡坍滑，保持土体稳定的建筑物。路基支挡结构广泛应用于铁路、公路、矿山、水利、航运及建筑行业等，在铁道工程中主要用于支撑路堤或路堑边坡、隧道洞口，以及桥梁与路堤连接处。设置在隧道或明洞口的挡土墙，可以缩短隧道或明洞长度，降低工程造价；设置在桥梁端部的挡土墙，作为翼墙或桥台，起着护坡和连接路堤的作用。路基支挡结构还常可和其他功用的结构物结合使用，如在路堑边坡中常见的支撑渗沟。在滨河及水库地段设置挡土墙，可防止水流对路基的冲刷和侵蚀，并不失为减少压缩河床或少占库容的有效措施。而抗滑挡土墙常用于整治崩塌、滑坡等路基病害。

3.3.1 挡土墙结构的分类

挡土墙结构可按所用材料、修筑的位置、所处的环境条件及结构形式等进行分类。

1. 按所用材料分类

挡土墙按所用材料可分为石砌体、片石混凝土、素混凝土和钢筋混凝土挡土墙等。

2. 按修筑的位置分类

如图 3－38 所示，挡土墙按修筑的位置一般分为路肩式、路堤式和路堑式挡土墙。路肩式或路堤式挡土墙设置在高填路堤或陡坡路堤的下方，防止路基边坡或基底滑动，确保路基稳定，同时可收缩填土坡脚，减少填方数量，减少拆迁和占地面积，保护临近线路的既有重要建筑物。路堑式挡土墙设置在靠山侧的堑坡底部，主要用于支撑开挖后不能自行稳定的山坡，同时减少刷坡次数，降低路堑高度。

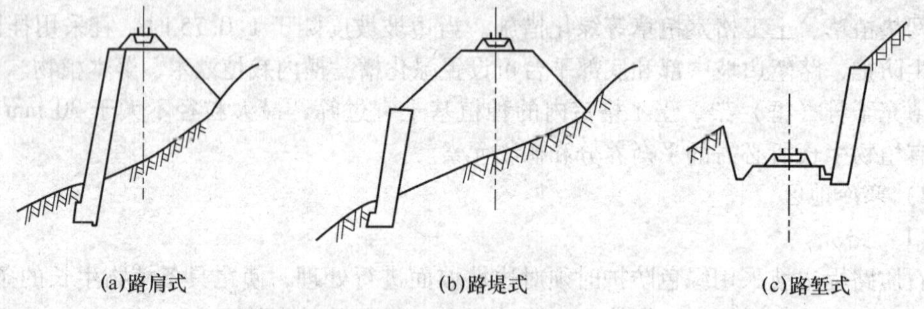

图 3－38　路肩式、路堤式和路堑式挡土墙

3. 按所处的环境条件分类

可以分为一般地区、浸水地区和地震地区挡土墙等。

4. 按结构形式分类

通常包括重力式挡土墙和轻型挡土墙。其中，重力式挡土墙主要依靠墙体自重抵抗土压力，维持路基稳定。随着挡土墙技术的不断发展，逐步形成了薄壁式（包括悬臂式和扶臂式）、加筋土和土钉式、锚杆式和锚定板、板桩式和抗滑桩、预应力锚索等轻型挡土墙。

3.3.2 挡土墙各部分名称

挡土墙各部分名称如图 3－39 所示。靠近回填土或山体的一侧面称为墙背；外露的一侧

面称为墙面或（墙胸）；墙的顶面部分称为墙顶；墙的底面部分称为墙底（基底）；墙面与墙底的交线称为墙趾；墙背与墙底的交线称为墙踵；墙背与铅垂线的夹角称为墙背倾角 α。

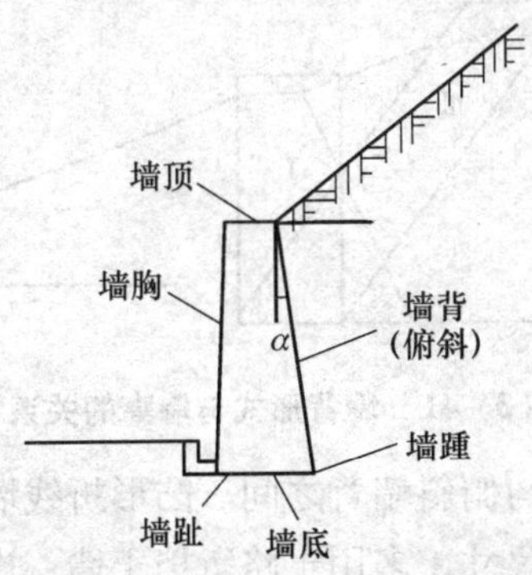

图 3－39 挡土墙各部分名称

3.3.3 重力式挡土墙

重力式挡土墙依靠本身自重维持稳定，由片石砌筑而成，因构造简单、施工方便、易于就地取材等优点而得到普遍使用，缺点是墙身截面大，圬工数量也大，在软弱地基上修建往往受到承载力的限制，墙高不宜过高，不易实现施工的机械化和工厂化。

1. 重力式挡土墙材料

多用浆砌片（块）石砌筑，缺乏石料地区有时可用混凝土预制块作为砌体，也可直接用混凝土浇筑，一般不配钢筋或只在局部范围配置少量钢筋。

2. 重力式挡土墙分类

如图 3－40 所示，重力式挡土墙墙背形式可分为俯斜、仰斜、垂直、凸形折线（凸折式）和衡重式 5 种，墙胸一般均为平面。

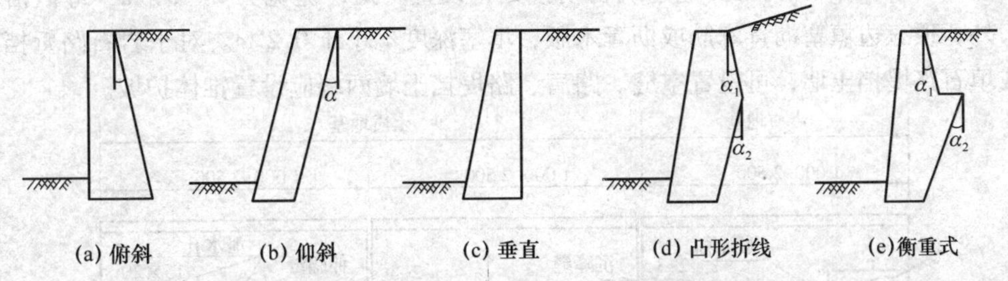

图 3－40 重力式挡土墙墙背形式

断面形式的选择主要从结构经济、开挖回填量少及稳定性好等方面考虑。如在其他条件相同的情况下，仰斜墙背所受的土压力较俯斜墙背小，断面较经济，且仰斜墙背的倾斜方向与开挖、回填边坡方向一致，开挖回填量较小。如图 3－41 所示，当地面横坡较陡时，采用仰斜墙背将使墙高增大，断面尺寸加大，此时宜采用俯斜墙背，利用垂直的墙面，以减少墙高。但其所承受的土压力较仰斜墙背大，故俯斜墙背可设计成台阶形，以增加墙背与填料之间的摩擦力，提高墙体的整体稳定性。

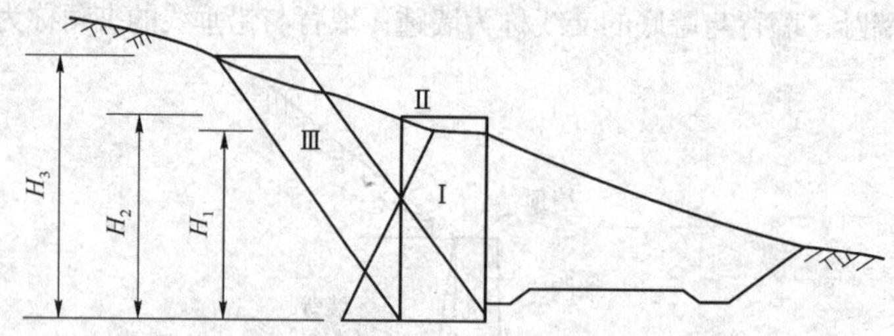

图 3-41　墙背形式与墙高的关系

垂直墙背的特点介于仰斜与俯斜墙背之间。凸形折线墙背将仰斜式挡土墙的上部墙背改为俯斜，以减少上部断面尺寸，多用于路堑挡土墙，也可用于路肩挡土墙。衡重式墙背在上下墙背间设置衡重台，利用衡重台上填土的重量增加墙体的稳定性。因采用陡直的墙面可减少墙身高度，多用于山区地形陡峻段的路肩挡土墙和路堤挡土墙，也可用于路堑挡土墙。

3. 重力式挡土墙构造

重力式挡土墙的构造包括基础、墙身、帽石、排水设施等。

1）基础

一般采用明挖基础。当地基为松软土层时，可采用加宽基础、换填或桩基础。水下基础挖基有困难时，可采用桩基础或沉井基础。

2）墙身

为避免因地基不均匀沉降而引起墙身开裂，须按地质条件的变化和墙高、墙身断面的变化情况设置沉降缝。同时为防止圬工砌体因收缩硬化和温度变化而产生裂缝，还应设置伸缩缝。在设计时，一般将沉降缝与伸缩缝合并设置。如图 3-42 所示，沿线路方向每隔 10~25 m，以及与其他建筑物衔接处，设置一道，缝宽为 2~3 cm，缝内沿墙内、外、顶三边填塞沥青麻筋或沥青木版，填塞深度不小于 0.2 m。对于岩石路堑挡土墙或填石路堤挡土墙，可设置空缝。路肩、路堤挡土墙两端应设置锥体护坡。

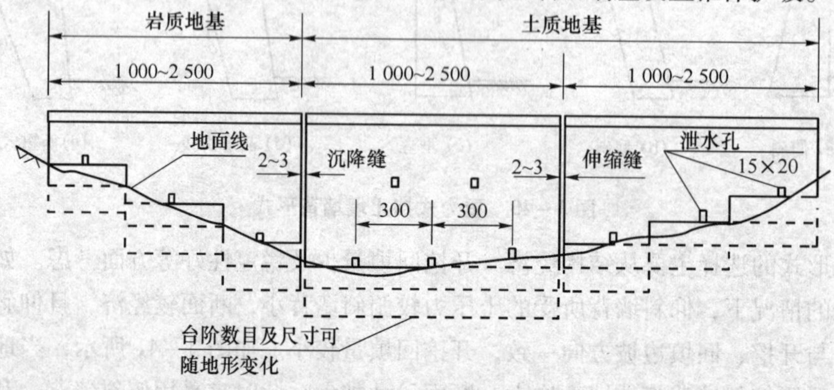

图 3-42　沉降缝与伸缩缝设置（单位：cm）

3）帽石

路肩挡土墙墙顶应以粗料石或 C15 混凝土做帽石，如不做帽石或挡土墙为路堤挡土墙和路堑挡土墙时，应选用大块片石置于墙顶并用砂浆抹平。

4）排水设施

为疏干墙后土体，防止地表水下渗而导致墙后积水形成静水压力，或减少寒冷地区回填土的冻胀压力等，重力式挡土墙应设置排水措施，其通常由地面排水和墙身排水两部分组成。地面排水措施主要是防止地表水渗入墙后土体或地基；墙身排水措施主要是为了疏排墙后积水。

地面排水措施主要包括：①设置地面排水沟，引排地面水；②夯实回填土顶面和地面松土，防止雨水及地面水下渗，必要时可加设铺砌；③对路堑挡土墙墙趾前的侧沟应予以铺砌加固，以防侧沟水渗入基础。

墙身排水措施通常是在墙身的适当高度处布置一排或多排向墙外坡度不应小于 4% 的泄水孔，一般采用孔口尺寸为 5 cm ×10 cm、10 cm × 10 cm、15 cm × 20 cm 的方孔，或直径为 5 ~ 10 cm 的圆孔。孔眼间距为 2 ~ 3 m，呈梅花形交错布置。最下一排泄水孔应高出地面或侧沟水位（路堑挡土墙时）0.3 m，浸水挡土墙的泄水孔应高出常水位 0.3 m。为防止水分渗入地基，最下一排泄水孔的进口侧下部应铺设隔水层。挡土墙泄水孔设置如图 3 – 43 所示。

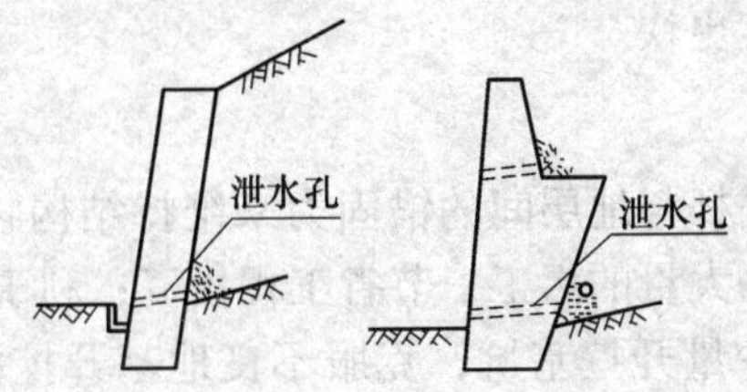

图 3 – 43 挡土墙泄水孔设置

如图 3 – 44 所示，为防止泄水孔淤塞，应在泄水孔进口侧设置厚度不小于 0.3 m 的粗粒料反滤层（如粗砂、卵石、碎石等）。当墙背回填土渗水性不良或可能发生冻胀时，应在最下一排泄水孔至墙顶以下 0.5 m 的范围内，填筑厚度不小于 0.3 m 的砂卵石层。

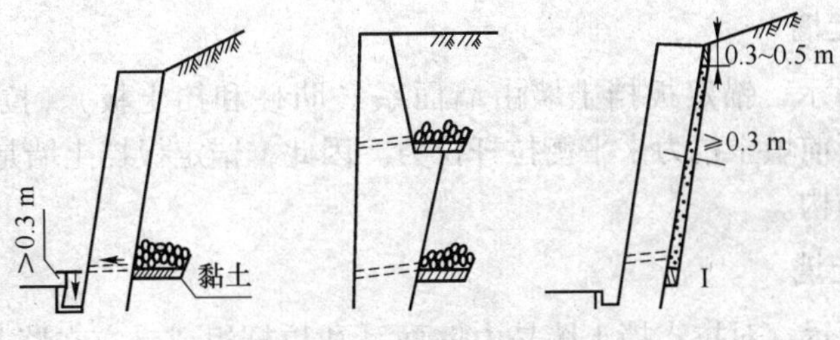

图 3 – 44 挡土墙反滤层设置

3.3.4 轻型挡土墙

为满足不同地区条件和新技术的需要，逐步发展了各种轻型挡土墙，如加筋土挡土墙、锚杆式挡土墙、锚定板挡土墙、对拉式挡土墙、悬臂式和扶壁式挡土墙及板桩式挡土墙等。它们由混凝土或不完全由土石圬工建造，其中，加筋土挡土墙的拉筋材料通常有镀锌薄钢带、铝合金、高强塑料及合成纤维等。

1. 加筋土挡土墙

加筋土挡土墙是在土中加入拉筋，利用拉筋与土之间的摩擦作用，改善土体的变形条件，提高土体的工程特性，从而达到稳定土体的目的。加筋土挡土墙由填料、在填料中布置的拉筋及墙面板三部分组成。一般应用于地形较为平坦且宽敞的填方路段上，在挖方路段或地形陡峭的山坡，由于不利于布置拉筋，一般不宜使用。加筋土是柔性结构物，能够适应地基轻微的变形，填土引起的地基变形对加筋土挡土墙的稳定性影响比对其他结构物小，地基的处理也较简便；另外，它是一种很好的抗震结构物，节约占地，造型美观，造价比较低，具有良好的经济效益。

近年来，在公路、铁路、园林等领域，又广泛使用了一种新型加筋土挡土墙——自嵌式景观挡土墙。它主要依靠挡土块块体、填土通过加筋带连接构成的复合体自重来抵抗动静荷载，达到稳定的作用。墙体砌筑无须砂浆，只需干垒。它能轻松形成任何曲线，无须切割，适用于任何基础条件。它结构稳定，色彩丰富自然，比传统混凝土或毛石挡土墙经济，而施工速度更快。

2. 锚杆式挡土墙

锚杆式挡土墙是利用锚杆与地层间的锚固力来维持结构物稳定的一种挡土结构物。优点是结构重量轻，可节约大量的圬工，节省工程投资；利于挡土墙的机械化、装配化施工，提高劳动生产率；少量开挖基坑，克服不良地基开挖的困难，并有利于施工安全。缺点是施工工艺要求较高，要有钻孔、灌浆等配套的专用机械设备，且要耗用一定的钢材。锚杆式挡土墙适用于缺乏石料的地区和挖基困难的地段，一般用于岩质路堑路段，但其他具有锚固条件的路堑挡土墙也可使用，还可应用于陡坡路堤。锚杆式挡土墙由于锚固地层、施工方法、受力状态及结构形式等的不同，有各种各样的形式。按墙面的结构形式可分为柱板式锚杆挡土墙和壁板式锚杆挡土墙。其中，壁板式锚杆挡土墙多用于岩石边坡防护。

3. 锚定板挡土墙

如图 3－45 所示，锚定板挡土墙由墙面系（肋柱和挡土板）、拉杆、锚定板等组成，它通过锚定板前填土抗力来平衡拉杆拉力。因此，锚定板挡土墙是依靠土体来保持自身稳定的支挡结构。

4. 对拉式挡土墙

如图 3－46 所示，对拉式挡土墙是由墙面系和拉杆组成，它在路基两侧设墙面系，用拉杆连接起来，一侧墙面系承受的土压力由另一侧墙面系上的土压力来平衡，两侧墙面系相互支承。墙面系一般采用肋柱和挡土板，其形状与锚定板挡土墙的相同。

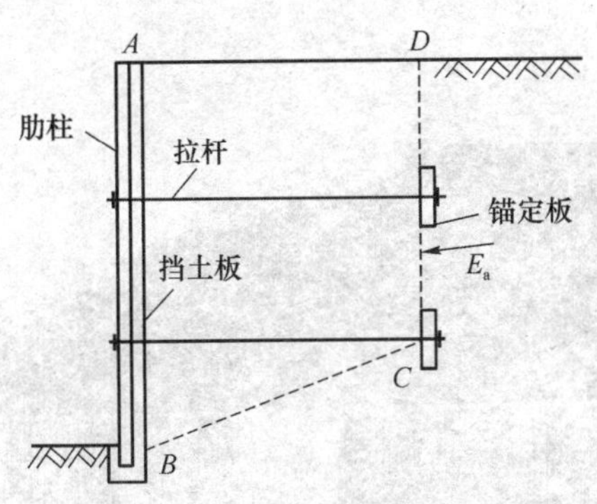

图3－45 锚定板挡土墙示意图

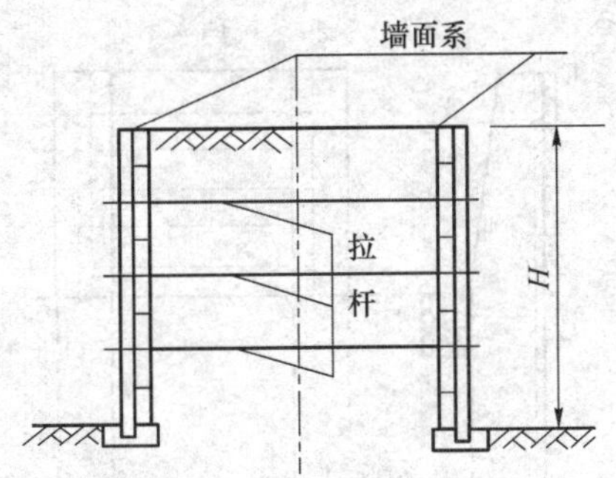

图3－46 对拉式挡土墙示意图

5. 悬臂式和扶壁式挡土墙

如图3－47、图3－48所示，悬臂式和扶壁式挡土墙都属于钢筋混凝土薄壁式结构。悬臂式挡土墙由立壁、墙趾板和墙踵板等组成，呈现倒“T”形，立壁支撑墙后土体，墙踵板上方土体重量起增加挡土墙抗滑和抗倾覆稳定性的作用，墙趾板显著增加了抗倾覆力矩的力臂，并大大减少了基底应力。相关规范规定，当挡土墙的高度不超过6 m时，可选用悬臂式挡土墙，否则应采用扶壁式挡土墙。扶壁式挡土墙在悬臂式挡土墙的立壁与墙踵板间加肋板连接，以改善立壁和墙踵板的受力条件，且高度不宜超过10 m。装配式的扶壁式挡土墙不宜在不良地质地段或地震动峰值加速度为0.2g（地震烈度8度）及以上地段采用。悬臂式和扶壁式挡土墙依靠墙身自重和墙底板以上填筑土体的重量（包括列车荷载）维持挡土墙的稳定。

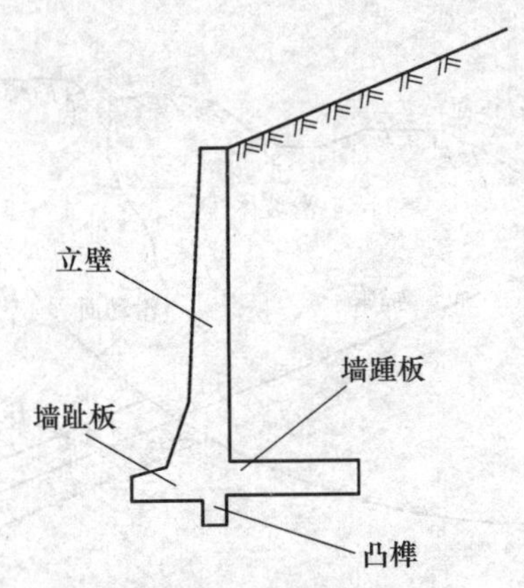

图3－47 悬臂式挡土墙示意图

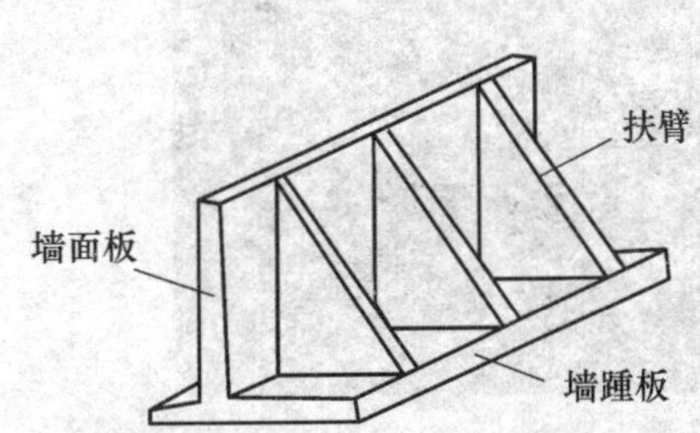

图3－48 扶壁式挡土墙示意图

6. 桩板式挡土墙

如图3－49所示，桩板式挡土墙由钢筋混凝土锚固桩、挡板组成。这种结构形式的挡土墙能适用于地基承载力较低的不良地基，可用作路肩挡土墙、路堤挡土墙和路堑挡土墙。桩板式挡土墙实况图如图3－50所示。

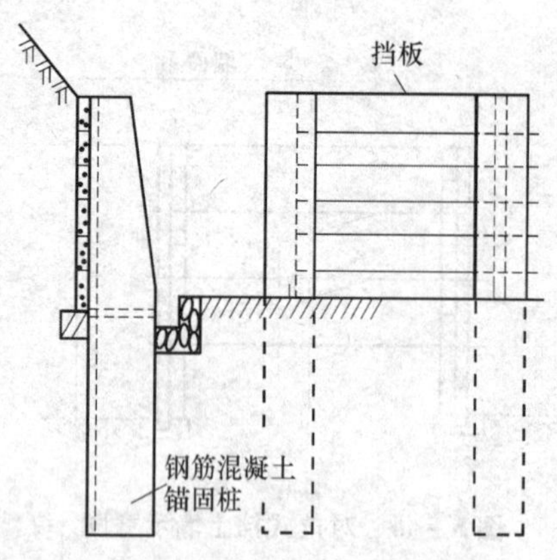

图 3-49　桩板式挡土墙结构示意图

图 3-50　桩板式挡土墙实况图

7. 锚杆与锚索

锚杆是岩土体加固的杆件体系结构。表面上看是限制了岩土体脱离原体，宏观上看是增加了岩土体的黏聚性。它提高了滑坡面的正应力，进而提高了其抗剪强度。预应力锚杆框架梁如图 3-51所示。

锚索外端（称内锚头）固定于坡面坚硬的岩层中，穿过软弱岩层或滑动面，另一自由端（称外锚头）锚固在滑动面以内的稳定岩体中的钢绞线，预应力锚索对钢绞线产生预应力张拉。锚索使结构面处于压紧状态，有效地控制岩体的位移，促使其稳定，达到整治顺层、滑坡及危岩、危石的目的。锚索示意图如图 3-52 所示。

图 3-51　预应力锚杆框架梁

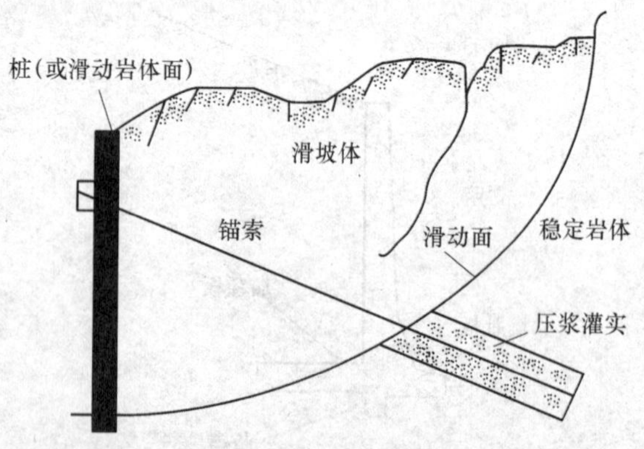

图 3-52　锚索示意图

如图 3-53、图 3-54所示，预应力锚杆（锚索）梁结构分为锚杆（锚索）和框架梁两部分。我国世纪工程——三峡工程，其大坝施工中使用了大量锚杆与锚索，维护了开挖的边坡、岩壁稳定性。在铁路边坡支护工程中也大量使用预应力锚杆（锚索）框架梁稳固边坡。

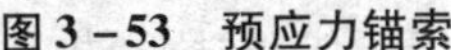
图3-53　预应力锚索

图3-54　预应力锚索框架梁

8. 抗滑桩

抗滑桩是穿过滑坡体深入于滑床的桩柱，用以支挡滑坡体的滑动力，起稳定边坡的作用，适用于浅层和中厚层的滑坡，是抗滑处理的主要措施。抗滑桩按结构形式可分为：单桩、桩板抗滑桩、排架式抗滑桩、承台式抗滑桩、框架式抗滑桩、预应力锚索抗滑桩等。

1）单桩

单桩即单根独立抗滑桩，可分为全埋式和半埋式两种。单桩特点是简单，受力作用明确。

2）桩板抗滑桩

当桩间土体较为松散且地基承载力较差时，如果采用单桩，桩间土有可能从桩间挤出，造成公路边坡变形甚至局部坍塌，或桩间的圬工砌体因承载力较低而无法实施。桩板抗滑桩是在桩与桩之间采用平板或拱板形式连接的抗滑挡土墙结构，桩间板可采用现浇或预制，施工方便，外形美观，行车导向效果好，桩间可作绿化场地。适用于当桩间土体较为松散且地基承载力较差的情况。这种类型的抗滑桩目前使用较多。桩板抗滑桩示意图及实况图分别见图3-55、图3-56。

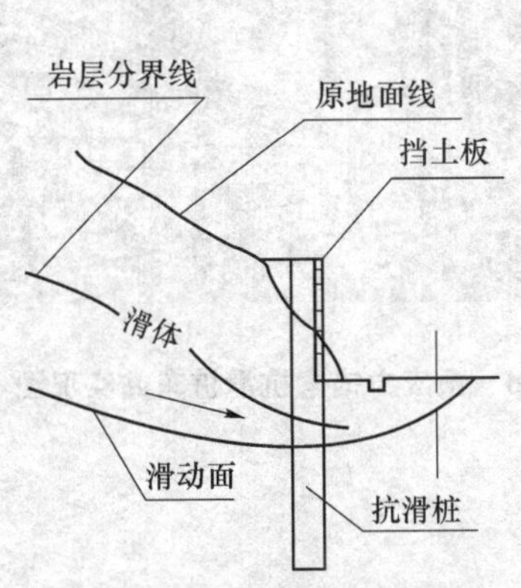

图3-55　桩板抗滑桩示意图

图3-56　桩板抗滑桩实况图

3）排架式抗滑桩

排架式抗滑桩是由两根竖桩和两根横梁连接成的整体桩。排架式抗滑桩的特点是转动惯量大，抗弯能力强，桩壁阻力较小，桩身应力较小，在软弱地层有较明显的优越性。

4）承台式抗滑桩

承台式抗滑桩是由若干单桩顶端用混凝土板或钢筋混凝土板连成一组共同抗滑的桩体。承台在平面上成矩形、T形和拱形。它能承担更大的滑坡推力，设置简便。

5）框架式抗滑桩

将前后两根抗滑桩用一根或多根横梁连接，使之成为一刚架结构，称为框架式抗滑桩。一般前后排抗滑桩均为直立，在地形条件允许的条件下，前排抗滑桩可采用斜桩，结构内力计算表明，其斜度越大，造价越经济。框架式抗滑桩最大的优点是抗滑能力大，一般可抵抗2 000 ~5 500 kN/m的滑坡推力，这种结构形式的受力方式明确，计算结果精确可靠。

6）预应力锚索抗滑桩

预应力锚索抗滑桩由钢筋混凝土抗滑桩和预应力锚索或锚杆组成。把钢筋混凝土抗滑桩嵌入稳定岩层，在钢筋混凝土抗滑桩顶端用锚杆或锚索锚入稳定岩层并进行张拉，使抗滑桩形成简支梁受力系统。它使抗滑桩避免了悬臂梁式受力，从而使桩截面、桩长度、配筋量大大减小，节省投资，并且可根据滑坡推力的大小，控制拉力，从而改变抗滑桩的被动受力方式。这种类型的抗滑桩目前使用较多。预应力锚索抗滑桩示意图如图3－57所示，预应力锚索抗滑桩车站实况图如图3－58所示。

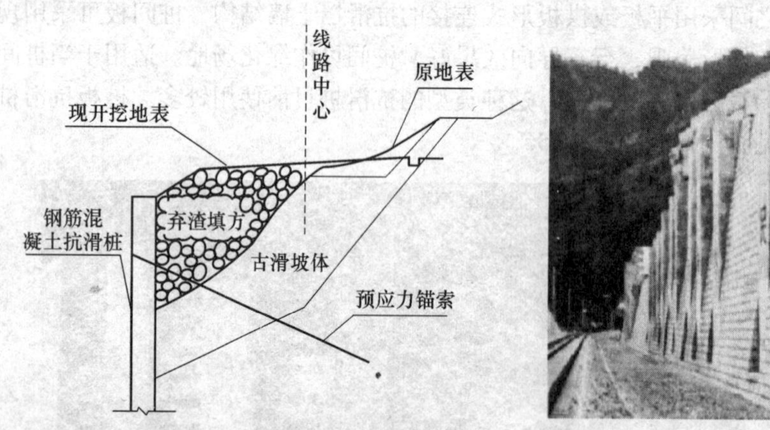

图3－57　预应力锚索抗滑桩示意图

图3－58　预应力锚索抗滑桩车站实况图

3.3.5　挡土墙的设置

挡土墙一般都是根据工程需要设置的，路基在遇到下列情况时可考虑修建挡土墙。

（1）陡坡路堑边坡薄层开挖、路堤边坡薄层填方地段或为加强路堤本体稳定地段。

（2）避免大量挖方及降低高边坡和加强边坡稳定性的路堑地段。

（3）不良地质条件下，为加固地基、边坡、山体、危岩，或为拦挡落石的地段。

（4）水流冲刷严重或长期受水浸泡的沿河、滨海路堤地段。

（5）为节约用地、减少拆迁或少占农田的地段。

（6）为保护重要的既有建筑物、生态环境或其他特殊需要的地段。

（7）在选择挡土墙设计方案时，应与其他方案进行技术经济比较。如采用路堑或山坡挡土墙，须与隧道、明洞或刷缓边坡方案作比较；采用路堤或山坡挡土墙，须与栈桥或陡坡填方等相比较，以获得既经济又合理的工程设计方案。

3.3.6　挡土墙的一般设计原则与要求

挡土墙用于支挡不稳定的路基两侧山坡或路基土体，因而要承受较大的土压力，为了避免挡土墙遭受各种形式的破坏，必须保证挡土墙在设计荷载的作用下，具有足够的整体稳定性和结构强度。

1. 一般设计原则

目前在铁路路基工程中，挡土墙结构的设计计算方法常采用容许应力法，但新颁发的《铁路路基支挡结构设计规范》（TB 10025—2006）提出：悬臂式挡土墙和扶壁式挡土墙可参照现行国家标准《混凝土结构设计规范》（GB 50010—2010）按极限状态法设计。

2. 一般设计要求

（1）墙体截面强度检算：为了防止墙身破坏，必须对墙身坡度突变处的水平截面和墙趾（墙踵）悬壁于墙身连接处的垂直截面，进行法向应力和剪切应力检算，并使其小于墙身建筑材料的容许应力。

（2）基底应力及基底合力偏心距检算：保证挡土墙的基底应力不超过地基容许承载力，避免挡土墙基础发生明显的不均匀沉降。

（3）挡土墙的稳定性检算：包括挡土墙的基底滑动稳定和绕墙趾的倾覆稳定检算；对于修建在较陡的土质斜坡上或基础以下某一影响深度内存在有软弱土层的挡土墙，还应检算挡土墙沿穿过该软弱土层的滑移面产生整体滑动的可能性。

以上各项检算的内容应该符合表3-3的要求，值得说明的是：

（1）挡土墙的高度大于12 m（一般地区的重力式路堑、路肩挡土墙，墙高大于15 m）时，应适当加大滑动稳定系数 K_C 和倾覆稳定系数 K_0。

（2）当挡土墙按有荷、无荷计算，其基底合力偏心距为负值时，墙踵基底压应力可超过地基容许承载力，一般地区最大不得超过30%，浸水地区不得超过50%，但平均压应力不得超过地基容许承载力。

表 3-3 挡土墙稳定性和强度检算要求

<table>
<tr><td colspan="3">检算项目</td><td>主力</td><td>主力+附加力</td></tr>
<tr><td rowspan="5">全墙</td><td colspan="2">滑动稳定系数 K_C</td><td>≥1.3</td><td>≥1.2</td></tr>
<tr><td colspan="2">倾覆稳定系数 K_0</td><td>≥1.6</td><td>≥1.4</td></tr>
<tr><td rowspan="2">偏心距 e</td><td>土质地基</td><td>≤$B/6$</td><td>≤$B/6$</td></tr>
<tr><td>岩石地基</td><td>≤$B/4$</td><td>≤$B/4$</td></tr>
<tr><td colspan="2">基底应力 σ</td><td>≤容许承载力</td><td>容许承载力可提高 20%</td></tr>
<tr><td rowspan="3">墙身截面</td><td colspan="2">压应力 σ</td><td>≤容许应力</td><td>容许应力可提高 30%</td></tr>
<tr><td colspan="2">剪应力 τ</td><td>≤容许应力</td><td>≤容许应力</td></tr>
<tr><td colspan="2">偏心距 e</td><td>≤ $0.3B'$</td><td>≤ $0.35B'$</td></tr>
</table>

注：B 为基底宽度，m；B'为倾斜基底的宽度，m。

（3）对于墙身截面的材料强度检算，当主力与附加力、特殊力组合时，应将材料的容许应力（纯剪应力除外）乘以不同的提高系数。当主力加附加力时，乘以 1.30；当主力加特殊力时，乘以 1.40；当主力加地震力时，应符合现行《铁路工程抗震设计规范》（GB 50111—2006）的要求。当墙身截面出现拉应力时，其值应小于所用材料的容许抗弯曲拉应力。

3.3.7 作用于挡土墙上的荷载

作用于挡土墙上的荷载力系如表 3-4 所示，它根据荷载发生的概率分为主力系、附加力系和特殊力系。如图 3-59 所示，在一般情况下只考虑主力的作用，在浸水和地震等特殊情况下，尚应考虑附加力和特殊力的作用。设计时应按表 3-4 所列的可能荷载组合情况进行检算。

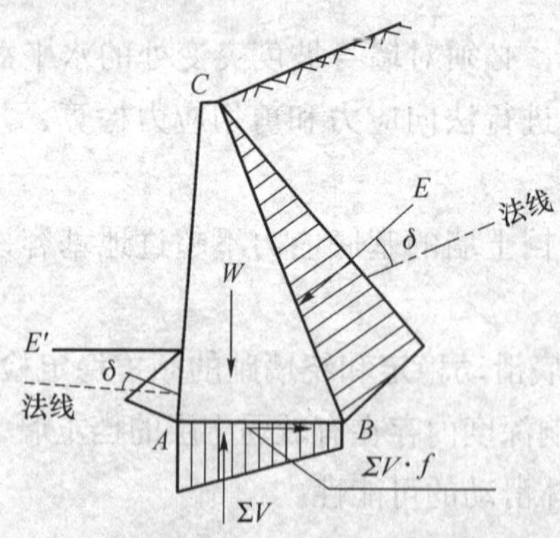

图 3-59 挡土墙受力示意图

W—自重；E（E'）—土压力；V—剪力

单线铁路挡土墙应按有列车荷载与无列车荷载分别进行检算；双线铁路及站场内的挡土墙，除按实际轨道均作用有列车荷载考虑外，尚应按邻近挡土墙的一线、二线有列车荷载及无列车荷载等组合进行检算。

挡土墙前的被动土压力一般不予考虑。当基础埋置较深且地层稳定，不受水流冲刷和扰动破坏时，结合墙身的位移条件，可采用 1/3 被动土压力值。

3.3.8 基础设置的一般规定

挡土墙宜采用明挖基础。当基坑开挖较深且边坡稳定性较差时，应采取临时支护措施；当基底下为松软土层时，可采用加宽基础、换填土或地基处理等措施。水下挖基困难时，也可采用桩基础或沉井基础。明挖基础的基坑应及时回填夯实，顶面应设计为不小于

4%的排水横坡。对湿陷性黄土等特殊土地基，应采取消除湿陷或防止水流下渗的措施。

基础埋置深度（基础埋深）的确定一般应符合下列要求：

（1）一般情况下不小于1.0 m。

（2）当冻结深度小于或等于1.0 m时，基础埋深在冻结线以下不小于0.25 m，同时不小于1.0 m。当冻结深度大于1.0 m时，基础埋深不小于1.25 m，同时应将基底至冻结线下0.25 m深度范围内的地基土换填为不冻胀土。

表3－4　作用于挡土墙上的荷载力系

荷载分类	荷载名称
主力系	墙背岩土主动土压力 墙身重力及位于挡土墙顶面上的恒载 轨道及列车荷载产生的土压力、离心力、摇摆力 基底的法向反力及摩擦力 常水位时静水压力和浮力
附加力系	设计水位的静水压力和浮力 水位涨落时的动水压力 波浪压力 冻胀力和冰压力
特殊力系	地震力 施工及临时荷载 其他特殊力

注：（1）常水位是指每年大部分时间保持的水位；

（2）冻胀力和冰压力不与波浪压力同时计算；

（3）洪水和地震不同时考虑。

（3）受水流冲刷时，基础埋深在冲刷线下不小于1.0 m。

（4）路堑挡土墙基底在路肩以下不小于1.0 m，并低于侧沟砌体底面，不小于0.2 m。

（5）在软质岩层地基上，基础埋深不小于0.1 m。

（6）膨胀土地段基础埋深不宜小于1.5 m。

基础在稳定斜坡地面，其趾部埋入深度和距斜坡地面的水平距离，应符合表3－5的规定。

表3－5　斜坡地面墙趾埋入最小尺寸

地层类别	趾部埋入深度/m	距斜坡地面的水平距离/m
硬质岩层	0.60	1.50
软质岩层	1.00	2.00
土层	≥1.00	2.50

基础位于较完整的硬质岩层构成的稳定陡坡上时，石砌体可采用台阶式基础，其最下一级台阶底宽不宜小于1.0 m。当位于纵向斜坡上，基底纵坡大于5%时，也应将基

底设计为台阶式。

挡土墙受滑动稳定控制时，除浸水地区外，一般地区可采用斜坡坡度不大于0.2:1的倾斜基底。挡土墙受倾覆稳定、基底偏心或基底承载力控制时，可设置墙趾台阶，台阶的连线与竖直线的夹角不应大于45°（混凝土基础）或35°（石砌体基础）。

【项目小结】

路基排水应因地制宜，经济实用，选用适当的排水设备，结合农田水利等各种排水设施和水利工程进行综合设计，并应和桥梁、隧道、车站等排水建筑物相顺接。排水设备包括地面排水设备和地下排水设备。地面排水设备包括排水沟、侧沟、天沟（截水沟）、急流槽等。地下排水设备包括明沟、排水槽、渗水暗沟、渗水隧洞等。

路基防护分为工程防护和植物防护。工程防护主要应用于岩石边坡，比如干砌片石护坡、喷射混凝土护坡等，其作用是防止岩石边坡坡面被风化、土质边坡坡面被雨水冲刷；植物防护是人工培植边坡植被，可分为：种草防护、平铺草皮防护、液压喷播植草防护、行栽香根草防护、客土植生防护、喷混植生防护等。

路基支挡结构主要是保证路基本体和路基边坡的稳定，防止路堑之外的土石侵入路基本体。针对不同地区的气候条件、地质条件、水文地质条件、材料供应情况、施工条件等合理选择排水、防护和支挡结构是保证路基稳定性的关键。

【项目训练】

能够进行路基排水和防护的设计与施工。

【复习思考题】

1. 路基排水的重要性是什么？
2. 路基地面排水的作用及主要措施有哪些？
3. 路基地下排水的作用及主要措施有哪些？
4. 路基防护的主要内容是什么？
5. 试述路基坡面防护的目的及主要方法。
6. 试述路基冲刷防护的目的及主要方法。
7. 简述路基边坡坡面绿色防护的意义。
8. 现有路基边坡坡面绿色防护技术有哪些？
9. 路基的排水设备有哪些？排水形式有哪两种？
10. 挡土墙有哪些类型？各有何特点？各自的适用条件是什么？

项目4 路基施工

【项目描述】

路基是在城市轨道交通线路中以填筑方法施工的轨道基础部分。在高平顺性的要求下，对路基施工质量的控制提出了更高的要求。我国的城市轨道交通线路推广的是无砟轨道，对线下工程提出了“零沉降”的建设理念。城市轨道交通线路线下工程的设计和施工都要以“工后零沉降”为追求目标，这对城市轨道交通线路路基填料、施工工艺、验收标准提出了新的要求。

【拟实现的教学目标】

1. 能力目标

(1) 掌握路基填料的分类标准和路堤不同部位的填料要求；

(2) 掌握路基各部位的压实标准；

(3) 掌握路基各部位检验项目和检验数量。

2. 知识目标

(1) 能够熟练进行路基填筑的施工管理和质量控制；

(2) 能够熟练进行路基质量验收工作。

3. 素质目标

(1) 养成严谨求实的工作作风；

(2) 具备协作精神；

(3) 具备一定的协调、组织能力。

相关案例

轨道延伸工程路基施工方案

1. 工程概况

荷泗—南口区路基范围为：轻轨 DK1 + 908.000 ~ DK2 + 154.323，长 246.323 m，

地铁 DK24 +094.700 ~ DK24 +118.228，长 23.528 m，路基总长 269.851 m。

区间路基土石方总量为 $27.515 \times 10^3\ m^3$，其中填方 $1.8577 \times 10^4\ m^3$，挖土方 $1655 \times 10^3\ m^3$，挖石方 $8939 \times 10^3\ m^3$。

2. 施工准备及部署

1）施工准备

（1）交接线路中桩，复核 GPS 点，进行路线贯通测量，内容包括导线、中线及高程的复测，水平点的复查与增设，横断面的测量与绘制等，然后送交监理工程师核查，核对无误后进行现场放样测量。放出路基中桩、边桩，并标注路基挖填高度，以及取土坑、弃土场的位置，并提交监理工程师检查批准。

（2）填料试验：取土场有代表性的填料土样进行试验，试验方法按《铁路路基土工合成材料应用技术规范》（TB 10118—2006）执行。试验项目为液限试验、塑限试验、颗粒大小分析试验、含水率试验、承载力（CRB）试验、有机质含量试验、易溶盐含量试验。把调查和试验结果以书面形式报告监理工程师备案。

（3）调查施工范围内的土质、水文、障碍物、文物古迹的详细情况。

（4）调查沿线电缆、光缆及管线位置、埋深，按设计要求进行改移或埋设明显标志。

（5）修建临时排水设施，做到永临结合，以保证施工场地处于良好的排水状态。

（6）场地清理：施工前将路基范围内的树木、灌木、垃圾、有机物残渣及原地面以下 10 ~ 20 cm 内的草皮和表土清除。将树根全部挖除，清除的垃圾由装载机配合自卸汽车运至指定区堆放，场地清除完后全面进行填前碾压，使密实度达到设计要求。

（7）规划作业程序、机械作业路线，做好土石方调配方案。

（8）土石方调配原则。

① 路基土石方调配，贯彻节省用地、少占良田和有条件时改地造田的原则。

② 对填方地段，分别选择满足基床表层、底层及路基下部填料要求的土源进行调配。

③ 对沿线调查的几处土场，通过技术、经济比选，按节省投资、就近调配的原则来确定其填筑的范围。

2）施工部署

（1）施工内容。

地铁×号线：填方数量共计 563 m^3，其中级配碎石 261 m^3，填土 302 m^3；挖方数量共计 9 089 m^3，其中土方 1 317 m^3，次坚石 7 772 m^3。

（2）施工安排。

地铁×号线路基工程计划×个工作日完成，从 2011 年×月×日—2011 年×月×日。

×××路轨道工程路基计划×个工作日完成，从 2011 年×月×日—2011 年×月×日。

（3）施工组织机构。

我公司成立责、权、利相统一的项目经理部，隶属公司总部管理，按项目法全面负责本工程施工，处理该工程的所有现场事务。选派符合甲方要求的、具有一级项目经理（或一级建造师）资质、管理能力强、施工经验丰富的人员任项目经理；在公司范围内调遣或聘请适合本标段施工要求的人员，合理配置和调遣施工的队伍、生产资源和设备；项目经理部各机构部门同时受公司相关职能部门管理；项目经理部将按照我公司项目管理的要求优质、高效、安全、按期完成本工程施工。

根据本标段的工程规模和技术特点，项目经理部设项目经理1名、总工程师1名、生产经理1名、商务经理1名。项目经理部下设6部1室（工程部、技术部、安质环保部、商务部、财务部、物资部、办公室）和2个工区，工区下设各专项作业队。

由本案例可知，路基施工前首先应做好相关施工准备，了解路基填筑和开挖方法，了解土石方调配数量，并做好相关施工组织工作，如主要施工机械配备情况、主要质检仪器设备情况、工期安排、施工队伍组织、施工方案选择等。

典型工作任务4.1　基床以下路堤施工

4.1.1　路基施工质量要求

路基是保证轨道平顺和稳定的基础，地基的承载力、路基填土的密实度和均匀性又是保证路基质量的前提，因此，做好地基处理、路基填筑和过渡段的施工，严格控制工后沉降，是保证路基施工质量的关键。

4.1.2　路基施工常用施工机械的种类及组合方法

路基施工时的基本操作是挖、装、运、填、铺、压、测。虽然工序较简单，但通常需要使用大量的施工机械，才能够得到满意的路基施工质量。

1. 路基施工常用施工机械的种类

为了获得最佳的技术经济效果，根据路基土石方具体的施工内容、工程量大小、施工进度要求及施工条件，对施工机械进行合理选择与组合，使其发挥最大效能。常用的施工机械包括：挖掘机、推土机、装载机、铲运机、摊铺机、平地机、压路机、打夯机、自卸汽车、洒水车、小型运输汽车等。

2. 路基施工常用施工机械的组合方法

在路基土石方施工中，可采用的机械种类、规格繁多，新机种、新机型又层出不穷。各种机械都有自身独特的技术性能和适用范围，一种机械可能有多种用途，而某一施工内容往往可以采用不同的机械去完成，或者需要若干种机械配套组合完成。

（1）取土场取土的机械组合方法：挖掘机挖、装，自卸汽车运；推土机集土，装载机装，自卸汽车运等。

（2）取土坑取土的机械组合方法：

① 路旁取土坑取土的方法：挖掘机挖、装，自卸汽车运；推土机集土，装载机装，自卸汽车或小型运输汽车运；铲运机铲、装，自卸汽车或小型运输汽车运等。

② 在较远的地方取土时，挖掘机挖、装，自卸汽车或小型运输汽车运；推土机集土，装载机装，自卸汽车或小型运输汽车运等。

③ 土质路堑开挖的机械组合方法，同上述①②。

④ 碾压机械的组合方法：推土机推平填土，平地机找平，压路机碾压；摊铺机摊铺找平，压路机碾压；推土机推平填土并找平，压路机碾压等。

4.1.3 路基施工主要内容

路基施工是按设计和施工技术规范要求以工程质量为中心，有组织、有计划地将设计图纸转化成工程实体的建筑活动。路基施工可参照铁路路基的施工方法进行施工，即分为“三阶段、四区段、八流程”的施工方法。三阶段为：准备阶段—施工阶段—竣工阶段；四区段为：填筑区—平整区—碾压区—检测区；八流程为：施工准备—基底处理—分层填筑—摊铺平整—洒水晾晒—碾压夯实—检验签证—路基整修。

4.1.4 路基填料

填料是指构成铁路路基等土工建筑物的原材料。填料力学性质的好坏直接影响到路基的变形与稳定，一些工程性质不稳定或者容易受环境影响的土填入路基会引起路基病害，导致路基失稳或产生超标的变形。如膨胀土填筑的路基容易受水的影响而产生膨胀或收缩，长期的胀缩变化使土体发生松动、变形甚至失去稳定性；冻胀敏感性土填筑的路基会在冬季降温后产生冻胀，影响线路的正常运营。好的填料应该不受环境影响，具有可压实性、较强的抗剪强度、较小的压缩性、良好的水稳性和抗冻性，压实后能够尽快稳定，不产生变形。所以路基填料的正确选择，是路基填筑质量的重要保证。

1. 路基填料质量要求

（1）路堤基床底层及以下路堤普通填料应符合下列规定。

① 直接用于路基填筑的原状土料的组别、粒径及技术性能应符合设计要求，其含水率应在工艺试验确定的施工控制含水率范围内；采用硬质岩或不易风化的块石为料源时，应设专门的填料生产加工场。

② 填料压实性能不能满足时应掺入粗颗粒土或细颗粒土等外掺料通过机械拌和均匀进行物理改良。

③ 填料的含水率过大或过小时，应晾晒或洒水拌匀，符合工艺试验确定的范围后方可使用。

④ 基床以下路堤填料的粒径应小于 75 mm，基床底层填料的粒径应小于 60 mm。填料的粒径级配、细粒含量及定名分组应符合现行行业标准《铁路路基设计规范》（TB 10001—2016）的相关规定。

⑤ 严寒、寒冷地区的冻结深度大于基床表层厚度时，其冻结深度影响范围内 A、B 组填料的细粒含量应小于 5%，且填筑压实后的渗透系数应大于 5×10^{-5} m/s。浸水路堤填料的细粒含量应小于 10%。

⑥ 路基填料除应满足室内试验指标要求外，还应对填料的压实性能进行填筑工艺试验验证，压实性能不能满足要求时应对填料进行物理改良，以达到质量标准。

（2）路堤基床表层级配碎石填料的种类、规格、性能应符合下列规定。

① 级配碎石材料由块石、天然卵石或砂砾石经破碎筛选而得。

② 无砟轨道及严寒、寒冷地区有砟轨道级配碎石填筑压实后的渗透系数应大于 5×10^{-5} m/s，基床表层级配碎石粒径级配应符合现行行业标准《高速铁路路基工程施工技术规程》中表6.2.4的规定，其不均匀系数 C_u 不应小于15，0.02 mm以下颗粒质量百分率不应大于3%。

③ 基床表层级配碎石与下部填土之间应符合 $D_{15}<4d_{85}$ 的要求。粒径大于22.4 mm的破碎卵石粗颗粒中带有破碎面的颗粒所占质量百分率不应小于30%。

④ 级配碎石粒径大于1.7 mm颗粒的洛杉矶磨耗率不应大于30%，硫酸钠溶液浸泡损失率不应大于6%，粒径小于0.5 mm细颗粒的液限不应大于25%，塑性指数应小于6，不应含有黏土及其他杂质。

2. 路基填料分类

普通路基土填料按照颗粒粒径大小可以分为三大类：巨粒土、粗粒土和细粒土，并根据颗粒成分、颗粒形状、细粒含量、颗粒级配、抗风化能力等把填料分为A、B、C、D组。细粒土填料的分类均在C组以下，分为粉土、黏性土和有机土。粉土和黏性土按照土的液限含水率 $w_L=40\%$ 进行填料分组，当 $w_L\leqslant40\%$ 时定为C组，当 $w_L>40\%$ 时定为D组。有机土为E组。

根据土质类型和渗水性可以分为渗水性土和非渗水性土。A、B组填料中细粒含量小于10%、渗透系数大于 10^{-3} cm/s的巨粒土、粗粒土（细砂除外）为渗水性土，其余为非渗水性土。

3. 路基填料鉴别

路基填料的鉴别主要有野外鉴别和试验室分类两种方式。野外鉴别主要适用于工地现场作业。试验室分类是通过筛分法、液限及塑限试验，特殊土专门的鉴别试验，计算 C_u（不均匀系数）和 C_c（曲率系数）值，来判别填料级别的好坏。路基填料经鉴别合格，符合规范要求的各项指标后经批准才可以使用。

4. 填料选择

（1）路堤基床以下部位宜选A、B、C组填料。

① 当选用C组填料中的细粒土、粉砂和软块石时，应按设计采取隔水或加强边坡防护措施。当选用C组填料中的块石类土时，应多采用级配较好的硬质岩石及不易风化的软质岩，块石类土填料的最大粒径不大于300 mm或摊铺厚度的2/3，其抗压强度不低于5 MPa。路堤浸水部分的填料，宜选用渗水性土填料。当采用C组填料中的细砂、粉砂作填料时，应采取防止振动液化的措施。

② 在缺乏A、B、C组可用填料的条件下，通过对D组填料进行物理改良或化学改良之后可以使用，物理改良的掺合料可以是砂、砾石、碎石等；化学改良的掺合料可以是石灰、水泥、粉煤灰等；改良的填料要通过试验提出最佳的掺合料、最佳配比及改良后的强度指标；必要时进行耐久性试验，同时做好防排水工程，防止地表水、地下水侵入路基。

级配的好坏是影响路基填料性质的重要因素。《铁路路基设计规范》（TB 10001—2016）规定，路基填料所使用的级配碎石和级配砂砾石应该符合表4-1和表4-2的要求，且0.5 mm筛以下的细集料中通过0.075 mm筛的颗粒含量不超过66%。级配碎石和级配砂砾石填料还必须满足《铁路碎石道床底碴》（TB/T 2897—1998）的有关规定。级配碎石和级配砂砾石填料要与上部道床碎石及下部填土之间的颗粒级配应满足匹配要求：

$$D_{15} < 4d_{85} \tag{4-1}$$

式中：D_{15}——较粗一层土的颗粒粒径，mm，小于该粒径的质量占总质量的15%；

d_{85}——较细一层土的颗粒粒径，mm，小于该粒径的质量占总质量的85%。

当与下部填土不能满足以上要求时，基床表层应采用颗粒级配不同的双层结构，或在基床底层铺设土工合成材料反滤层；当下部填土为改良土时，可不受此规定限制。

表4-1　级配碎石的粒径级配范围

方孔筛边长/mm	0.075	0.1	0.5	1.7	7.1	16	25	45
过筛质量百分率/%	0~7	0~11	7~32	13~46	41~75	67~91	82~100	100

表4-2　级配砂砾石的粒径级配范围

级配编号	通过筛孔/mm　质量百分率/%								
	50	40	30	20	10	5	2	0.5	0.075
1	100	90~100	—	65~85	45~70	30~55	15~35	10~20	4~10
2	—	100	90~100	75~95	50~70	30~55	15~35	10~20	4~10
3	—	—	100	85~100	60~80	30~50	15~30	10~20	2~8

（2）路堤基床底层应选用A、B、C组填料，否则应采取土质改良或加固措施。当采用C组，年平均降雨量大于500 mm时，填料塑性指数不得大于12，液限不得大于32%，否则应采取土质改良或加固措施。底层填料粒径不应大于200 mm，或不超过摊铺厚度的2/3。

（3）路堤基床表层填料应选用A、B组填料（砂类土除外）填筑基床，对不符合要求的填料，应采取土质改良或加固措施。填料的颗粒粒径不得大于150 mm。

高度小于基床标准厚度的低路堤，基床表层范围内的天然地基土的土质及其压实度，要达到规范对基床表层填料和压实度质量的要求。基床底层范围内天然地基为软弱土层时，其静力触探比贯入阻力p_s不小于1.2 MPa，或天然地基容许承载力［σ］不得小于0.15 MPa。

4.1.5　路基施工准备

为做好路基施工工作，保证施工质量，就必须做好充分的施工准备工作，具体准备工作包括：① 施工单位核对设计文件，做好核对记录。施工单位做好施工调查，并写出调查报告。② 开工前应对全线路基工程的地质情况进行核查。开工前做好交接桩和施工复测。施工前据试验规程确认选择好填料类别，并填写好土工试验报告，经审查签认后方可使用。施工单位编写施工组织设计，确定施工方案，报批后执行。各种施工用材料运抵现场后必须进行质量检验，经现场检验评定合格后方可使用。修筑满足施工需要的施工便道。③ 设置工地试验室，试验室应经认证合格后才能使用，检测仪器设备应满足质量检测项目的要求。路基工程施工应根据需要配备路基变形观测仪器和人员。开工前应选择一定长度的试验区段进行填筑试验以确定施工参数及试验检测的方法。④开工前必须办理开工报告。路基工程施工前应做好各类施工人员的安全、技术培训，建立质量管理体系和施工质量检验制度。

4.1.6 路堤填筑施工

1. 基床以下填土路堤施工

1）施工工艺流程

该工艺是一种以工序管理为中心，以工序质量保工程质量，以工作质量保工序质量的全面管理方法。按照系统分析原理，整个路基填筑划分为"四区段"（路基填筑"四区段"施工现场图见图4－1）、"八流程"（路基填筑"八流程"示意图见图4－2）。各区段或流程内只允许进行该区段和流程的作业，不允许几种作业交叉进行。

图4－1 路基填筑"四区段"施工现场图

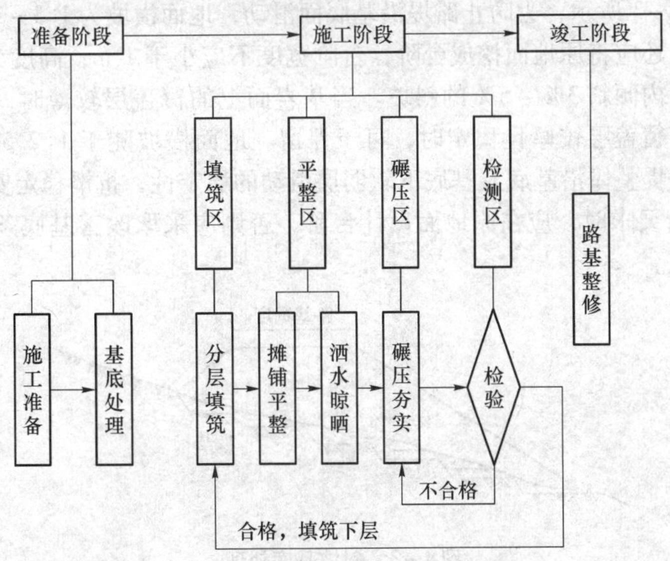

图4－2 路基填筑"八流程"示意图

每个区段的长度应根据使用机械的能力、台车数量确定，但为了保证机械有足够的安全作业场地，每区段长度最少不得少于40 m。长度不够或因桥涵隔断不连续时，也应按“四区段”“八流程”安排施工。分段工作由主管技术人员、队长、领工员在现场确定。

2）施工要点

（1）准备阶段。

① 施工准备。

（a）测量放样，测出基底处理后的原地面标高，依据设计资料精确测放路基坡脚及线路中心线，打桩标示。直线地段每20 m一个桩，曲线地段每10 m一个桩，并在桩上做出虚铺厚度的标记。

（b）修建施工便道，施工便道宜结合地方交通部门规划的永久性道路计划，参照临时道路修建标准进行修建，力求避免与铁路、通信、电力线路、农田灌渠和各种大型管道平交。

（c）设置排水系统，不论是填方还是挖方，开工前均应按设计图纸和规范的有关规定，先行施工急需的永久性排水工程，并按照施工过程的需要设置临时排水设施。

（d）修建临时排水设施，修建生产与生活用房屋，架设通信、电力线路，解决工程与生活用水设施，修建机械停放场与料库。

② 基底处理。

路堤基底应根据施工时的地面和土质的实际条件，按设计文件要求进行处理。

（a）拆迁地面建筑物，砍伐地面种植附着物，清除地面植被。

（b）对于高度大于3.0 m且地面横坡缓于1∶5的路堤，清除草皮、腐殖土后，经预压直接填筑在天然地面上。当地基表层为人工杂填土时，应清除换填。碾压后，其压实度应根据不同部位分别满足表4-4、表4-5、表4-6的规定。

（c）如图4-3所示，为防止路堤沿基底面滑动，地面横坡为1∶5～1∶2.5时，在清除草皮杂物后，还应将原地面挖成台阶，台阶宽度不应小于1 m，高度为0.2～0.3 m，台阶顶面做成向内倾斜3%～5%的斜坡。当基岩面上的覆盖层较薄时，宜先清除覆盖层再挖台阶；当覆盖层较厚且稳定时，可予保留。地面横坡陡于1∶2.5地段的陡坡路堤，必须验算路堤整体沿基底及基底下软弱层滑动的稳定性，抗滑稳定安全系数不得小于1.25，当符合要求时，应在原地面设计台阶，否则应采取改善基底条件或设置支挡结构等防滑措施。

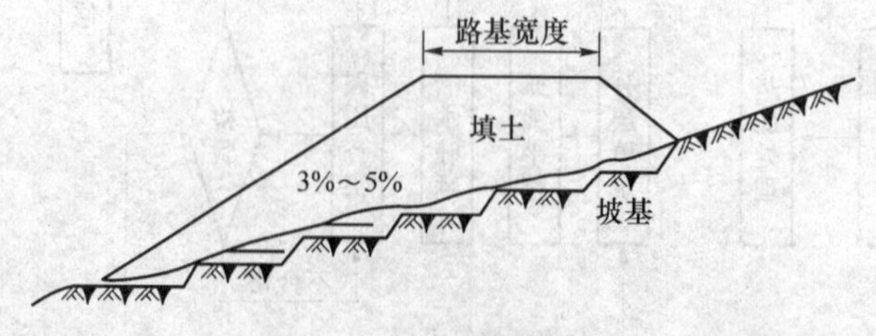

图4-3　斜坡基底处理

（d）对于高度小于3.0 m的路堤，为了保证基床质量，在基床厚度范围内应无软弱土夹层（p_s <1.5 MPa 或［σ］<0.18 MPa 的土层），否则应采取地基改良和加固措施。若地基表层为软弱土层，其静力触探比贯入阻力 p_s <1 MPa 时，应进行地基稳定性验算并采取排水疏干、清除淤泥、换填砾砂石或码填片石、采用土工合成材料等方法进行加固，加固后的地基承载力应满足其上部荷载的要求。

（e）水田、池塘或饱和粉细砂等软土及其他类型厚层松软地基上的路基，应根据设计文件要求，进行路基稳定性、沉降检算。当稳定安全系数、工后沉降不符合规定时，采取排水疏干、挖除淤泥、抛填片石、填砂、填砾石及其他土质等加固措施，采用不同加固措施的地段应采取一定的过渡措施，以保证基底稳固。施工时应按照施工规范的有关规定办理。

（f）当路基基底有地下水影响路堤稳定时，应将地下水拦截或引排至基底以外，并在路基底部换填渗水性土或不易风化的碎石、片石等。陡坡路基靠山侧应设排水设施，并采取防渗加固措施。

（g）基底密实度检查。先使用核子密度仪检验压实度，再使用 K_{30} 承载板检验地基系数，最后经技术人员会同监理工程师现场检查核实并签认。

（h）在分层填筑前，应依据技术标准、压实机械性能、填料土质类别，先做填土压实试验段。试验段要选择在地质条件、断面及结构形式均具有代表性的地段或部位，以确定不同压实机械、不同填料的施工方法和工艺参数，试验段长度为 100 ~ 200 m，宽度至少为压路机宽度的 3 倍。压实机械选用重型振动压路机，压路机走行三行，相邻两行中间重叠至少 0.3 m，三行碾压相同遍数。在中间一行取样进行压实度试验，确定填层厚度及各类机械的压实参数，以指导施工。

（2）施工阶段。

① 分层填筑。

（a）确定分层填筑方案是保障路堤填筑质量的前提，路堤填筑应严格按照横断面全宽、纵向分层填筑方式进行，路堤分层填筑施工现场图如图 4 -4 所示。当原地面高低不平时，应先从最低处分层填筑，由两边向中心填筑。为保证路堤全断面的压实一致，边坡两侧各超填 0.4 ~ 0.5 m，竣工时刷坡整平。

图 4 -4　路堤分层填筑施工现场图

（b）路堤宜用同一种填料填筑，以免产生不均匀沉降。如不得不采用不同的填料填筑时，应以同一种填料分层填筑每一水平层全宽。对于不同种类的填料，遵循有利于层间土层的渗透反滤的原则施工，其粒径符合 $D_{15} < 4d_{85}$。还应防止不同填料接触面形成滑动面或在路堤内形成水囊。特别是渗水性土填在非渗水性土上时，非渗水性土层顶面应向两侧设 4% 的人字排水坡，以利于排水。非渗水性土填在渗水性土上时，则渗水性土层面应为平面或者做成凸形。当上下两层填料的颗粒大小悬殊时，应在分界面上设厚度不小于 30 cm 的垫层，以防止上层细粒土落入下层内。填料的最大粒径不宜大于 300 mm 或摊铺厚度的 2/3。

（c）分层填筑厚度应根据压实机械、压实能力、填料种类和要求的压实质量，通过现场工艺试验确定。采用块石类填筑时，分层的最大压实厚度不应大于 60 cm；采用碎石类填筑时，分层的最大压实厚度不应大于 40 cm；采用砂类土和改良细粒土填筑时，分层的最大压实厚度不应大于 30 cm。分层填筑的最小分层厚度不宜小于 10 cm，进行分层上土，虚铺厚度控制采用“方格网法”和“挂线法”。用“方格网法”控制填土现场施工图如图 4－5 所示，用“挂线法”控制填土现场施工图如图 4－6 所示。为确保边坡压实与路堤全断面一致，边坡两侧每层要各超填 0.3～0.5 m 的宽度，路基防护施工前，人工配合挖掘机进行刷坡整平。

图 4－5　用“方格网法”控制填土现场施工图

图 4－6　用“挂线法”控制填土现场施工图

② 摊铺平整。

(a) 填筑区段完成一层卸土后，使用推土机进行初平（见图4－7），再用平地机进行精平（见图4－8），控制层面应无显著的局部凸凹，平整面应做成向两侧倾斜的横向排水坡。平地机从两侧纵向行驶，逐步向路基中心刮平，同时人工配合填平凹坑，以保证压实质量。

图4－7 使用推土机进行初平

图4－8 平地机进行精平

(b) 在摊铺的同时，应对路肩进行初步压实，并保证压路机压到路肩时不致发生滑坡。

(c) 对路堤填高大于3 m的地段，按设计要求在边坡宽度为2.5～3.0 m范围内每填筑2层（不大于60 cm）铺一层双向土工格栅，铺设土工格栅后严禁汽车及其他重型施工机械直接行驶在土工格栅上。

③ 洒水晾晒。

(a) 用细粒土填筑路堤时，必须严格控制填料的含水量，要求其不超过土质试验中求得的最佳含水量的2%或不低于最佳含水量的3%。

(b) 当含水量太低时，应在表层洒水（见图4－9）并尽可能地搅拌，待提高含水量后再碾压。

(c) 当填料含水量超过规定时，应在摊铺后先晾晒，待降低含水量后再碾压，填层厚度可适当减薄。在洒水或晾晒时，前后两区段可交叉施工。

图 4-9　在表层洒水

④ 碾压夯实。

(a) 对于填土压实作业，粗粒土用重型振动压路机或轮胎压路机进行，细粒土用振动压路机或轮胎压路机进行。

(b) 碾压前应进行技术交底，其内容包括碾压起讫范围、碾压遍数、碾压速度等。

(c) 用振动压路机进行碾压时，第一遍静压，然后先慢后快，由弱振至强振，最快行驶速度控制在 4 km/h，由两边向中央纵向进退式进行。横向接头应重叠 0.4 ~ 0.5 m，前后相邻两区段间纵向重叠 0.8 ~ 1.0 m，做到压实均匀，没有漏压、死角。

(d) 压路机司机应按照压实部位密度标准、填层厚度及控制压实遍数进行压实。压实遍数由试验人员根据试验段确定的压实参数确定。一般情况下，基床表层压 6 ~ 8 遍，基床底层压 5 ~ 6 遍，基床下部压 2 ~ 4 遍，基底压 1 ~ 3 遍，最多可达 10 遍。如超过 10 遍，应检查分析原因。经密度试验合格后，可转入下一道工序。不合格时应进行补压，直至试验合格。

(e) 沉降标周围碾压不到的边角部位，应采用冲击夯夯实。

⑤ 检查签证。

在填料质量、填筑厚度、填层面纵横方向平整均匀度等符合规定标准的基础上，进行密实度或地基系数的测定。凡没有达到标准者，不予签认。

(3) 竣工阶段。

竣工阶段主要进行路基整修。

① 路堤按设计标高填筑完成后，进行平整和测量。恢复中线，每 20 m 设一桩，进行水平标高测量，计算平整高度，施放路肩边桩，修筑路拱，并用平碾压路机碾压一遍，使路面光洁无浮土，横向排水坡符合要求。

② 自检测量。自检测量要求：直线方向闭合差，自检长度小于 400 m 时，每 100 m 允许 5 mm，自检长度大于 400 m 时，允许 20 mm；曲线方向闭合差，每根曲线为 50 mm；直线测距闭合差与曲线测距闭合差为 1/2 000；中线高程允许偏差为 ±50 mm；路面宽不小于设计宽度，每 100 m 丈量 3 个点。

③ 对于细粒土边坡，依据路肩边线桩，人工按设计坡率挂线刷去超填部分，进行整修拍实。整修后的边坡应达到转折处棱线明显、直线处平直、变化处要顺的要求。边坡刷去超填部分后，应作为一个流程进行整修夯实，做到坡面平顺没有凹凸，压实密度合格。水沟的整修应挂线进行。

3）施工质量控制

（1）填料质量控制。

路堤填料种类、质量应符合设计要求。填筑前应对取土场填料进行取样检验；填筑时应对运至现场的填料进行抽样检验。当填料土质发生变化或更换取土场时，应重新进行检验。

基床以下路堤应优先选用A、B组填料和C组的块石、碎石、砾石类填料。当选用C组细粒土填料时，应根据土源性质进行改良后填筑。填料的检验项目、频率应符合表4-3的规定。填料质量、含水量、铺土厚度、填料表面平整度符合设计和有关规定后再进行碾压，其压实标准应符合表4-4的规定。

表4-3 基床以下路堤填筑检测项目和频率表

<table>
<tr><th>名称</th><th>填料</th><th>检测项目</th><th>自检频率</th><th>监理检测频率</th><th>标准要求</th><th>备注</th></tr>
<tr><td rowspan="4">基床以下路堤</td><td rowspan="4">A、B、C组（不含细粒土、粉砂及易风化软质岩块石土）填料及改良土</td><td>填料的颗粒级配、液塑限、相对密度、击实试验</td><td>5 000 m/批（或土性明显变化）</td><td>按自检10%见证，同一土源不少于1次</td><td>按《铁路工程土工试验规程》（TB 10102—2010），符合《铁路路基工程施工质量验收标准》（TB 10414—2003）</td><td rowspan="4">K_{30}：每填高90 cm，纵向100 m检测2个断面4点，距路基边缘2 m处2点，中间2点，不足90 cm也检测2个断面4点。
K_h：每层纵向100 m检测2个断面6点，每断面左、中、右各1点，左、右点距路基边缘1 m处</td></tr>
<tr><td>细粒土、粉砂采用压实系数K_h和地基系数K_{30}</td><td>按右侧备注栏要求检测（压实系数K检测方法：（1）细粒土、粉砂采用环刀法、核子密度法。（2）细粒土、粗粒土采用灌注法、气囊法。（3）细粒土、粗粒土、碎石类、最大粒径<60 cm的块石类采用灌水法</td><td>按自检10%平检和见证</td><td>$K_h \geqslant 0.9$
$K_{30} \geqslant 0.8$</td></tr>
<tr><td>砂类土采用相对密度D_r和地基系数K_{30}</td><td>按右侧备注栏要求检测</td><td>按自检10%平检和见证</td><td>$D_r \geqslant 0.7$
$K_{30} \geqslant 0.8$</td></tr>
<tr><td>砾石类、碎石类采用孔隙率n和地基系数K_{30}，块石土采用地基系数K_{30}</td><td>按右侧备注栏要求检测</td><td>按自检10%平检和见证</td><td>砾石类$n \leqslant 32$，$K_{30} \geqslant 1.1$
碎石类$n \leqslant 32$，$K_{30} \geqslant 1.2$
块石土$K_{30} \geqslant 1.3$</td></tr>
</table>

表 4-4　路堤基床以下部分填料的压实标准

填料	填筑部位	压实标准	细粒土、粉砂和改良土	砂类土（粉砂除外）	砾石类	碎石类
A、B、C 组（不含细粒土、粉砂及易风化软质岩块石土）填料及改良土	基床以下不浸水部分	地基系数 K_{30} /（MPa/cm）	0.8	0.8	1.1	1.2
		压实系数 K_h	0.9	—	—	—
		相对密度 D_r	—	0.7	—	—
	基床以下浸水部分	地基系数 K_{30} /（MPa/cm）	—	0.8	1.1	1.2
		相对密度 D_r	—	0.7	—	—

（2）填筑压实质量控制。

基底换填及路堤填筑按表 4-3 的检测频次和相应压实标准对压实质量进行检测和控制。对站场内多线路基或填筑压实质量可疑地段，应据工程质量控制的需要，增加检验的点数。

2. 基床以下填石路堤施工

1）施工工艺

路堤填筑前要进行现场填筑压实工艺性试验，以确定合理的工艺参数（分层厚度、碾压遍数、碾压机械等）。按规范要求选用经检验合格的石料来填筑路堤。基床以下填石路堤填筑按“三阶段”“四区段”“八流程”的施工工艺流程施工。其中“八流程”为：施工准备—基底处理—边坡码砌—分层填筑—摊铺整平—碾压夯实—检查签证—边坡整修。以此分层重复填筑至路堤成型。

2）施工要点

（1）边坡码砌。

边坡施工时宜采用先填筑后码砌的施工方式。填筑高度小于 10 m 的填石路基，边坡码砌厚度不应小于 1 m；填筑高度大于 10 m 时，应设台阶分级，每级台阶高度为 5～8 m，台阶宽度为 2～3 m，应设排水沟。边坡坡度自上而下依次为 1∶1.5～1∶2.0，边坡码砌厚度不应小于 2 m。软质岩的路基边坡宜采用浆砌片石护坡或客土植生防护。边坡码砌施工应将石料逐个码砌，大面朝下，放置平稳。石料应尽量紧贴路基填筑体，相互之间紧密接触，互相咬扣。码砌石块间的承力接触面应稍向内倾斜，严禁通缝、叠砌和贴砌。

（2）分层填筑（或特殊情况下倾填）。

一般情况下，对风化石块和不易风化的石块填筑路堤时，均应采用按横断面全宽、纵向分层填筑压实的方法。分层厚度一般为0.5 m左右。填筑时每填筑一层石块后，再用碎石砟铺垫其上，将缝隙填塞紧密，在填筑到离路堤顶面30 cm的范围内，应使用小于15 cm的碎石填筑。每层填料应用不同粒径的岩块混合填筑，岩块最大粒径不得大于层厚的2/3，较大的岩块须破碎后方可填入。填筑时，安排好运输路线，专人指挥卸渣，水平分层填筑，先低后高，先两侧后中央。

如图4－10所示，在陡坡地段施工困难时，或爆破石方量大时，对不易风化的石块填筑路堤，除了对在路基面以下1.2 m以内和路基底部（路堤*H*/3以下部分，一般为3～5 m）两部分进行分层铺填外，填石路堤中间部分可以先码砌两侧边坡，然后在两侧码砌边坡之间，用倾填的办法进行填筑。填腹工作紧随着边坡的码砌进行，随码随填。

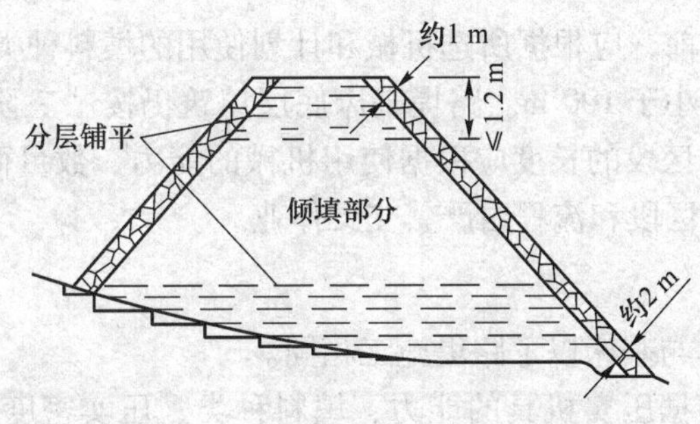

图4－10 不易风化石块填筑的路堤

（3）摊铺整平。

填石路堤施工工程中的摊铺方式有三种：渐进式摊铺法、后退式摊铺法和混合式摊铺法。填石路堤的摊铺应采用渐进式摊铺法。路堤施工时填料的卸料与摊铺同步进行。自卸汽车沿事先安排好的石料运输路线，按水平分层，先高后低，先两侧后中央卸料的方法摊铺出一个工作面，并用大功率推土机进行初平，随后运来的填料都直接堆放在这个表面上，再由大功率推土机向前摊铺。

整平工艺的关键是保证最大的石块居于每层的底部，较细的颗粒居于底部，并填充其间的孔隙，以确保最佳的嵌锁和压力传递，同时提供一个不会致使压路机碾轮在行驶时受损的压实表面。

（4）碾压夯实。

选用振动压路机保证填石路堤施工质量。宜使用18 t拖式凸块振动压路机与18 t自行式振动压路机组合碾压，最佳碾压速度为3～6 km/h。碾压速度开始宜用慢速。随着石料强度的增大应相应地增大压实进行的激振力。当松铺层厚度为60～80 cm时，压实进行的吨位应大于18 t，其激振力在400 kN左右为宜，振动频率以30～35 Hz为宜。

（5）检查签证。

目前填石路堤施工现场主要采用的质量检测方法为：压实度法、试验路段法、弹性模量法、沉降法、压实计法、面波法、附加质量法等。

典型工作任务4.2　路堤基床施工控制

4.2.1　路堤基床底层填筑

1. 路堤基床底层填料要求

路堤基床底层采用A、B、C组填料，否则应采取土质改良或加固措施。

2. 施工工艺

路堤基床底层填筑前，应根据所选机械和计划使用的填料种类进行现场填筑压实工艺试验。试验段长度不小于100 m。路堤基床底层填筑仍按“三阶段”“四区段”“八流程”组织施工。每个区段的长度应根据使用机械的能力、数量而定，一般在200 m以上或以结构物为界。各区段和流程内严禁交叉作业。

3. 施工要点

（1）施工要点基本与基床以下路堤施工相同。

（2）分层厚度应根据压实机具的能力、填料种类、压实密度等通过现场工艺试验确定。采用碎石类填筑时，分层最大压实厚度不应大于35 cm；采用砂类土、改良后的细粒土填筑时，分层最大压实厚度不应大于30 cm。分层填筑的最小压实厚度不宜小于10 cm。

4. 施工质量控制

施工中，使用填料变化时，应取样进行土工试验鉴定。在每一层的填筑过程中，应确认填料质量、含水量、铺土厚度、填料表面平整度符合设计和有关规定后再进行碾压。路堤基床底层压实标准见表4－5。

表4－5　路堤基床底层压实标准

填料	压实标准	细粒土和粉砂、改良土	砂类土（粉砂除外）	砾石类	碎石类
A、B、C组填料及改良土	地基系数K_{30}/(MPa/m)	0.9	1.0	1.2	1.3
	压实系数K_h	0.91	—	—	—
	相对密度D_r	—	0.75	—	—

注：（1）压实系数K_h为重型击实试验的压实系数；

（2）K_{30}为直径30 cm直径平板荷载试验的地基系数，取下沉量为0.125 cm的荷载强度。

4.2.2　路堤基床表层填筑

1. 路堤基床表层填料要求

路堤基床表层采用A、B组填料，材料规格应符合《地铁设计规范》（GB 50157—2013）

的要求，压实标准应符合表4－6的规定。

表4－6　路堤基床表层压实标准

填料	压实标准	细粒土和粉砂、改良土	砂类土（粉砂除外）	砾石类	碎石类
A、B组填料	地基系数 K_{30}/(MPa/cm)	(1.0)	1.1	1.4	1.4
	压实系数 K_h	(0.93)	—		—
	相对密度 D_r	—	0.8	—	

注：(1) 压实系数 K_h 为重型击实试验的压实系数；

(2) K_{30} 为直径 30 cm 直径平板荷载试验的地基系数，取下沉量为 0.125 cm 的荷载强度；

(3) 细粒土和粉砂、改良土一栏中，有括号的仅为改良土的压实标准。

2. 施工工艺

大面积填筑前应根据所选机械和填料种类进行现场填筑压实工艺试验，确定填料的级配、施工含水率、松铺厚度和碾压遍数、机械配套方案和施工组织。试验段长度不小于 100 m。路堤基床表层填料选择 A、B 组填料或改良土时，施工工艺同路堤基床底层施工。如图 4－11 所示，路堤基床表层填料选择级配碎石或级配砂砾石时应分层填筑，施工可按验收基床底层、拌和运输、摊铺碾压、检测修整“四区段”和拌和、运输、摊铺、碾压、检测试验、修整养护“六流程”的施工工艺组织施工。摊铺碾压的长度应根据使用机械的能力和数量确定，各区段和流程内严禁交叉作业。筑至剩余最后一层时，对有预压要求的路基按设计铺设隔离土工布后填筑预压土，并进行沉降观测。通过数据分析，预测和推算总沉降值，评价剩余沉降满足无砟轨道工后沉降要求且沉降稳定后，卸掉预压土、撤除隔离土工布，再使用摊铺机铺设最后一层基床表层级配碎石。

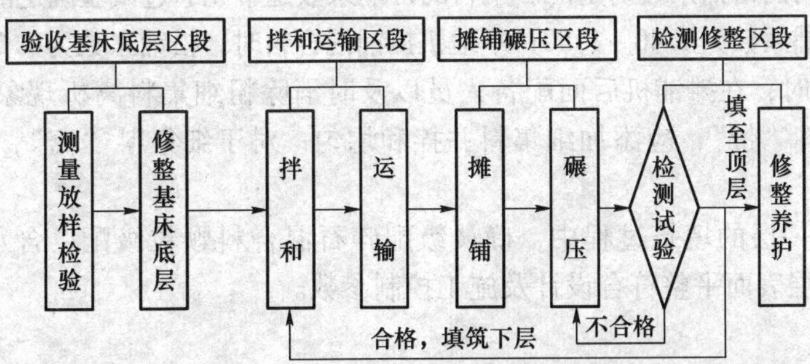

图 4－11　（基床表层级配碎石或级配砂砾石）施工工艺流程图

3. 施工要点

1）测量放样检验

(1) 基床表层填筑前对基床底层的压实质量和几何尺寸进行复查确认。

(2) 依照设计资料精确测放路基边线及线路中心线，打桩标示。直线地段每 10 m 一个桩，曲线地段每 5 m 一个桩，并在桩间挂线标示出填料分层摊铺厚度。

2）修整基床底层

（1）对路堑换填地段，当开挖至换填底面标高时，将开挖表面整理平顺，并按设计要求做成向两侧的横向排水坡。

（2）基床基底应平整、坚实，并具有规定的路拱，没有任何松散的材料和软弱的地点。在基床基底碾压过程中，如发现土过干，表层松散，应适当洒水；如土过湿，发生"弹簧"现象，应采取挖开晾晒、换土、掺石灰或粒料等措施。

3）拌和

（1）按级配砂砾石或级配碎石的级配要求，计算不同粒径的配合比。

（2）根据基床的宽度、厚度和预定的压实度，按确定的配合比确定各路段需要的集料数量。

（3）集料的拌和须在中心拌和站进行，采用具有自动计量配料系统的拌和机，按试验确定的配合比（加水量根据气候及运距在最优含水率基础上增加0.5%～1%）进行配料和拌和，以获得颗粒级配稳定和含水率合适的基床表层级配碎石混合料。拌和料应随拌随用。

（4）经检测混合料级配、含水率符合工艺试验确定的允许范围后方可出场。

4）运输

将级配碎石生产厂拌和好的级配碎石混合料用自卸汽车尽快运输到现场，防止水分蒸发损失过多。

5）摊铺

（1）采用摊铺机按工艺试验确定的每层摊铺厚度分层铺摊，曲线地段根据所在地段级配碎石的总厚度均匀分层，但分层的压实厚度最大不超过25 cm，最小不低于15 cm。

（2）摊铺前根据测量标线调整好摊铺机左右的控制高度，挂摊铺线。摊铺线的高度是根据不同集料的松铺系数确定的。集料的松铺系数是事先通过试验确定的。人工摊铺混合料时，其松铺系数为1.40～1.50；平地机摊铺混合料时，松铺系数为1.25～1.35。

（3）摊铺时，在摊铺机后面配备人员以及时消除粗细集料离析现象。对于粗集料"窝"和粗集料"带"，应添加细集料并拌和均匀；对于细集料"窝"，应添加粗集料并拌和均匀。

（4）在每一层的填筑过程中，确认级配碎石混合料颗粒级配、含水量的均匀性、铺筑厚度、填层表面平整符合设计及施工控制参数。

6）碾压

（1）摊铺后，当表面尚处湿润状态时应立即进行碾压。如表面水分蒸发较多，明显干燥失水，应在其表面喷洒适量水分，再进行碾压。碾压时，确保最优含水率。

（2）直线地段，由两侧路肩开始向路中心碾压；曲线地段，由内侧路肩向外侧路肩进行碾压。

（3）碾压时采用"先静压、后弱振、再强振"的方式，最后静压收光。按工艺试验确定的碾压速度和遍数进行碾压。碾压时，压路机的碾压行驶速度开始采用慢速，以后几遍逐渐加快，但最大速度不超过4 km/h。

（4）横向接缝处填料应翻挖并与新铺填料混合均匀后，再碾压。沿线路纵向行与行之间压实重叠不小于40 cm，各区段交接处，纵向搭接压实长度不小于2 m。

（5）完成基层表层碾压后，严格控制车辆通行。

7）检测试验

（1）对运至现场的级配碎石混合料按每施工作业段每一层抽检不少于一组的频次，检测其颗粒级配和含水量。当发现运至路堤填筑现场的混合料级配或含水量有明显变化时，及时抽样复查，并将检测信息反馈给填料生产拌和站，以对配料比例做相应调整，使生产的级配碎石混合料符合要求。

（2）每层的填筑压实质量按表4－7的检测频次和相应压实指标进行检测和控制。对站场内多线路基或填筑压实质量可疑地段，应根据工程质量控制的需要，增加检验的点数。

表4－7 基床表层级配碎石压实质量检测频次

压实指标	检测频次
地基系数 K_{30} /（MPa/cm）	沿线路纵向每100 m每压实层抽样检验4点，其中左、右距路肩边线1.5 m处各1点，路基中部2点
动态变形模量 E_{vd} /MPa	沿线路纵向每100 m每压实层抽样检验6点，其中左、右距路肩边线1.5 m处各2点，路基中部2点

8）修整养护

基床表层路基外侧的斜坡台阶，待最上层级配碎石填筑碾压成型且板结后，再用斜坡切割机按设计厚度切除斜坡处的级配碎石。

4.2.3 路堤预留沉降量及观测

预留沉降量又称沉落量，填筑路堤时应根据路堤高度、填料种类、压实条件、地基情况、施工季节及延续时间等因素，预估填筑后路堤和地基的总沉降量，预先加筑沉降量，并考虑与桥台及两端线路纵坡顺接，适当调整预留沉降量，待路堤竣工铺轨时，再根据路面沉降观测推算的剩余沉降量修正预留沉降量。

在当前沿用的常规施工的技术条件下，土质路堤的预留沉降量仍然必须保证。路堤高度小于或等于5 m时，可按平均堤高的0.5%～2%预留沉降量；路堤高度大于5 m时，5 m范围内仍按以上规定计算，超过部分按平均堤高的0%～1%预留沉降量；用级配良好的不宜风化块石填筑，并用重型机械压实的路堤，预留沉降量可按堤高的0%～0.5%取值；路堤高度差在4 m以内的地段可按堤高的平均值计算预留沉降量。预留沉降量后，路堤坡脚位置仍按设计路肩高程及边坡坡度测定，路基面设计宽度不变。

对于边坡高度大于12 m的路堤，应在填筑完成后选有代表性的断面进行路基面沉降观测。观测点宜埋设在边坡较高一侧的路肩附近，定期进行观测，用拟合沉降曲线去推算最终沉降量和剩余沉降量，并据以修正预留沉降量。对边坡高度小于或等于12 m及停放期较短的路堤，可按上述影响因素比照同类路堤的观测推算结果取值，修正预留沉降量。

由于影响预留沉降量的因素很复杂，不宜机械地规定，因此，应在施工期间选定代表性断面进行沉降观测，观测点宜分别埋设在路堤基床以下部分堤高的1/3处、2/3处和基床底面。根据观测结果，可适当调整预留沉降量或表明路基已趋于稳定。

交付铺轨时，预留沉降加高的路基面应与邻接的填挖交界或桥台及预留沉降量较小的地段保持平顺连接。为达到平顺连接目的，必要时，预留沉降高度应做适当调整。预留沉降加高的路基面的抬高，应向邻接的填挖交界或桥台及预留沉降量较小的地段顺坡递减，递减的纵坡不宜大于线路的最大限制坡度，困难条件下不得超过最大限制坡度加2‰。

在不适宜预留沉降高度的地段，如站场应考虑加强压实以提高填筑层密度，或采取预压加速沉降等措施。

典型工作任务4.3　路堑施工控制

4.3.1　土质路堑开挖

1. 开挖方式

土质路堑开挖应根据具体情况，在全断面法、横挖法、纵挖法和混合式开挖法中进行选择。

(1) 全断面法：即全断面开挖，适用于平缓横坡地面上短而浅的土质路堑，用挖装、车运机具施工。

(2) 横挖法：适用于短而深的路堑，是从路堑的一端或两端按路堑横断面全高和全宽，逐渐地向前开挖路堑的方式。它分为单层横挖法和多层横挖法，横挖法示意图如图4-12所示。

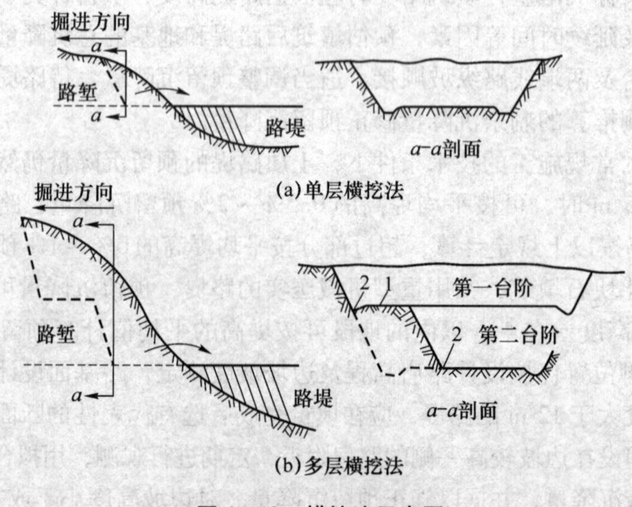

图4-12　横挖法示意图

1—运土通道；2—临时排水沟

(3) 纵挖法：适用于傍山路堑，边坡较高时宜分级开挖；路堑较长时，可适当开设马口。对边坡较高的软弱、松散岩质路堑，宜采用分级开挖、分级支挡、分级防护的预加固措施。纵挖法是沿路堑分为宽度及深度都不大的纵向层次挖掘方式，即先沿路堑纵向挖一通道，然后向两旁开挖，如路堑较深可分几次进行。纵挖法分为纵向分层开挖法、纵向通道开挖法、纵向分段开挖法。

(4) 混合式开挖法：适用于路线纵向长度和挖深很大的路堑开挖施工。它将横挖法和纵挖法混合使用，即先顺路堑纵向挖通道，然后沿横断面挖掘，以增加开挖工作面，每一坡面的大小，应能容纳一个施工小组或一台机械作业。

2. 施工工艺

土质（石质）路堑开挖施工工艺流程图如图4-13所示。

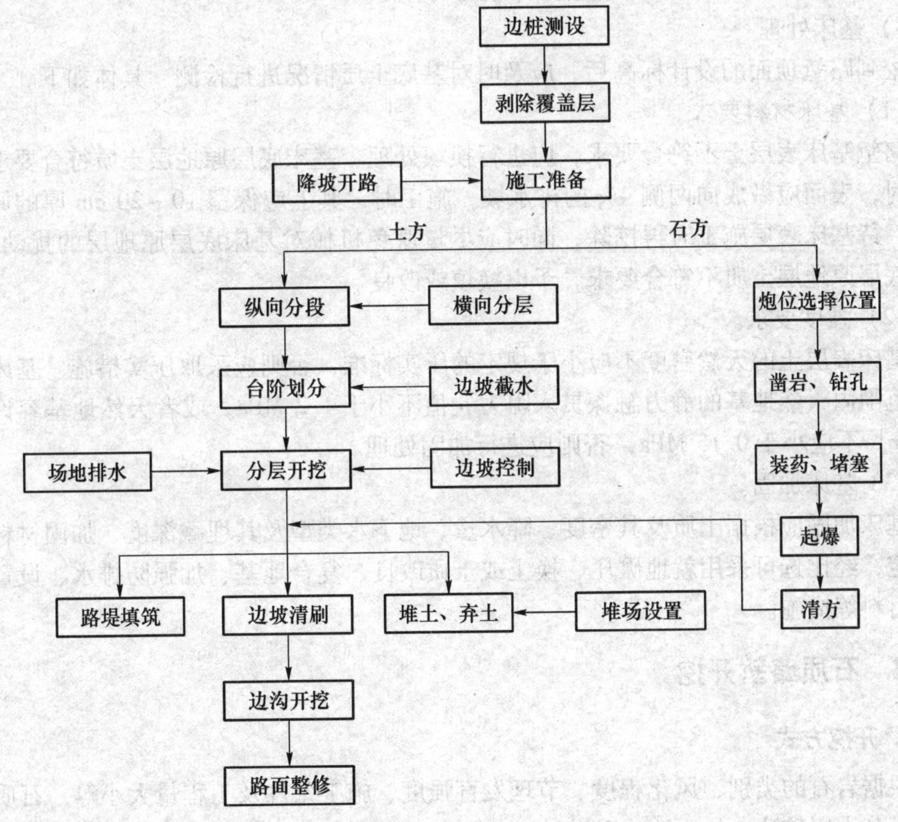

图4-13 土质（石质）路堑开挖施工工艺流程图

3. 施工要点

1) 施工准备

施工前根据现场，对设计文件中的地质资料、挖方数量、取弃土场位置等进行核对。施工前必须做好土体稳定性分析，复核设计边坡是否满足稳定性要求。根据现场地形确定机械进出便道线并修筑。施工前根据设计文件复测线路中线，准确放出开挖边线桩。开挖前，按设计位置做好堑顶排水系统（如截水沟、天沟），待排水系统完善后进行路堑开挖。滑坡地段施工前应有防治技术措施并已实施，应避免雨季施工。

2）路堑开挖施工

根据土石方调配方案和施工工艺顺序，选择最佳的挖方作业面和适合的开挖方法，开挖过程自上而下进行，严禁掏底开挖，以策安全。应以机械施工为主，采用推土机配合挖掘机、装载机挖土装车、自卸汽车运至弃土点的方式，当机械开挖至靠近边坡0.2～0.3 m时改为人工修坡。需设圬工防护工程的边坡，在防护工程开工前留置保护层，待圬工防护施工时刷坡。不设圬工防护工程的边坡，每隔10 m边坡插杆挂线人工刷坡。当路堑开挖接近设计标高时，采用人工配合推土机施工。到达设计标高后及时对基底土质情况进行检测。路堑施工应避免超欠挖，开挖后及时施作防护，不论采用何种开挖方式，不得破坏上层的天然植被和排水系统。

3）基床处理

挖到路堑顶面的设计标高后，应及时对基底土质情况进行检测，具体如下。

（1）基床材料要求。

路堑基床表层土不符合要求，应进行换填处理。基床底层原地层土质符合要求，不换填时，表面应做成向两侧4%的排水坡，施工时，其上应保留10～20 cm厚的原土保护层，待基床表层施工时再挖除，同时应尽量避免机械对基床底层原地层的扰动破坏。基床底层原地层土质不符合要求，予以换填或改良。

（2）强度要求。

基床表层土的天然密度不应小于规定的压实标准，否则应采取压实措施。基床底层厚度范围内天然地基的静力触探贯入阻力p_s值不小于1.2 MPa，或者天然地基容许承载力［σ］不应小于0.15 MPa，否则应进行加固处理。

（3）基床加固。

基床加固应根据土质及其密度、降水量、地下水类型及其埋藏深度、加固材料来源等确定，经比选可采用就地碾压、换土或土质改良、复合地基、加强防排水、设置土工合成材料等措施。

4.3.2 石质路堑开挖

1. 开挖方式

根据岩石的类别、风化程度、节理发育强度、施工条件及工程量大小等，石质路堑开挖可分为爆破法、松土法或破碎法。

（1）爆破法又分为中小型爆破和大爆破，使用频率最高的是中小型爆破，中小型爆破又分为裸露药包法、浅孔炮、深孔炮、药壶炮、猫洞炮、微差爆破、光面爆破、预裂爆破等。

（2）松土法是充分利用岩体的各种裂缝和结构面，先用推土机牵引松土器将岩体翻松，再用推土机或装载机与自卸汽车配合将翻松的岩块搬运到指定地点的开挖方式。巨型斗轮式挖掘机开挖岩体如图4－14所示。凡能用松土法开挖的石质路堑，就不用爆破法施工。随着大功率施工机械的应用，松土法愈来愈多地应用于石质路堑的开挖。

图4-14 巨型斗轮式挖掘机开挖岩体

(3) 破碎法利用破碎机凿碎岩块，然后进行挖运等作业，是爆破法和松土法的辅助作业方式。

天然石质路堑自上而下可分为：土质覆盖层、严重风化层、轻微风化层、未风化层等，开挖时，应掌握竖向分层，以便采用不同的方法和机械设备。

1）土质覆盖层开挖

土质覆盖层应按土质路堑开挖方法施工。

2）严重风化层开挖

严重风化的岩层，结构松散，石质强度低，一般可采用松土器勾松或浅孔爆破松动后，配合机械挖除。

3）轻微风化层开挖

轻微风化的岩层，结构较完整，有一定的强度，需采用爆破法，靠近堑坡处采用浅孔光面爆破方法挖除。

4）未风化层开挖

未风化的岩层，结构完整坚固，石质强度高，可采用浅孔炮、深孔炮，并兼用微差、光面、预裂爆破等技术开挖。

2. 施工工艺

石质路堑开挖施工工艺流程图如图4-13所示。

3. 施工要点

1）施工准备

施工前，应进行施工爆破区安全管理，同时应检查堑顶坡面，发现危石、裂缝或其他不稳定因素，必须先行妥善处理。测量放样检验要求同前。

2）路堑开挖

路堑开挖采用爆破施工时，爆破施工应以小型、松动爆破为主，不得影响周围环境及路堑边坡山体稳定。炮孔选位合理，炮孔间距准确，严格检查孔位、孔深、倾角、装药量、堵塞长度是不是符合设计要求，孔内是否堵塞、有水。要根据钻孔的实测记录，填写孔网参数表，并认真进行装药量计算。

装药时，要专人负责，明确分工，按设计药量严格控制装药数量。每孔放一标签，标签上注明每孔的孔深、装药长度、装药结构、堵塞长度。爆破器材应检查、试爆，不得在雷雨、雾、大风等天气装药，装药过程中出现问题，应立即停止装药，及时报告，研究处理办法。加强堵塞质量，堵塞长度要严格按照设计长度进行。堵塞材料，采用钻岩粉或黏土，并分层捣实堵紧。引爆前要发出引爆信号，避免出现瞎炮，瞎炮处理必须尽快。

路堑开挖应自上而下，严禁掏底开挖。如坡脚出现超挖，应用浆砌圬工补齐或按设计坡率刷坡，消除超挖现象。岩层走向、倾角不利于边坡稳定及施工安全的地段，应顺层开挖，不得挖断岩层，采取减弱施工振动措施，在设有挡土墙（上挡）的地段，应采取马口开挖并设置临时支护。开挖后，当发现土石分界位置与设计不符时，应及时提出变更申请，尽早完善变更手续。爆堆的位置、高度应符合爆破任务的要求，爆破后的岩块块度适于装运和利用。采用爆破工艺施工，应严格遵守《爆破安全规则》，严禁违章作业。要加强人员的安全教育，操作人员须持证上岗，对周围村庄、居民、过往车辆等要有安全保护（预防）措施。

3）边坡整修

路堑坡面应平顺，无明显的局部高低差，凸悬危石、浮石等应及时清除，出现坑穴、凹槽，应及时用 M7.5 浆砌片石嵌补平整。

4）基床处理

路堑施工接近堑底时，应鉴别核对土石，按设计断面测量放样。强风化硬质岩石、软质岩石路堑基床处理同土质路堑基床处理。对硬质岩石路堑，完整未风化的岩层基底不需特殊处理，只需将凹凸不平处以混凝土或级配砂砾石、级配碎石填平。路拱坡面设4%人字排水坡，路堑路基面应平顺，肩棱整齐。

【项目小结】

路基是轨道的基础，其施工质量的好坏，直接影响以后的运营，如路基基底处理不好、路基填料不合格、路基压实度不足等因素，都会造成运营期间的路基翻浆冒泥、塌陷等病害，使轨道的几何尺寸难以保证，故而保质保量的施工，是线路良好运营的前提。

【项目训练】

1. 完成路堤下部填筑的施工放线、技术交底和质量验收评定工作。
2. 完成路堤基床表层填筑的施工放线、技术交底和质量验收评定工作。

【复习思考题】

1. 对路基填料有什么要求，对不同性质的土，填筑路堤时要注意哪些问题？
2. 路基施工的主要内容有哪些？
3. 简述路堤填筑的施工要点。
4. 简述路堑开挖的施工要点。
5. 路基施工方法有哪几种？

项目5　特殊路基构造及土工合成材料在路基工程中的应用

【项目描述】

特殊土地区路基包括软土地区路基、膨胀土（岩）地区路基、黄土地区路基、冻土地区路基和振动液化土路基等。特殊条件下的路基包括浸水路堤和水库路基，风沙地区路基，雪害地区路基，滑坡、危岩、落石、崩塌与岩堆地段路基，岩溶与人为坑洞地段路基等。

土工合成材料是土木工程应用的合成材料的总称。作为一种新型的土木工程材料，它以人工合成的聚合物（如塑料、化纤、合成橡胶等）为原料，制成各种类型的产品，置于土体内部、表面或各种土体之间，发挥保护土体的作用。《土工合成材料应用技术规范》（GB/T 50290—2014）将土工合成材料分为土工织物、土工膜、土工特种材料、土工复合材料等类型。土工特种材料包括土工格栅、土工模袋、土工网、土工网垫、土工格室、土工合成材料黏土垫层、聚苯乙烯泡沫塑料（EPS）等。土工复合材料是由上述各种材料复合而成的，如复合土工膜、复合土工织物、复合防排水（排水带、排水管）等，其在地基处理、边坡防护等工程中应用广泛。

【拟实现的教学目标】

1. 能力目标

（1）能针对特殊土地区路基的特点，正确选择设计方案和加固措施；

（2）能针对浸水路基的特点，正确选择坡面防护措施；

（3）能针对路基特点，正确选择土工合成材料。

2. 知识目标

（1）掌握软土地区路基的加固措施；

（2）掌握膨胀土地区路基的设计原则；

（3）掌握浸水路堤的设计原则；

(4) 掌握各种土工材料的适用范围及特点。

3. 素质目标

(1) 培养学生严谨的工作作风;

(2) 培养学生分析问题、灵活处理问题的能力;

(3) 培养学生团结协作、组织协调的能力。

相关案例1

武汉地铁3号线被“膨胀性泥巴”困住

6月19日，汉江中突然冒出泡泡。知音桥附近汉江江滩的市民，被眼前景象惊呆了。

汉江底下究竟发生了什么?

此时，地铁3号线盾构隧道正在穿越汉江。原来，盾构机好不容易推进到汉江江底时，遇上了“拦路虎”:盾构机被堵在江底，推不动了。在汉江江底30多m深处，出现罕见的泥岩。

受此影响，盾构机每天24小时不停掘进，也只能往前推进1 m，而正常速度则是每天约15 m。

现场工作人员说，3号线首次穿越汉江，遭遇世界性罕见的复杂地质隧道盾构技术难题。相比2号线“万里长江地铁第一隧”穿过的流沙层，2.3 km长的“汉江第一隧”施工难度大多了。

泥岩就是黏土岩，历经几亿年形成。泥岩属于极软岩，其矿物成分里的蒙脱土含量高，具有强膨胀性、颗粒细、黏性大的特性。这种矿物遇水膨胀，体积可扩大6倍，简直就是一种“膨胀性的泥巴”。因此，盾构机在掘进过程中，蒙脱土糊到刀盘上，容易把刀盘堵死。

盾构刀盘遇到泥岩中的高含量蒙脱土，这在全国的轨道交通建设当中史无前例。为破解这一难题，来自上海、南京、广州等国内多个城市的10多位专家应邀来武汉商讨。最终，经技术改良后的盾构机，盾构掘进速度提升到每天3 m。

3号线盾构隧道穿越汉江水体范围长900多m，其中，蒙脱土层区域有100多m长。本来只需要3个月的工期，结果盾构机在汉江江底连续掘进了7个多月。

由本案例可知:本路段地质状况较复杂，含极软岩，矿物成分里的蒙脱土含量高，该种矿物遇水膨胀，体积可扩大6倍，严重影响刀盘的掘进。因此，在施工前，我们必须分析研究工程所处工作条件，尤其是特殊土质，研究其工程性质，掌握其变形和强度的变化规律，在此基础上才能做出正确合理的设计，减小地铁施工对周围环境的影响，加快施工进度。

相关案例 2

广州地铁三号线北延段施工导致106国道地陷

2009年1月3日傍晚7时许，106国道广州白云区嘉禾新科村路段突然出现地面沉降，造成106国道该路段由南向北车道围堵近12个小时，现场无人员和车辆发生意外。发生沉降事故的地点，位处地铁三号线北延段嘉禾望岗至龙归区间。事发后，地铁隧道施工随即叫停。据现场群众透露，一名治安员在巡逻时发现路面下沉，随即报告。

现场工程师称，事发路段地下水相当丰富，地质状况较复杂，盾构机施工有一定风险。隧道顶部距地面8 m，正好位于沙层位置，发生沉降事故时，盾构机已经掘进到事故地点前方10 m。北延段嘉龙项目部相关人员称，此次事故与地铁施工有关，但沉降事故并没有影响到地下隧道。

广州地铁方面对沉降事故的通报称，发生地面下沉的地方面积约80 m^2，下沉约20 cm。对于地面局部下沉的原因，地铁方面的结论是因地质灾害造成。

由本案例可知：本路段地下水丰富，隧道顶部距地面8 m，正好位于沙层位置，地质状况较复杂，地基强度低，变形大，不能满足施工要求，需要对地基进行加固处理。在施工前，我们必须分析研究工程所处的环境及工作条件，尤其是复杂地质，研究其工程性质，掌握其变形和强度的变化规律，在此基础上才能做出正确合理的设计，减小地铁施工对周围环境的影响。

相关案例 3

铁路合肥枢纽站场路基病害整治

铁路合肥枢纽站场有合肥客整所、客机折返段、车辆段和合肥东机务段、站修所五大块，共有线路20.7 km，道岔69组。于1997年4月至10月间相继投入运营，开通使用后不久，就相继出现了严重的路基病害：基床土软化后形成基床陷槽并严重积水，泥土被挤压上翻，覆盖轨枕，高出钢轨，导致线路轨道几何状态严重超限，严重威胁行车安全。

经现场调查，合肥客整所等五大块站场路基基床在基建施工中未做任何处理，道床厚仅0.2 m，基床土质不良是形成基床病害的本质原因。另外，排水系统形同虚设：一是排水沟深度严重不足，大部分既有排水沟深度小于0.5 m，沟底标高高于路基基床面标高；二是排水系统不完善，部分地段无排水设施，路基水无出处。

膨胀土性质的线路路基长期受水浸泡，致使这些站场在开通运营后不到一个月，严重的路基基床病害就已出现。

在总结了多年来处理类似病害的经验和各方案比选分析后，经过多次现场挖探调查，本着既治本又节约投资的原则，落实“依靠科技进步，积极采用路基新产品、新工艺、新技术整治路基病害”的要求，决定采用基床换填黄砂、中间加铺土工格室和涂塑布各一层的方法处理，并改造和完善站场排水系统。

由本案例可知：土工合成材料作为一种土木工程材料，可以将其置于土体内部、表面或各种土体之间，可以发挥其排水，加强、保护土体等作用。

典型工作任务 5.1　特殊土地区路基

特殊路基是特殊土（岩）地区路基和特殊条件路基的统称。特殊土（岩）地区路基是位于软土、膨胀土（岩）、黄土、盐渍土等特殊土（岩）地区的路基。本任务主要介绍软土地区路基和膨胀土（裂土）地区路基。

5.1.1　软土地区路基

软土是指在滨海、湖泊、谷地、河滩上沉积的天然含水率高、孔隙比大、渗透性差、压缩性高、抗剪强度和承载力低的软塑到流塑状态的细粒土，如淤泥和淤泥质土。而天然含水率较高、压缩性较高、强度较低、呈软塑状态的黏性土，以及承载力较低、易产生振动液化的饱和的粉土、粉砂、细砂等，工程中称为松软土。软土地区近代地貌多为宽阔的平原，已不再为地表水所浸漫。表层因水分蒸发，常常形成强度稍高的硬壳层，厚度一般不大于 3 m。其下部有流动性的淤泥，地下水位接近地表，沉积厚度一般较深。

对城市轨道交通路基而言，规范和技术手册多以表 5－1 中的物理力学指标作为软土的判定标准。

表 5－1　软土的特征指标

天然含水率	$\omega \geqslant \omega_L$
天然孔隙比	$e > 1.0$
压缩系数	$a_{0.1\sim0.2} \geqslant 0.5\ \mathrm{MPa}^{-1}$
强度	$p_s < 0.8\ \mathrm{MPa}$

1. 软土地区路基的加固及处理措施

在软土地区修建城市轨道交通时，施工运营条件均较差，还要占用较多农田，故线路通过时必须有经济和技术方面的比较依据。在软土地区修筑路基时，宜避免修筑路堑。在软土天然地基上修筑路堤时，应根据地基与填土的物理力学性质或进行工地填筑试验确定临界高度。直接填筑在软土或泥沼上的路堤的高度，不宜小于基床厚度，否则应采取换填加固措施。增强路基稳定的措施如下。

（1）软土层厚度小于 3 m，呈流塑状态且表层无硬壳时，可采用换填、抛石挤淤等措施。

（2）如图 5－1所示，路堤高度大于临界高度时，若软土层及其硬壳均较薄，可采用

排水砂垫层；软土层较厚时，可采用反压护道。反压护道一般采用单级，高度为路堤高度的1/3～1/2较为经济合理，所以这种方法适用于路堤高度不大于临界高度的$1\frac{2}{3}$～2倍的情况。如图5－2所示，反压护道的宽度，一般采用圆弧法检算确定，当软土层较薄且其下卧岩层面具有明显的横向坡度时，路堤两侧应采用不同宽度的反压护道，横坡下方的护道应较横坡上方的护道宽些，即$l_2>l_1$。

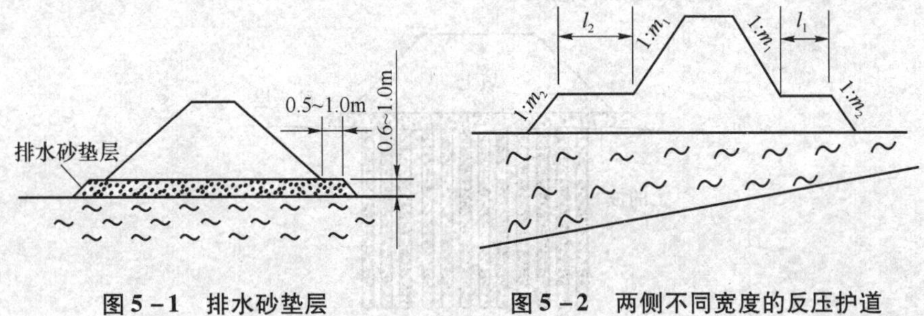

图5－1　排水砂垫层　　图5－2　两侧不同宽度的反压护道

如图5－3所示，多级式反压护道增加的稳定力矩较小，作用不大，仅在软土分布范围较为狭窄时适用。

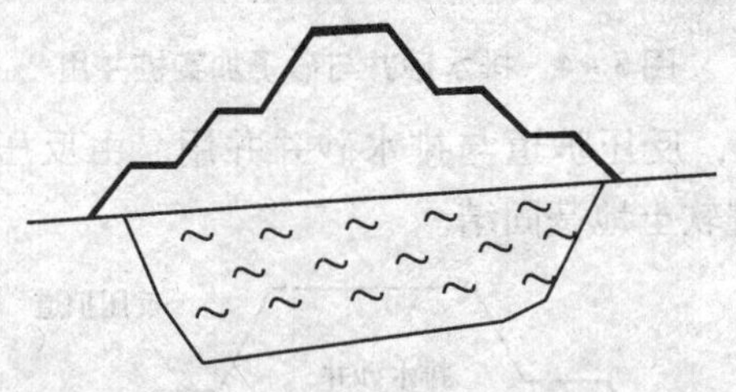

图5－3　多级式反压护道

（3）软土层较薄（小于7 m），下覆岩层平缓，路堤高度大于临界高度较多时，可采用砂桩。砂桩的孔径应大于0.4 m，间距为孔径的3～4倍。若采用爆破法施工，应事先进行试爆，若土层迅速回淤不易成孔，则不宜采用。砂桩宜灌入中砂、粗砂，灌砂率不小于95%，并应连续灌砂。

（4）软土层很厚，路堤高度较高时，宜采用排水砂井。排水砂井的直径、间距和深度，应根据地层情况、施工条件、通车期限、固结度要求等因素，综合考虑确定。排水砂井内宜灌入中砂、粗砂，灌砂率不小于90%，并应连续灌砂。

（5）软土层较薄但底部横坡较大，路堤有可能沿该层面滑动时，宜采用侧向桩架支挡。

（6）软土层上部土质极软时，可采用石灰桩进行浅层加固。

所谓临界高度是指在软土天然地基上，快速填土使地基不产生固结，并且不考虑列车荷载影响的路堤所能填筑的最大高度。

软土地区路基，宜提前安排施工，以加强预压固结效果，提高地基强度，减少加固费用。

2. 综合加固措施

为同时解决软土地区路基沉降、稳定性差或加强某一种软土地区路基处理方法的效果，可考虑同时采用多种软土地基处理措施，亦即软土的综合处理。现列举几种常用的软土地基综合加固措施。

（1）如图 5 -4 所示，在填土中央采用排水砂井，坡脚处采用砂子加实桩。由排水砂井促进沉降，由砂子加实桩达到稳定。

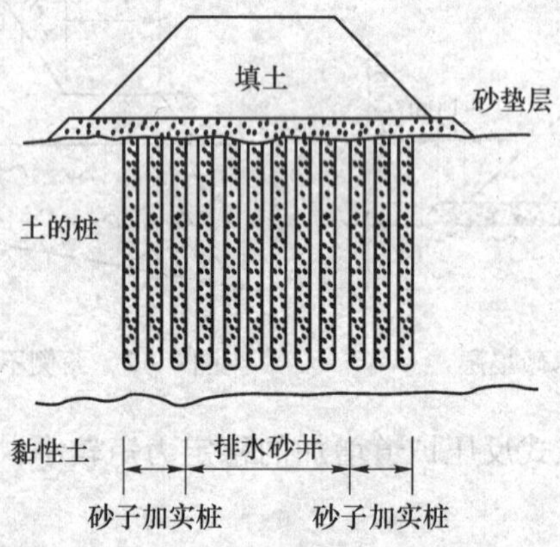

图 5 -4　排水砂井与砂子加实桩并用

（2）如图 5 -5 所示，反压护道与排水砂井并用。由反压护道获得软土路基的稳定，由竖向排水砂井促进软土地基固结。

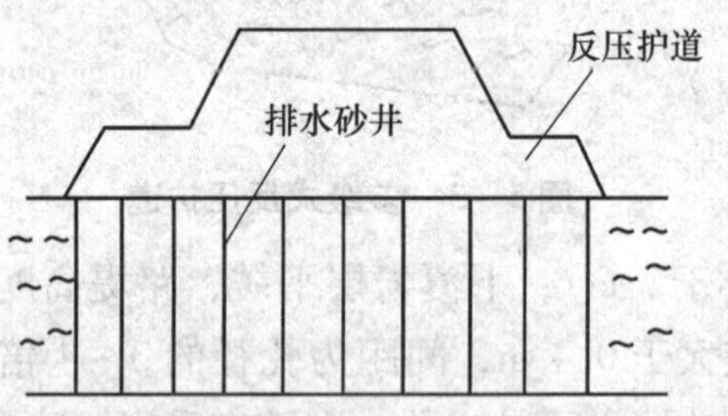

图 5 -5　排水砂井与反压护道并用

（3）填土预压与反压护道，或者填土预压与砂子加实桩并用。由填土预压促进固结沉降，由反压护道或砂子加实桩达到软土路基的稳定。

（4）填土预压与排水砂井并用。这两种方法并用可加速固结沉降。

（5）缓速填土加载与排水砂井并用。以缓速填土加载达到软土路基的稳定，以排水砂井促进软土地基的沉降。

（6）反压护道与缓坡路堤是增加路堤稳定性和提高承载力最简单有效的方法。如图 5 -6 所示，反压护道给路堤可能出现的圆弧滑动破坏和横向位移的趋势提供了抵消力，但考虑公路征地费用，有时反压护道的成本很高，反压护道一般较少应用，即使应用也须尽量使反压护道的尺寸减少到最小限度。

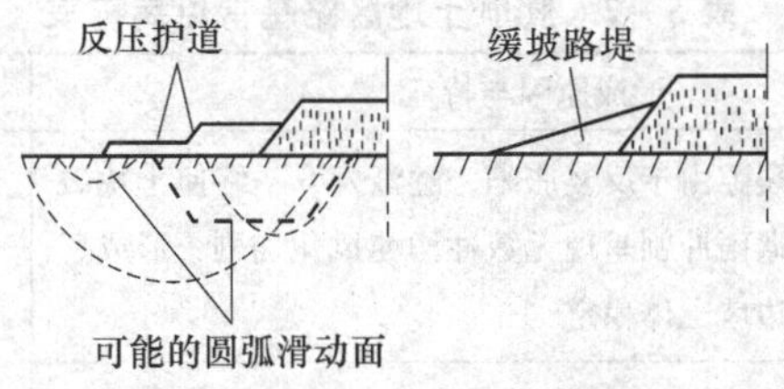

图5－6　反压护道和缓坡路堤

(7) 反压护道与砂垫层并用、砂垫层与抛石挤淤法并用、反压护道与换土并用如图5－7～图5－9所示。

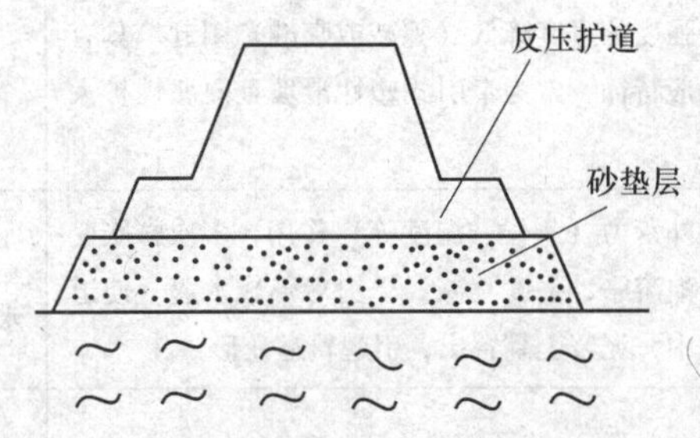

图5－7　反压护道与砂垫层并用

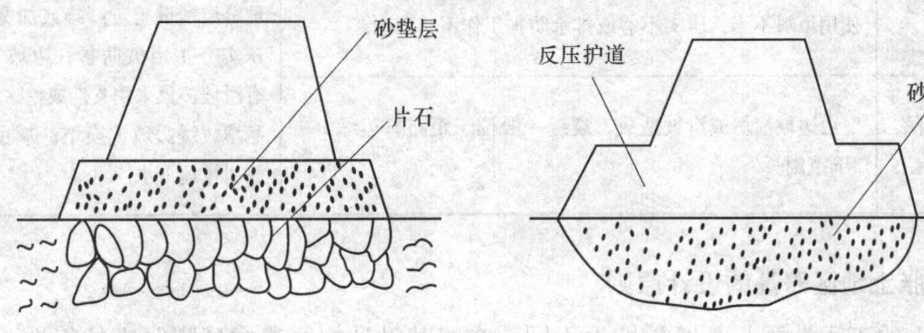

图5－8　砂垫层与抛石挤淤法并用　　　图5－9　反压护道与换土并用

此外还有多种组合可供采用，总之应根据现场实际确定最有效、最经济的方法进行组合应用。

5.1.2　膨胀土（裂土）地区路基

膨胀土又叫裂土，是一种具有裂隙性、胀缩性和超固结性的高塑性黏土。它具有失水收缩开裂、吸水膨胀软化、强度可大幅度衰减等特性，对工程建筑物的稳定性影响很大，因此应予以足够的重视。

1. 膨胀土地区路基的常见病害

膨胀土地区路基病害非常普遍。路堑病害主要有坡面冲蚀、剥蚀、表层溜坍和深层滑坡，路堤病害主要有翻浆冒泥、边坡溜坍与滑坡、路肩开裂坍沉等。膨胀土地区路基常见病害表如表5－2所示。

表 5－2　膨胀土地区路基常见病害表

病害名称		形成原因与特征	主要防治措施
路堑	坡面冲蚀	表面土中微裂隙由于反复胀缩，逐渐发育，终使土块破碎成为细粒；遇雨冲刷呈现无数冲沟使风化加剧，形成恶性循环，危及边坡土体稳定	天沟、截水沟、侧沟平台及其他防冲刷、防渗措施；边坡坡面防护加固；边坡渗沟；有滑坡迹象时采用疏排水与支挡结合措施；疏排堑顶有害积水
	剥蚀	开挖土体卸荷，应力释放，边坡向临空面胀裂，再经风化，土层逐步散解成碎块、石屑剥落堆于坡脚，堵塞水沟	
	表层溜坍	雨季中，坡凹处汇水下渗，膨胀的土层局部滑动、下沉、外移；坍界周围呈马蹄形	
	深层滑坡	由土体抗剪强度的过度降低（骤减或衰减）引起。具有滑坡形成的一般特征，常为牵引式塑性滑坡且向恶性扩大发展	
路堤	翻浆冒泥	路基顶部受外营力（气候、湿度等）作用，多次膨胀变弱，再经水浸泡溶胀，强度骤减，受力后形成水囊，使道床下沉挤入土中，泥浆上翻冒出，引起轨道变形	采取换填透水填料及横向疏排水；设路基面封闭层
	边坡溜坍与滑坡	受到外营力作用，使边坡部分土体强度降低，遇雨更骤减，产生局部的或由路基面至坡脚的滑动；多由于施工中使用填料不当，压实不够或排水防护工作不善而引起	采用非裂土适用填料或对裂土填料进行土质改良；加强压实边坡分层铺设土工纤维或加宽填土压实夯拍边坡防护；边坡开裂，有滑坡迹象采用支挡或挖除坍体、翻填放缓边坡或换填；基底换填及引排地下水
	路肩开裂坍沉	由边坡溜坍或滑坡造成，裂缝一般位于距路肩边缘 1～2 m范围	

2. 膨胀土地区路基的设计原则

膨胀土的工程性质与一般黏性土不同，在路基设计中要考虑到膨胀土的特性，不要轻易套用一般黏性土的工程措施。

（1）采用膨胀土填筑路堤时，其边坡坡度应根据路堤边坡的高度、填料重塑后的性质、区域气候特点，并参照既有路堤的成熟经验综合确定。对于边坡高度不大于10 m的路堤，其边坡坡度和平台的设置，可按表 5－3 所列数值设计。边坡高度大于10 m的路堤，宜进行个别设计。在膨胀土地区设计路堤时，还应考虑下列要求。

表 5－3　膨胀土路堤边坡坡度和平台

边坡高度/m	边坡坡度		边坡平台宽度/m	
	弱	中	弱	中
<6	1:1.5	1:1.5～1:1.75	可不设平台	
6～10	1:1.75	1:1.75～1:2.0	2.0	≥2.0

① 用膨胀土作路堤填料，土块应击碎。基床以下填土的压实系数不得小于0.9。

② 如图5－10所示，强膨胀土不得作为路堤填料，如不得已而采用时，必须外包一层低塑性土、砂类土或改良土，包层厚度在垂直坡面方向不得小于1.5 m。

③ 膨胀土路堤应预留沉降加宽量，可根据路堤高度，每侧加宽0.5～1.5 m。

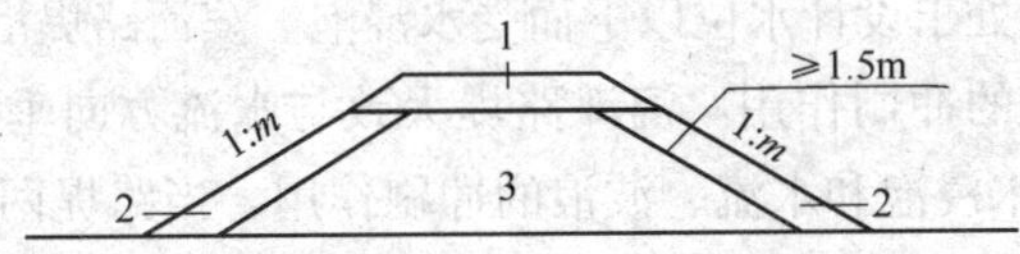

图5－10　非膨胀土与膨胀土结合填筑路堤示意图

1—基床填料；2—改良土；3—膨胀土填料

(2) 采用膨胀土填筑路堑时，其边坡坡度应根据膨胀土特性、土层结合情况、当地气候特点、水文地质条件，并参考自然山坡稳定坡度等综合确定。

对于边坡高度不大于10 m的路堑，其边坡坡度和平台宽度的设置可按表5－4所列数值设计。路堑边坡坡面应在施工期间及时做好防护设备和排水设施。迎水一侧的堑顶应设置天沟。路堑的所有排水设施、侧沟平台、边坡平台均须用浆砌片石或混凝土加固，防止地表水下渗。

对于边坡高度大于10 m的路堑，其边坡坡度应根据土的性质、软弱层和裂缝面的组合关系、当地气候特点、水文地质条件等综合确定。路堑边坡坡面在施工期间宜下部修筑挡土墙，上部全部防护。挡土墙基底采取防止软化的措施。

表5－4　膨胀土路堑边坡坡度和平台宽度

边坡高度/m	边坡坡度			边坡平台宽度/m			侧沟平台宽度/m		
	弱	中	强	弱	中	强	弱	中	强
<6	1:1.5	1:1.5～1:1.75	1:1.75～1:2.0	可不设平台			1.0	1.0～2.0	2.0
6～10	1:1.75	1:1.75～1:2.0	1:2.0～1:2.5	1.5～2.0	2.0	≥2.0	1.5～2.0	2.0	≥2.0

3. 膨胀土地区路基基床处理

膨胀土地区路基基床表层不得采用膨胀土或其改良土填筑；基床底层采用膨胀土作填料时，应采取土质改良措施。采用弱膨胀土作路堤填料时，可采取改良或边坡加固及防排水措施。

膨胀土地区路堑基床表层应全部换填符合相应城市轨道交通等级标准要求的材料；基床底层应采取换填或土质改良措施，其处理厚度为：弱、中膨胀土不应小于0.5 m，强膨胀土应大于气候剧烈影响层且不宜小于基床底层深度。

典型工作任务5.2　特殊条件路基

特殊条件路基是位于不良地质地段的路基，以及受水、气候等自然因素影响强烈的路基。本任务主要介绍浸水路基、风沙地区路基、雪害地区路基。

5.2.1 浸水路基

浸水路基泛指河滩、滨河、滨湖和滨海路基，以及穿越积水洼地、池塘等地段的路堤，一般常年或周期性处于设计水位以下而受水浸泡。滨河路堤沿河岸修筑，靠河一侧边坡浸水并经常受水流的冲刷作用。河滩路堤大致与水流方向垂直或斜交（如桥头路堤等），两侧边坡均受水浸泡和水流、波浪的冲刷作用，当路堤两侧存在水位差或水位陡降时，土体中将会产生渗流现象，路堤会受动水压力作用，边坡的安全系数降低，导致管涌或流土破坏。由于浸水路基的特殊性，在设计和施工中应作特殊的分析，其中，浸水路堤的设计原则如下。

1. 断面形式

浸水路堤的断面形式根据浸水情况、填料性质等因素分别采用下列形式。

1）单一填料断面形式

如图 5－11 所示，当路堤为单一填料时，防护高程以上不浸水部分采用标准断面形式，防护高程以下应视浸水深度、填料性质及基底地质条件等因素采用放缓边坡或增设护道的断面形式。

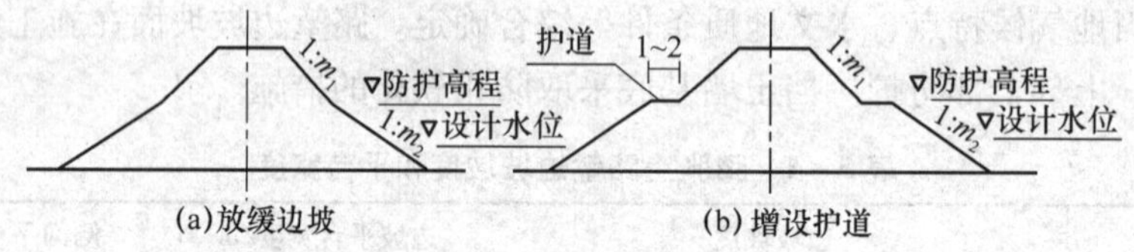

图 5－11 单一填料断面形式（单位：m）

2）不同填料断面形式

(1）不同填料断面形式之一。

如图 5－12 所示，若当地水稳性很高的填料来源不足时，可在防护高程以上填细粒土，防护高程以下填 A 组粗粒土或岩块，并应在土层分界处设置不小于 0.5 m 宽的平台，以免土粒散落，致使上部路堤失稳。当需要设置护道时，则由护道代替平台。若上下土层的粒径相差过大，如下层为块石或碎石土，上层细粒土易落入下层土的空隙时，在土层分界面上应铺设隔离垫层，其厚度为 0.3～0.5 m。

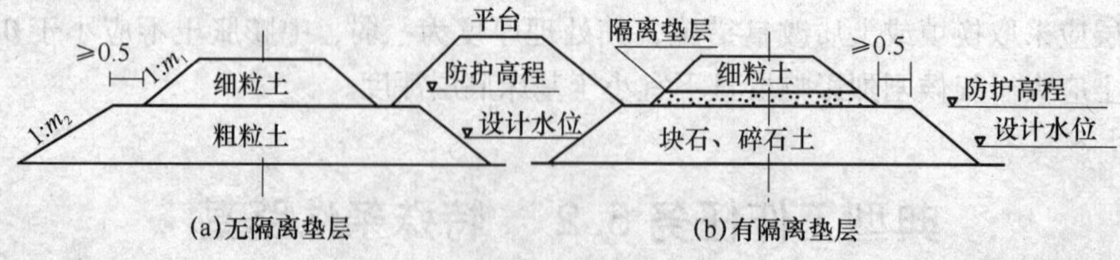

图 5－12 不同填料断面形式之一（单位：m）

（2）不同填料断面形式之二。

如图 5－13 所示，当路堤基底平常有水且 A 组粗粒土或块石、碎石土极缺，需要远运时，可仅在常水位以下填 A 组粗粒土或块石、碎石土，并高出常水位 0.2～0.5 m，以满足施工要求为原则。若水下填料为块石、碎石土时，应在土层分界面上设置反滤层。对于常水位以上、防护高程以下的细粒土部分应做好防护。

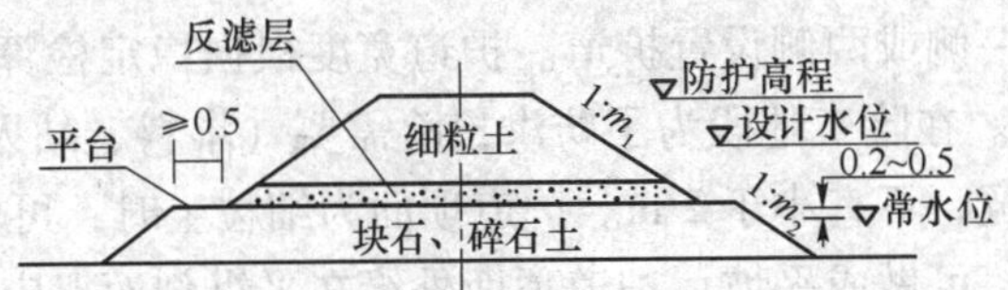

图 5－13　不同填料断面形式之二（单位：m）

（3）包填断面形式。

若当地填料为水稳性很差的砂粉土和粉土或中砂以下的粗粒土，且水稳性较高的粗粒土来源困难时，或为水下填筑急需收坡时，可选用如图 5－14 所示的包填断面形式。包填体的顶宽一般为 1～2 m，视浸水深度而定。当包填料为块石、碎石土时，应在两种土的接触面上设置反滤层。

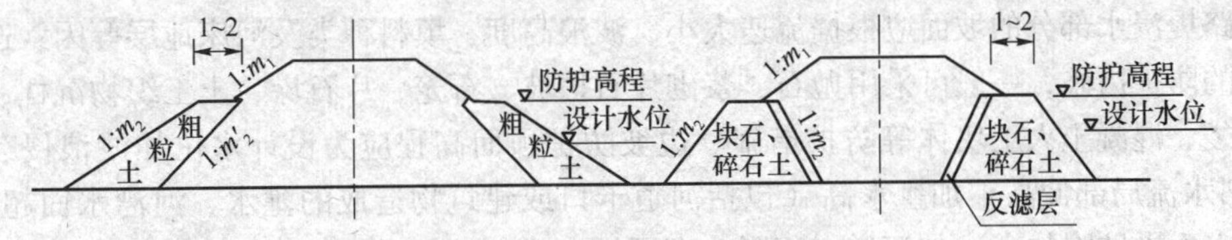

图 5－14　包填断面形式之一（单位：m）

如图 5－15 所示，为了使包填体与路堤核心填土紧密结合，增强整体性，包填体可做成锯齿结构形式。

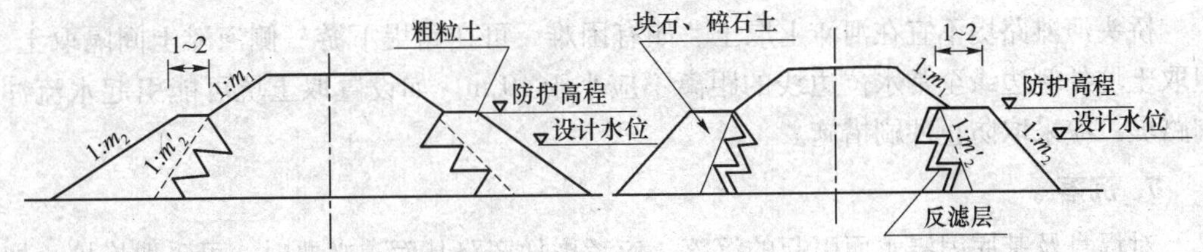

图 5－15　包填断面形式之二（单位：m）

2. 浸水部分的边坡坡度

路堤浸水部分的边坡坡度应视浸水深度和填料性质而定，一般可按不浸水条件下的稳定坡度放缓一级。

当水流条件复杂或基底不良时，浸水部分的边坡坡度应视浸水深度、路堤两侧水位差的大小、填料性质和基底土性综合分析确定。当路堤两侧水位差较小时，除黏性土必要时需通过稳定检算确定外，对粗砂以上的 A 组粗粒土和块石、碎石土可放缓一级边坡。当两侧水位差较大、渗流贯穿路堤时，不论何种填料均应通过稳定检算确定。若当地有可靠经验时，也可按当地的经验数据设计，但是，在任何情况下，水下边坡坡度均不得陡于无水条件的稳定坡度。

3. 护道

当浸水较深、流速较大或浸水时间较长时，为了加强路基的稳定性及抗冲刷能力，或因养护要求，可在一侧或两侧设置护道。护道宽度根据稳定检算确定，一般采用1～2 m（包括护坡宽度）。在险工地段为了防洪抢险需要（堆料、站人及走车），护道宽度应视具体情况适当加宽，不宜小于2 m。护道顶面为细粒土时，可做成2%～4%的向外排水坡；为粗粒土时，可做成平坡。护道顶面外缘在平纵剖面上应尽量顺直，避免凹凸不平，出现阻水现象。

4. 压实密度

为了提高浸水后土体的抗剪强度，路堤浸水部分的压实密度应大于非浸水的一般路堤要求，对于细粒土，压实系数 $K=0.9$；对于粗粒土，压实后的相对密度 D_r 为0.7；对于粉细砂，除分别满足 $K=0.9$ 及 $D_r=0.7$ 的要求外，尚应满足列车振动液化的要求。

5. 坡面防护

路堤浸水部分的坡面应根据流速大小、波浪高度、填料种类及河床地层等因素选用适宜的防护措施，一般可采用抛石、浆砌片石护坡、石笼、片石垛、土工织物沉枕、土工模袋、混凝土人工块体等防护措施。边坡防护顶面高程应为设计水位加波浪侵袭高（或斜水流局部冲高）加壅水高（包括河道卡口或建筑物造成的壅水、河湾水面超高、桥前水面拱坡附加高）加河道淤积影响高再加0.5 m，底面高程为水库设计低水位减波浪影响深度（可采用2.0～2.5倍低水位时的波浪高）。当路堤边坡或基底可能产生管涌时，可采用具有良好反滤的护坡、滤水趾或护底等措施。

6. 取土

桥头河滩路堤不宜在河滩上取土。如有困难，可在路堤下游一侧河滩上间隔取土，但取土坑外侧边缘至常水位边线的距离不应小于10 m。如设置取土坑可能引起水流冲刷路堤，应采取防止冲刷措施。

7. 沉落

对堤身及基底因浸水而引起的沉落，应考虑加宽路基面。必要时，可采取换填、加固基底土或用渗水土壤作填料等措施。路堤长年浸水部分的边坡坡度和对渗透变形的处理措施，可参考河滩及滨河路基的有关防护规定执行。

5.2.2 风沙地区路基

线路通过风沙地区时，应根据风沙范围、沙源、风向、风速、沙丘移动规律、植被覆盖情况等，确定路基断面形式及防止路基被风沙吹蚀和掩埋的防护措施。

在风沙地区以设计路堤为宜。浅而短的路堑地段应在路堑坡脚处设置宽度不小于3 m的积沙平台。如风向与线路交角较大，宜采用敞开式路堑。

风沙地区的路基一般可不设路拱和排水设备。

沙质路基的边坡坡度应比一般路堤边坡缓和。当边坡高度小于或等于6 m时，边坡坡度采用1:1.75；当边坡高度大于6 m时，边坡坡度采用1:2。

为了防止路基被风沙掩埋或吹蚀，应有计划地在路基两侧铺种防护带。防护带应按因地制宜、就地取材、综合治理的原则，选用下列材料和措施。

(1) 在年平均降水量大于100 mm的地区和地下水埋藏较浅或附近有水源可以利用时，应采取植物固沙。植物固沙未起作用之前或当地无条件生长沙生植物时，可选用格状沙障、铺盖卵砾石土防护石、喷洒沥青乳液、设置防沙栅栏等临时固沙阻沙措施。

(2) 格状沙障的方格尺寸为1 m×1 m或1 m×2 m。防护宽度一般迎风侧为100~200 m，背风侧为50~100 m。当采用草格沙障时，应注意预防火灾。距路基坡脚外5 m范围内，应平铺卵石土、砾石土或用黏性土覆盖。

(3) 当地有卵石土、砾石土、黏性土等防护材料时，可用以覆盖路堤两侧活动沙丘，覆盖层厚度为5~10 cm。若无上述材料，亦可用乳化沥青喷洒覆盖。

(4) 采用防沙栅栏时，栅栏距线路不宜小于100 m。平面位置要求与线路大致平行。

风沙地区线路两侧各500 m范围内的地表原有植被和地表硬壳均不得破坏。

5.2.3 雪害地区路基

风雪量较大地区，应根据地形地貌、植被情况、当地气候、风向和积雪厚度，结合线路位置、路基高度等因素，在路基一侧或两侧设置防护林带。

防护林带树种应根据当地土壤和气候条件，选用适合当地生长、易于成活、快长成林的树种。

防护林带宽度不宜小于10 m。林带内侧距堑顶或路堤坡脚应不小于20 m。在林区应符合防火距离的规定要求。

在不宜种植防护林地段和防护林未能起作用之前，可设置固定式或移动式防雪栅栏、防雪堤、防雪沟等设施。其中，固定式防雪栅栏的高度不应小于3 m，移动式防雪栅栏的高度不应小于1~5 m，其设置位置可距堑顶或路堤坡脚外30~50 m。对严重雪害或有雪崩地段，可考虑采用明洞方案。

典型工作任务5.3 土工合成材料在路基工程中的具体应用

5.3.1 土工合成材料在路基工程中的应用范围

土工合成材料具有加筋、防护、防渗、过滤和排水等多种功能。目前，路堤加筋、软土地基加固、路基防护、路基排水、基床加固与处理是路基工程应用土工合成材料的主要场合。

(1) 在路堤加筋方面，采用土工格栅或土工拉筋带建造加筋土挡土墙；采用土工格栅或土工网，提高土质较差的路堤堤身或边坡的稳定性，也可用来加固陡路堤边坡或改善桥头、填挖交界处、新老路基结合部位，处治桥头跳车和路基不均匀沉降。

（2）在软土地基加固方面，广泛采用塑料排水带或袋装砂井加速软土地基的排水固结；采用土工织物或土工网、土工格栅、土工格室补强地基，提高路基的整体稳定性；国外还有的采用聚苯乙烯泡沫塑料构筑软土路堤，以减轻路堤自重，减少沉降，提高稳定性。

（3）在路基防护方面，主要采用土工网或土工网垫结合植草和种树或采用土工格栅结合喷射水泥浆、混凝土，进行路基坡面防护；采用石笼、沉枕、土工模袋或采用土工网、土工网垫结合植草种树进行路基冲刷防护。在风沙地区，用来覆盖砂石固定浮沙，建立防沙网、沙障阻止沙丘移动；在盐渍土地区，采用复合土工膜隔断毛细管水，防止路堤盐渍化。

（4）在路基排水方面，采用土工织物作为反滤层，用于护坡、护墙、挡土墙背面的反滤排水，用于渗沟、暗沟的沟壁反滤排水和浸水路堤的粗、细颗粒填料间的隔离反滤；采用土工膜或复合土工膜，用于路基顶面或底面的防渗及横向排水；采用塑料渗水管和软式透水管，用于引排挡土墙背后及边坡或滑坡体内的地下水。

（5）在基床加固与处理方面，主要采用土工膜、土工织物、土工格室等材料封闭和加固基床表层，处理基床翻浆冒泥、下沉外挤，加固软弱基床；在高寒地区，采用聚苯乙烯泡沫塑料板防治基床冻害；采用无纺土工织物及排水管引排地下水等。

5.3.2 路堤加筋

当路堤的稳定性不足时，可采用土工合成材料加筋，以提高路堤的稳定性。土工合成材料加筋的路堤，当其原地基的承载力不足时，应采取适当的措施进行处理，以确保路堤的整体稳定。土工合成材料加筋的路堤，其路堤填方的压实度必须达到规范的压实标准，并宜选择易于压实、能与土工合成材料产生良好摩擦的土料。

1. 材料选择与参数

用于路堤加筋的土工合成材料可采用土工格栅、土工织物、土工网。当土工合成材料单纯用于加筋时，宜选择强度高、变形小、糙度大的土工格栅。当仅仅是为了防止边坡浅层溜坍，对材料强度要求较低时，采用土工网亦可达到加固的目的。

路堤加筋所选用的土工合成材料，应具有足够的抗拉强度。土工合成材料的容许抗拉强度 T_{ga} 按式（5-1）确定。

$$T_{ga} = T_{gu}/K_c \tag{5-1}$$

式中：T_{ga}——土工合成材料的容许抗拉强度，kN/m；

T_{gu}——土工合成材料的抗拉强度，kN/m；

K_c——考虑施工损伤、材料蠕变、化学、生物损伤等因素的安全系数，取 $K_c = K_{id} \times K_{cr} \times K_{cd}$，其中 K_{id} 为考虑施工损伤的分项安全系数，一般取值 1.0~1.3；K_{cr} 为考虑材料蠕变的分项安全系数，宜根据试验确定，若无试验资料，可取 2.0~4.0；K_{cd} 为考虑化学、生物损伤的分项安全系数，可取 1.0~1.5。

土工织物还应具有较高的刺破强度、顶破强度和握持强度等，这些强度除需能满足规范规定的相应验算公式外，还应满足表 5-5 的要求。

表5-5　土工织物最低强度要求

握持强度/kN	刺破强度/kN	梯形撕裂强度/kN	CBR顶破强度/kN
≥1.2	≥0.5	≥0.3	≥2.5

土工合成材料与土接触的界面摩擦系数 f_{GS}，应参照规范规定的剪切试验方法，由试验确定。路基等级条件较低时，可由式（5-2）确定。

$$\begin{cases} f_{GS}=0.667\tan\varphi_q & \text{土工织物} \\ f_{GS}=0.9\tan\varphi_q & \text{土工格栅、土工网} \end{cases} \tag{5-2}$$

其中，φ_q 为填料的抗剪强度参数快剪指标。

2. 结构设计与形式

土工合成材料加筋路堤的结构形式，可根据工程具体情况，遵循技术可行、经济合理、施工方便的原则，选用如图5-16所示的形式。受地形、地物限制需加陡路堤边坡时，宜选用如图5-16（a）所示的外边回折的形式；其他一般情况，宜选用如图5-16（b）、（c）所示的两种形式。

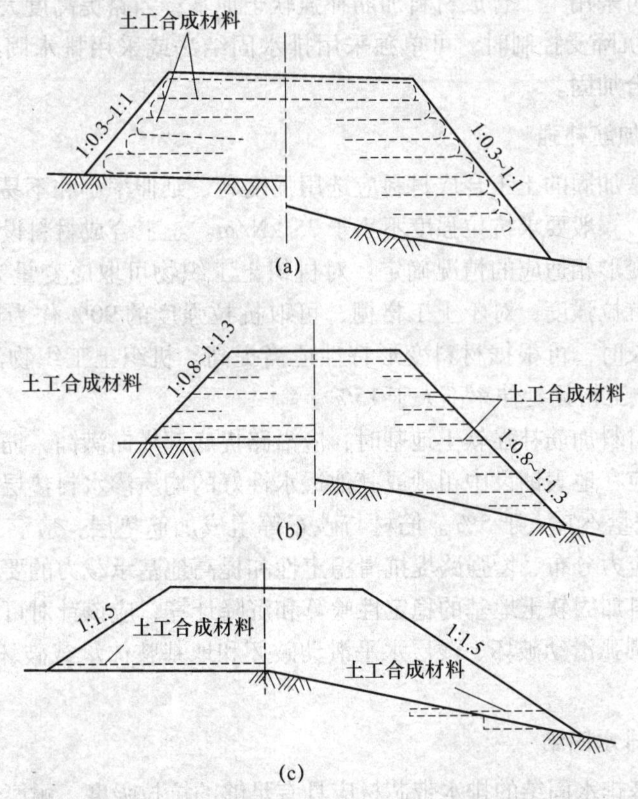

图5-16　土工合成材料加筋路堤结构形式

土工合成材料加筋路堤的设计包括土工合成材料的铺设层数、铺设方式、铺设范围及坡面防护等内容。铺设层数和长度应按圆弧滑动法和楔体滑动法通过稳定性计算确定，包括地基与堤身的整体稳定性、堤身稳定性、平面滑动稳定性（当堤下地基是浅层软弱土层或相对于路堤荷载浅层地基土强度较低时需要验算。加筋路堤平面滑动表现为路堤与地基沿下卧硬土层顶面滑动和地基侧向挤出滑动)。筋材的锚固长度除应满足抗拔稳定性计算要求外，还不得小于2.5 m。土工合成材料加筋的路堤，其边坡必须进行适当的防护，边坡的防护设计应按有关规范进行。

土工合成材料不宜直接设置于原地基表面上，宜在原地表设置30~50 cm砂垫层或其他透水性较好的均质土料后，再铺设土工合成材料。多层加筋土工合成材料应以一定间距分层铺设，各层间距不宜小于一层填土的最小厚度，同时不宜大于0.6~1.0 m；施工时，由于边坡附近1.0~1.5 m范围内土体压实较困难，因此加筋材料的最小铺设宽度不应小于2.0~2.5 m。

5.3.3 软土地基加固

土工合成材料加固软土地基主要有软土地基加筋补强和软土地基排水固结两种。

采用土工合成材料加固软土地基，应根据地基情况、路堤高度及稳定、沉降、工期等要求，按以下条件确定加固措施：当路堤高度大于设计临界高度1.0~2.0 m，且沉降不受控制时，可采用土工合成材料加筋补强软土地基；当路堤高度大于设计临界高度1.5~2.9倍，且沉降受控制时，可单独采用排水固结法或采用排水固结法与土工合成材料加筋补强综合加固。

1. 软土地基加筋补强

用于软土地基加固的土工合成材料应选用强度高、延伸率小和不易老化的机织土工织物或土工格栅，一般要求抗拉强度不小于35 kN/m。土工合成材料设计容许抗拉强度还宜根据其与土变形相适应的情况确定：对机织土工织物可取应变量为15%的拉伸应力作为设计容许抗拉强度；对于土工格栅，可取抗拉强度的90%作为设计容许抗拉强度；当填土期较长时，可根据材料变形特性适当提高。机织土工织物渗透系数不小于5×10^{-3} cm/s；土工格栅延伸率不大于15%。

用土工合成材料加筋补强软土地基时，应沿路堤底部横向满铺，筋材铺设层数一般不宜超过三层。应在地表铺设中粗砂或其他透水性好的均质渗水料垫层，垫层厚度不宜小于40 cm，含泥量不宜大于5%。筋材与砂石等组成加筋垫层，应满足约束地基侧向变形、均化基底应力分布、增强路堤抗滑稳定性和提高地基承载力的要求。

土工合成材料加固软土地基的稳定性验算和沉降计算，应该针对可能发生的破坏形式（主要有深层圆弧滑动破坏、浅层水平滑动破坏和地基整体承载破坏），按规范进行计算。

2. 软土地基排水固结

用于软土地基排水固结的排水带芯材应具有足够的抗拉强度、耐腐性、柔性和垂直排水能力；滤套应具有一定的强度及反滤能力。袋装砂井袋料应选用韧性强的聚丙烯或其他适用的机织土工织物制成，抗拉强度应能承受砂袋自重，装砂后砂袋的渗透系数不应小于砂的渗透系数，其主要技术指标应满足表5-6的要求。砂袋内充填料应采用渗水率较高的中粗砂，含泥量不应大于3%，渗透系数不应小于5×10^{-3} cm/s。

表5-6　袋装砂井袋料性能要求

项目	砂井长度/m		
	<10	10~15	15~20
抗拉强度/(kN/m)	8	12	15
单位面积质量/(g/m²)	85	90	95
规格(经×纬)/(根/10 cm)	40×40		
渗透系数/(cm/s)	>5×10⁻³		
等效孔径/mm	>0.05		

排水带或袋装砂井平面可用正三角形或正方形布置。在加固地基表面应铺设砂垫层，其厚度不宜小于40 cm，砂料应选用中粗砂，含泥量不宜大于5%。排水带或袋装砂井的间距及插入深度应根据地基情况、沉降及稳定等要求，按渗透固结理论计算确定。加固地基的固结度采用太沙基固结理论计算；当插入较深，施工对地基扰动较大时，加固地基的固结度宜考虑涂抹和井阻作用的影响。

5.3.4　路基防护

土工合成材料用于路基防护，主要包括坡面防护、冲刷防护及其他特殊防护。其中，坡面防护用于防护易受自然因素影响而破坏的土质或岩石边坡；冲刷防护用于防护水流对路基的冲刷与淘刷。

1. 坡面防护

1）土质边坡防护

对适合植物生长而土质较差的路基边坡，可采用土工网、土工网垫植物防护，如拉伸网草皮、固定草种布、网格固定撒种等。土工网、土工网垫铺设示意图如图5-17所示，土工网垫种草示意图如图5-18所示。边坡坡度不宜陡于1∶1，陡于1∶1时宜设草籽垫，并选用根系发达、茎矮叶茂的多年生植物。

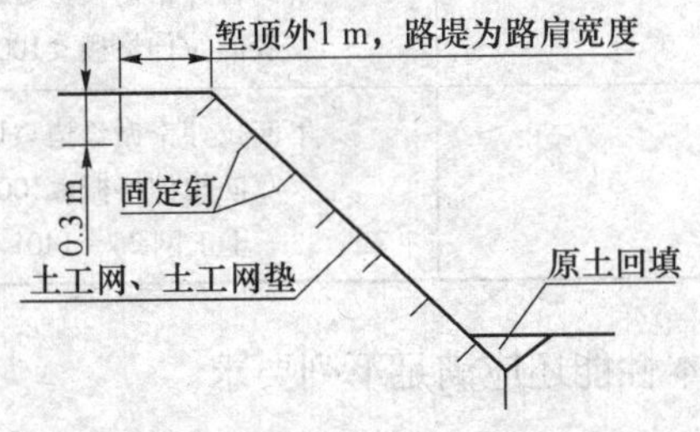

图5-17　土工网、土工网垫铺设示意图

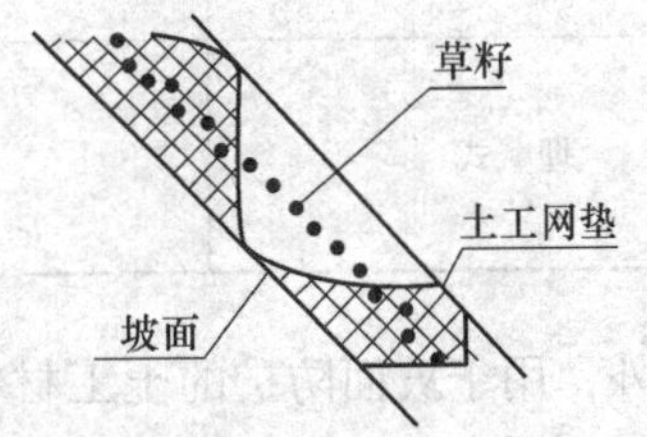

图5-18　土工网垫种草示意图

拉伸网草皮护坡方法是在草皮生产基地平整的水泥地坪上铺3~5 cm的种植土层，土工网或土工网垫布置在种植土层的中间，然后撒种、养护，待草苗旺盛，土体、土工网或土工网垫与草根系固定后，成捆送至施工地点进行铺设。草皮宽度宜为1.5~2.5 m，每捆长度宜为4~6 m。

固定草种布（也可称植生带）护坡方法是在土工织物纺织时，将草种固定于土工织物中，然后到现场铺筑，促使草皮生长，形成植被护坡层。

网格固定撒种护坡方法是先将土工网固定于需防护的边坡上，然后撒播草种形成草皮。

2）岩质边坡防护

不适合植物生长的稳定破碎岩层、易于风化岩层及土质边坡，可采用土工网或土工格栅进行防护。可采用裸露式或埋藏式两种防护方法，裸露式是指将土工格栅直接固定并裸露于岩面；埋藏式是指将土工网或土工格栅固定于岩面后再用水泥砂浆喷护，土工网、土工格栅挂网喷浆如图 5－19 所示。边坡坡度宜缓于 1:0.3。

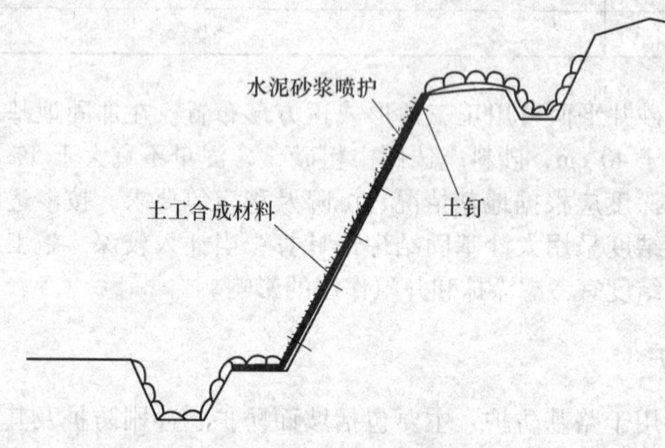

图 5－19　土工网、土工格栅挂网喷浆

裸露式防护适用于临时性工程边坡的防护或永久性工程边坡的临时防护。对永久性工程边坡，在更换土工网或土工格栅较方便的场合，也可采用这种防护方法。裸露式防护应采用强度较高的土工格栅，埋藏式防护可采用土工网或土工格栅。其性能指标应达到表 5－7 的要求。

表 5－7　岩质边坡防护土工网、土工格栅的性能要求

防护方式	抗拉强度/(kN/m)	网格尺寸/mm
裸露式	≥25	单向拉伸格栅长边≤150 双向拉伸格栅≤100
埋藏式	≥8	单向拉伸格栅长边≤150 双向拉伸格栅≤100 土工网 25～140

此外，用于坡面防护的土工材料，其基本性能还应满足下列要求。

（1）暴露状态下使用寿命不少于 5 年。

（2）土工网垫水土保持能力系数不小于 5。

（3）土工网垫 30 min 时回弹恢复率不低于 80%。

（4）用于喷浆或喷射混凝土防护的土工网、土工格栅网孔孔径不小于 40 mm。

（5）当土工网、土工格栅延伸率为 5% 时，抗拉强度不低于 10 kN/m。

2. 冲刷防护

土工合成材料可与土、石、混凝土等结合，覆盖于坡面或河底，构成抗冲刷护坡。

一般可采用土工合成材料石笼和沉枕（土工织物软体沉排）、土工模袋等冲刷防护类型，冲刷防护类型及适用条件如表5－8所示，可根据实际情况选择采用。

表5－8　冲刷防护类型及适用条件

防护类型	结构形式	适用条件
土工格栅或土工网石笼	用土工格栅或土工网等制成箱形或圆柱形，笼内装块石、卵石形成条体或块体	适用于临时性工程，流速为4～5 m/s，无滚石河段
土工织物沉枕	用土工织物缝成管袋，内填砂石料等制成枕状物	流速为4～5 m/s、冲刷较严重的护坡、护底，如丁坝、顺坝等
土工模袋	土工模袋内充填流动性水泥砂浆或混凝土，厚度视工程需要确定，分为有滤排水点和无滤排水点	护坡坡度不陡于1∶1.5，充填水泥砂浆的，容许流速为2～3 m/s；充填混凝土的，容许流速大于3 m/s

1）土工合成材料石笼和沉枕

石笼与沉枕应具有足够大的体积和质量，确保其稳定性。其尺寸宜通过抗滑稳定、抗浮稳定和水流作用下的稳定计算确定。一般情况下，土工格栅或土工网石笼长2～3 m，宽1～3 m，高1 m；呈圆柱体时直径为1 m。土工织物沉枕直径一般为0.6～1.0 m，长5 m或10 m，沿其长轴每隔30～50 cm用直径4～5 mm的合成材料筋绳捆扎一圈作为加固腰箍。土工格栅或土工网石笼内应选用卵石、块石充填，块径应大于网孔尺寸，一般为8 cm×10 cm或10 cm×12 cm；为保证其稳定性，宜在其防护范围内的上、下端设锚固措施，上端设桩悬挂，或以锚钉固定，下端则嵌入脚槽中；制作沉枕的管袋材料宜为机织土工织物，其经纬向抗拉强度不应小于12 kN/m。

2）土工模袋

土工模袋必须铺放在稳定的边坡上，必要时应进行土坡稳定性分析，校核其稳定性，土工模袋的应用及铺设如图5－20所示。一般情况下土工模袋护坡坡度不得陡于1∶1.0～1∶1.5。土工模袋铺设前，应对坡面进行处理，土工模袋还应进行相应的边界处理和满足一定的构造要求。土工模袋应具有一定的抗拉强度和耐老化能力，必须能承受0.2 MPa以上的压力，具有合适的孔隙率，能满足反滤要求。

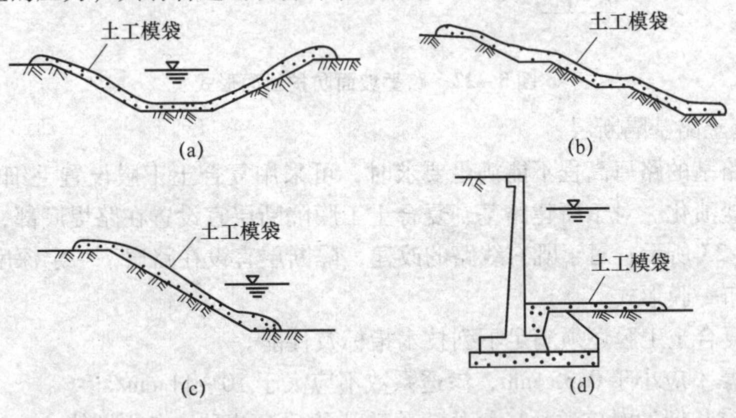

图5－20　土工模袋的应用及铺设

土工模袋设计应按工程具体条件选用混凝土或砂浆模袋，并进行模袋护坡厚度计算、稳定性校核和抗滑措施等设计。模袋护坡厚度可分别按照抗弯曲应力、抗浮动、抗冰推力、抗滑动计算，取其大值。一般常用的竣工后的砂浆模袋护坡平均厚度不应小于10 cm，混凝土模袋护坡平均厚度不应小于15 cm。

3. 其他特殊防护

1）风沙防护

粉砂、细砂填筑的路堤边坡及粉细砂地层路堑边坡，可选用土工网、土工网垫等作为风蚀防护层。路堤、路堑坡面防护断面形式如图5－21、图5－22所示。在沙层含水量大于2%的风沙区，可采用土工网与植物相结合的防护措施。路基两侧防沙工程的设计应采取固沙与阻沙相结合的防沙措施，固沙措施宜采用土工网、土工网垫等覆盖于沙面或沙地上固定浮沙；阻沙措施宜采用土工网方格沙障和高立式土工合成材料防沙网沙障。有关风沙防护的设计计算可参照《铁路路基土工合成材料应用设计规范》（TB 10118—2006）。

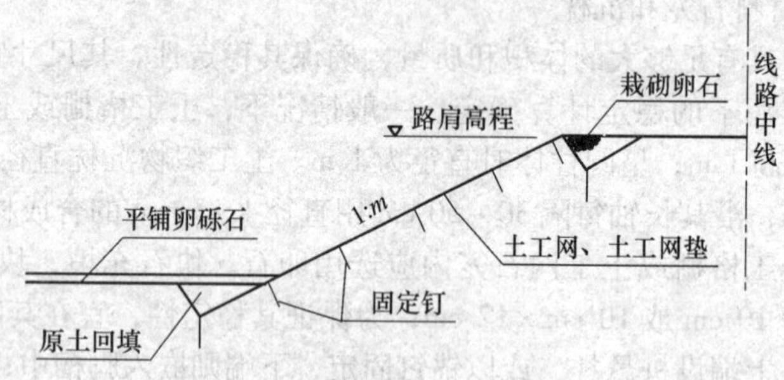

图5－21　路堤坡面防护断面形式

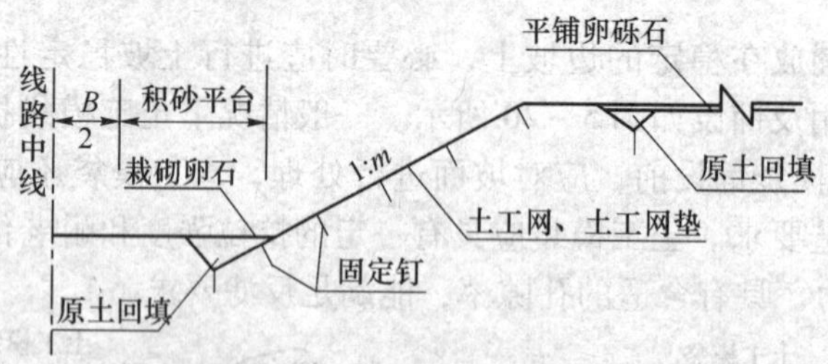

图5－22　路堑坡面防护断面形式

2）盐渍土路基隔断层

盐渍土路基的路肩高程不能满足要求时，可采用复合土工膜设置毛细管水隔断层，防止路堤再盐渍化。对于新建路基，复合土工膜隔断层宜设置在路堤底部，路基横断面形式如图5－23所示；对于既有线路的改建，隔断层宜设在路肩下一定深度。复合土工膜宜选用二布一膜形式。

此外，复合土工膜还须满足下列技术指标及性能。

（1）膜厚不应小于0.35 mm，渗透系数不应大于10～11 cm/s。

（2）具有长期的对硫酸盐、氯盐、碳酸盐的耐腐蚀和抗老化性能。

（3）顶破强度应大于1.5 kN。

（4）在寒冷地区使用时，还应满足抗冻要求。

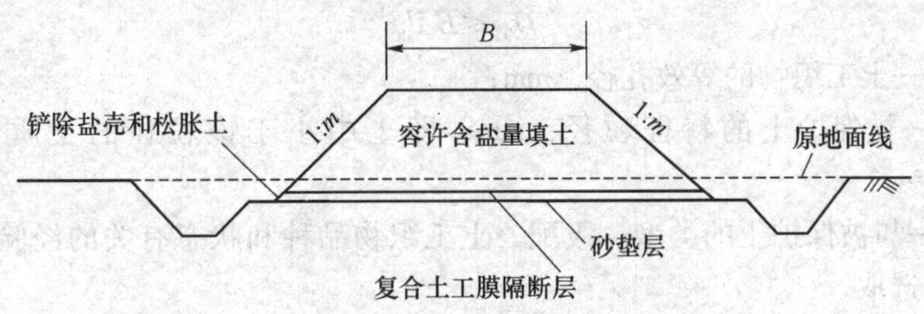

图5-23 路基横断面形式

5.3.5 路基排水

土工合成材料可单独或与其他材料配合，作为过滤体和排水体用于暗沟、渗沟、坡面防护等工程结构中。土工合成材料主要应用场合如图5-24所示。反滤材料宜选用无纺土工织物，隔水防渗材料宜选用土工膜或复合土工膜，排水管可选用带孔塑料管或软式透水管。

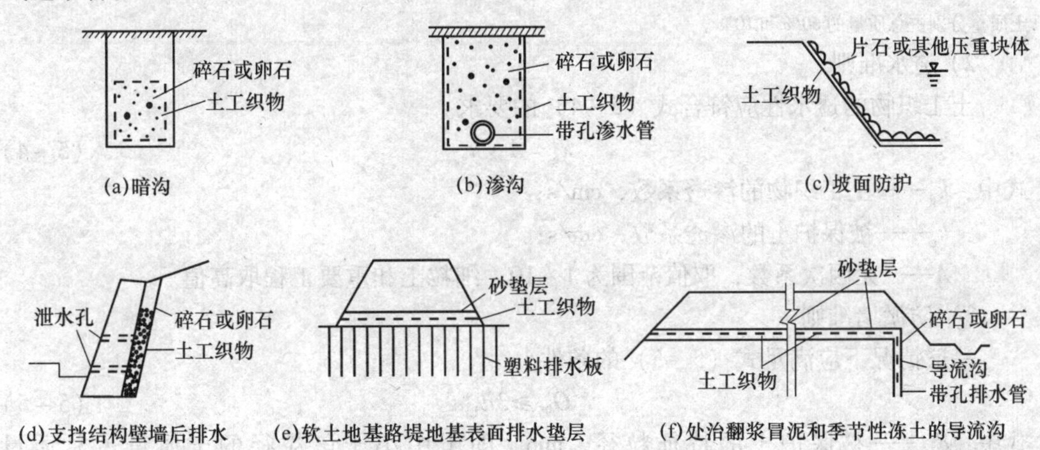

图5-24 土工合成材料主要应用场合

1. 土工织物用于反滤

土工织物作反滤层适用于以下工程情况：坡面防护的护坡、护墙及路基挡土墙背后的砂砾石反滤层；截排地表水或地下水的暗沟、渗沟（当沟壁为细粒土或粉细砂时）截水部分的砂砾石反滤层；浸水路堤的粗、细粒土填料间的砂砾石反滤层。

对 $d_{85}<0.075$ mm 的土层，不宜单独使用土工织物作反滤层，可在土工织物与土体间设置含泥量小于5%的砂层。

作反滤层的土工织物必须耐腐蚀、抗老化，具有较好的透水性能。土工织物的单位面积质量宜为300～500 g/m^2，刺破强度应大于400 N，顶破强度应大于1.5 kN，撕裂强度应大于400 N。

土工织物作反滤层，应满足保土、透水和防淤堵准则。

1）保土准则

保土准则要求土工织物孔径应符合式（5－3）的条件。

$$O_{95} \leqslant B_s d_{85} \tag{5-3}$$

式中：O_{95}——土工织物的等效孔径，mm；

d_{85}——被保护土的特征粒径，mm，即土中小于该粒径的土质量占总质量的85%；

B_s——与被保护土的类型、级配、土工织物品种和状态有关的经验系数。B_s值可按表5－9选取。

表5－9 B_s值表

土类	条件	B_s值
粗粒土	$C_u>8$或$C_u<2$	1
	$C_u=4$	2
	其余	1～2
细粒土	无纺土工织物$O_{95}\leqslant 0.3$ mm	1.8

注：$C_u=d_{60}/d_{10}$，C_u为土颗粒的不均匀系数；d_{60}，d_{10}为被保护土的特征粒径，mm，分别为土中小于该粒径的土质量分别占总质量的60%和10%。

2）透水准则

土工织物的透水性应符合式（5－4）的要求。

$$k_g = A \cdot k_s \tag{5-4}$$

式中：k_g——土工织物的渗透系数，cm/s；

k_s——被保护土的渗透系数，cm/s；

A——无因次系数，取值范围为1～10，细粒土和重要工程取高值。

3）防淤堵准则

一般情况下应满足式（5－5）的条件。

$$O_{95} \geqslant 3d_{15} \tag{5-5}$$

式中：d_{15}——被保护土的特征粒径，mm，即土中小于该粒径的土质量占总质量的15%。

此外，用土工合成材料处置冒泥翻浆或季节性冻土时，需在土工合成材料上铺设10～20 cm厚的中粗砂保护层，在其下铺设5～10 cm厚的中粗砂垫层，共同形成一组完善的过滤层。砂层间的土工合成材料除满足上述过滤准则要求外，其孔径还需满足式（5－6）的要求。

$$O_{95} > 2d_{50} \tag{5-6}$$

式中：d_{50}——被保护土的特征粒径，mm，即土中小于该粒径的土质量占总质量的50%。

2. 土工织物用于排水

土工合成材料应与工程中的其他排水结构充分配合，形成完善的排水体系，排除地下水、地表水和结构中的多余水分。

如图5－24（a）所示，土工合成材料用于截排地表水或地下水的暗沟不长、渗水量不大时，可采用土工织物包裹碎石或砂砾石。如图5－24（b）所示，渗沟较长、渗水量较大时，可在渗沟底部设置软式透水管或带孔塑料渗水管。渗沟的布置、断面尺寸及渗水管管径应根据排水要求和渗水量大小计算确定。一般地，带孔塑料渗水管管径取20～30 cm，软式透水管管径取5～20 cm。此外，渗水管材应质量小、耐化学腐蚀，可在－25～60 ℃条件下应用，使用寿命长，有良好的透水、渗滤纵向排水性能，并具有较高的抗拉、抗压强度和环形刚度，满足设计规定的要求。用作包裹的土工织物应满足反滤的设计要求。

路堑边坡或滑坡体内的地下水，宜在仰斜泄水钻孔中插入软式透水管或带孔塑料渗水管引排。泄水孔位布置、直径及长度可根据含水层水文地质情况确定，仰斜角度一般为10°～15°，困难时不应小于5°。

地下水发育地段的路堑挡土墙，可沿墙背斜向平行设置多条软式透水管或带孔塑料渗水管，倾斜角度一般为45°，并与沿墙底纵向设置的较大管径渗水管连接。斜向渗水管的管径及其布设应根据地下水发育情况确定，一般管间距为2～3 m，管径可选用5～10 cm，纵向渗水管管径可选用8～20 cm。

5.3.6　基床加固与处理

新建城市轨道交通基床需进行加固与处理时，经比选可采用土工合成材料进行加固、防渗、反滤和排水处理。既有线基床翻浆冒泥病害，可采用土工合成材料进行整治。既有线基床下沉外挤、道砟陷槽较深、积水严重等病害，可采用土工合成材料加强基床和改善排水条件。基床冻害可采用铺设土工合成材料隔离防渗层、保温层，并结合降排水进行防治。

1. 材料选择

既有线基床翻浆冒泥整治宜选用土工膜或复合土工膜；病害轻微时，可采用300 g/m^{2}以上的无纺土工织物。基床下沉外挤病害整治宜采用土工格室，其高度应根据病害的严重程度选择，土工格室内宜填充中粗砂、砾石并压实。道砟陷槽较深、积水严重病害整治宜选用软式透水管引排积水。基床冻害整治宜选用土工膜或复合土工膜。冻害较轻时，也可选用较厚的无纺土工织物；冻害严重时，还应上铺保温材料。保温材料可选用厚度不小于5 cm的聚苯乙烯泡沫塑料板。

新建城市轨道交通基床加固与处理时，根据具体情况可选用下列土工合成材料：①基床防地表水下渗，可选用土工膜或复合土工膜；②引排地下水，可选用塑料排水板、较厚的无纺土工织物；或采用土工织物包裹碎石、砂砾石的横向或纵向渗沟；③软弱基床，宜采用土工格室加强基床；④冻害地区，除了采取上述防渗或反滤排水的措施外，可于基床表层的砂垫层中夹铺聚苯乙烯泡沫塑料板保温层。

2. 材料铺设

1）铺设位置

在既有线采用土工合成材料整治基床翻浆冒泥、冻害时，在清除基床表面软化薄层后，即可把土工合成材料铺设在基床表面（见图5－25）。清除基床表面后，不必恢复原梯形路拱，可以以线路中心原梯形路拱顶为基准，把梯形路拱改为三角形路拱。三角形路拱的排水坡应不小于4%。土工合成材料上、下均应设置砂保护层，上部砂保护层厚度不小于0.10 m，下部砂保护层厚度不小于0.05 m，总厚度不小于0.20 m，在双层道床地段可利用道床的砂垫床，在单层道床地段可将下部0.10 m厚的道砟置换为砂层。

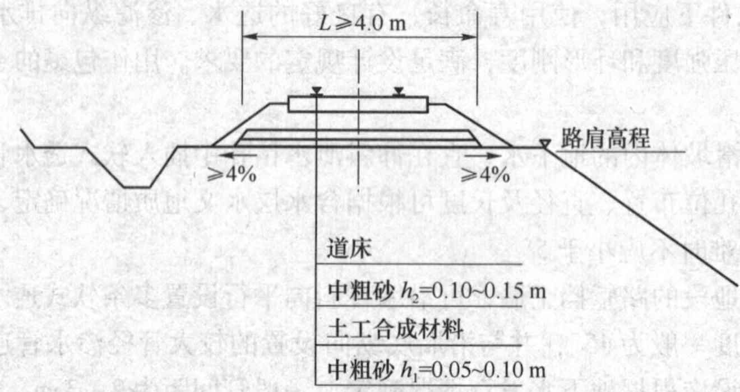

图5－25　土工合成材料铺设在基床表面

如图5－26所示，在既有线采用土工格室加固基床，整治基床下沉外挤等病害时，应将其作为置换层铺设在基床表层内。置换的材料厚度视病害程度而定。土工格室下中粗砂保护层厚度不小于0.05 m，土工格室与砂层之间视具体需要加设150～200 g/m^{2}的土工织物1～2层，其作用是隔离、反滤、排水和加筋。土工格室上即路基面上，可直接铺设碎石道床。为了保证置换层的排水通畅，土工格室两侧应依次设置砾石反滤层、干砌片石路肩（或留有泄水孔的浆砌片石路肩）。

如图5－26所示，新建城市轨道交通路基基床加固与处理时，宜将土工合成材料铺设在基床表层内。

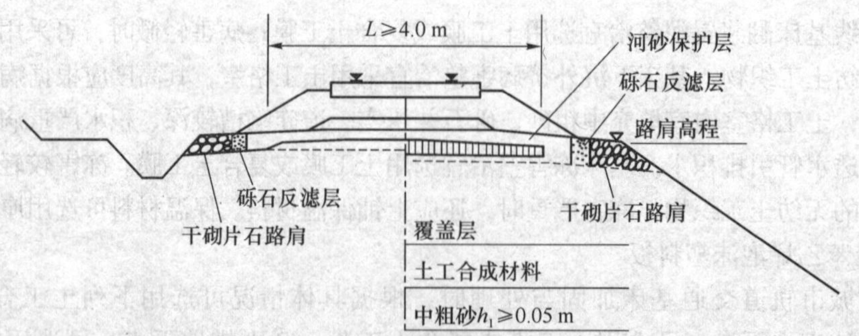

图5－26　土工合成材料铺设在基床表层内

注：土工合成材料右侧是土工格室，左侧是其他土工合成材料

2）铺设深度

土工合成材料铺设深度不应小于道床标准厚度，铺设土工合成材料后，不应降低原有道床的标准厚度。土工合成材料下的基床土应具有不致使材料破坏的压实度与承载力，不满足时可清除软弱层，降低材料铺设面或对基床土采取辅助性的其他改良、补强措施。

3）铺设宽度

一般地区的土工合成材料的铺设宽度，应满足轨道与列车等上部荷载作用于路基面上的应力分布宽度（沿轨枕两端头底面起以45°扩散角传力至路基面），且不外露于道床。土工合成材料的铺设宽度与铺设深度有关，根据实际应用，单线城市轨道交通不应小于4.0 m，并行等高双线城市轨道交通，不应小于线间距加4.0 m。

冻害防治、膨胀岩（土）处理地段的整治，路基面需“全封闭”隔、排水，土工合成材料应全断面铺设，并与片石路肩、侧沟配合应用。

【项目小结】

软土地区地基的处理、膨胀土（岩）地区路基的变形、浸水路基的本体强度下降及渗流等，都是设计与施工中要考虑的问题。

土工合成材料在既有线路基病害处理、软土地基处理、边坡防护及路基支挡结构中起到排水反滤、反渗、加筋、隔离、防护和减载等作用，这些作用以不同形式的产品来实现，例如，土工织物用于滤层、隔离和防护；土工网用于排水和坡面的稳定；土工格栅、土工织物用于加筋；土工膜用于防渗等。然而，对于具体的路基工程，应判断土工合成材料的主要作用，选择合理的材料，确定要求达到的性能指标，并寻求一个经济上合适的施工方法。

【项目训练】

结合本地城市轨道交通路基状况，调研并分析土工合成材料在路基防护中的使用效果。

【复习思考题】

1. 如何确定软土地区路基的临界高度?
2. 简述软土地区路基的加固及处理措施。
3. 简述膨胀土地区路基的常见病害。
4. 简述浸水路堤的设计原则。
5. 土工合成材料有哪些类型?
6. 土工合成材料在路基工程的应用有哪些?
7. 路基排水中土工合成材料的作用是什么？可选用哪种类型的土工合成材料?

项目6　路基监测、评价与整治

【项目描述】

由于路基施工，路基内外的压力平衡被改变，致使围护结构及土体发生变形。围护结构的内力和变形中任何一量值超过容许的范围，都将造成路基的失稳破坏或对周围环境造成不利影响，路基工程施工应按设计要求进行地基沉降、侧向位移等动态监测。本项目首先介绍路基监测的内容、方法。然后根据路基监测结果，对路基变形进行系统评价，掌握路基工作状态及其发展趋势，在此基础上制订路基维护保养计划，及时对潜在危险地段进行整治，保证路基始终处于良好的工作状态。

路基病害主要指路基坡面病害、基床病害、路基冻害、不良地质现象引起的路基病害，如崩塌、落石、滑坡、泥石流等地段的路基病害；地区性的路基病害，如黄土路基、软土及泥沼地区路基、盐渍土路基、盐湖路基、雪害地区路基、风沙地区路基、岩溶地区路基、采空区路基病害等。这些路基病害的危害很大，影响列车的运行安全，需要及时、彻底地整治。

【拟实现的教学目标】

1. 能力目标

（1）能够对路基监测的对象、监测内容进行准确划分；

（2）针对路基病害，能正确分析形成原因，制定整治措施。

2. 知识目标

（1）掌握路基监测内容的划分和观测点的布置；

（2）掌握路基病害整治方法。

3. 素质目标

（1）养成严谨务实的工作作风；

（2）具备团队合作精神；

（3）具备一定的协调、组织能力。

相关案例

杭州地铁施工引发路面塌陷

2008年11月15日杭州地铁湘湖站工地发生坍塌事故，造成长75 m、深15 m的路面塌陷，11辆行驶中的汽车坠入坑内，坑外土体的崩塌导致基坑墙体失稳，支撑体系垮塌，大量泥水涌入基坑，工地周边4座有倾倒危险的危房被迫拆除，工地周围500 m范围内的居民被疏散转移，全城3条在建地铁线的35个工点不得不暂停施工，进行检查整顿。这次杭州地铁工地事故是我国城市自建设地铁以来最严重的一次事故。

根据调查，事故是由于施工单位违规施工、基坑严重超挖和监测单位失察，且施工单位没有采取有效补救措施造成的。

(1) 根据勘测资料，在钱塘江附近的地基土为淤泥质黏土，且地下水水位高。另外，工地所在地点风情大道属于主干道，来往车流量比较大，有很多大型客车和货车在这条路上行驶，这给基坑西面的承重墙带来了冲击。2007年10月罕见的连续性降雨，使地基底下的砂土流动性进一步加大。工地附近，有个撑塌式污水管漏水，长期漏水的管子造成剥离面润滑。

(2) 基坑超挖，支撑却没跟进。基坑支护的连续墙施工时，墙底部嵌入基岩深度不够，基坑本身深约20 m，墙底的锚固显然偏弱。

(3) 该工程的监测单位是由施工单位自己委托，施工监测失效。

事故处理：由于淤泥深度深且硬，不便机械开挖，采用人工挖槽进行救援。为了安全考虑，拆除基坑东侧最靠近坍塌基坑的楼房。采用高压水稀释淤泥，在基坑中断处，采用人工每50 cm分区横向挖沟进行抢险及救援。

典型工作任务6.1 路基监测

6.1.1 路基监测的目的和内容

既然把路基看成一种结构物，那么就要对这种结构物进行专门的设计，对其工作状态进行终身的监测与健康诊断，以保证线路的正常运营。路基是一种开放的岩土系统，它不断地与大气及环境进行物质和能量交换，处于相互作用之中；在这个过程中路基的几何状态、物理力学状态会发生变化。路基监测就是记录这些变化，并对这些变化进行定性或定量的评价，掌握路基工作状态及其发展趋势，在此基础上制订路基维护保养计划，及时对潜在危险地段进行整治，路基监测、评价、预测、整治过程示意图如图6-1所示。这样不断地对路基进行监测—评价—预测—整治—再监测—再评价—再预测—再整治，通过终身的监测与评价，保证路基始终处于良好的工作状态，这就是路基监测的目的。

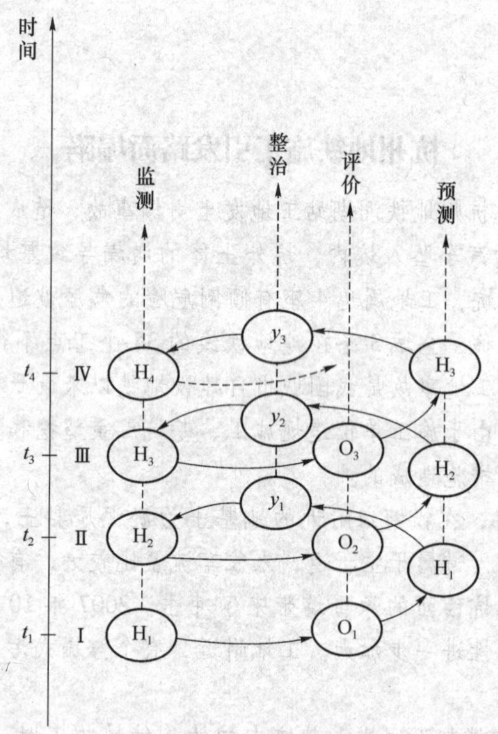

图 6-1　路基监测、评价、预测、整治过程示意图

路基监测的内容主要包括：路基面的几何形状、路基面上的变形、非均匀沉降、基床厚度、路基基底的沉降、基底的侧向变形、水分状态监测、动态响应监测、冻土地区路基温度监测、孔隙水压力、环境的影响监测等。

监测的对象主要是软土、膨胀土、黄土和多年冻土等地区力学性质不稳定或受环境影响较大的特殊土路基；或特殊工程地质条件下的路基，如滑坡等地段的路基、风沙地区路基等。一般地区填料不好的既有路基也需要进行监测。

软土地区主要进行路基的变形及孔隙水压力的监测；膨胀土、黄土等对水分比较敏感的土类要进行含水率变化监测。对特殊地段，如对滑坡体，宜进行地表变形监测，必要时应进行深孔位移监测。

多年冻土与季节性冻土地区的路基与自然环境及大气的相互作用更为强烈，路基病害率也比一般地区高。路基的稳定性与温度状态、水分状态紧密相关，也与气候的变化有关，因此监测对于多年冻土地区路基更为重要。多年冻土与季节性冻土地区路基监测的主要内容包括：①基本气候指标，基本水文地质指标，基本冻土条件（如季节活动层在冻融过程中含水量的变化及冷生构造），融冻滑塌、冻胀丘、冰锥等不良现象的发育过程；②路基下多年冻土温度的变化动态，多年冻土上限的变化，季节冻结或季节融化深度，路基两侧周围植被、积雪、地表水等情况的变化，以及含水量与地下水动态；③路基各部位变形（包括沉降、冻胀与水平位移）。青藏铁路在沿线多年冻土地区建立了长期观测系统，以及时掌握路基下多年冻土的变化情况。

按照监测的时间，路基监测可划分为施工期监测与长期监测。施工期监测主要是为了保证施工期间路基的稳定性。为此相关规范规定，软土地基上的路堤在施工过程中应进行稳定观测和沉降观测。稳定观测主要是指在施工过程中对路堤坡脚进行水平及竖向位移观测，一般在坡脚外2～10 m的地方设置边桩或布置其他监测设备。沉降观测是指在路堤建成验交前的施工过程中对路堤的垂直变形进行观测，一般在路堤中心设置沉降观测设备，进行水平位移和沉降观测，控制填土速率，测定地基沉降值，同时作为验交时控制工后沉降量的依据。较复杂的路基加固工程也应设置变形观测系统，根据观测数据，调整施工方法和完善设计措施，确保施工和运营安全。

为了保证填筑期间的稳定性，路堤填土速率应满足下列要求：①天然地基、排水固结法处理的地基，填筑时间不应小于地基抗剪强度增长需要的固结时间；②路堤中心沉降每昼夜不得大于10 mm，边桩水平位移每昼夜不得大于5 mm，此项要求适用于各等级线路路基。采用排水固结法加固地基的地段，宜提前安排施工。施工完毕后应放置一段时间，必要时可增大荷载进行预压。有架桥机作业的桥头路堤在架梁前必须进行试压，试压及架梁过程中应加强路基的位移和沉降观测。稳定观测和沉降观测是软土地基工程中最基本、最重要的观测项目，必不可少。

6.1.2 路基工后沉降

图6－2所示为路基沉降的一般规律曲线。一般希望在线路投入运营以后路基产生的沉降越少越好，从铺轨期结束运营期开始到设计年度内路基所产生的沉降值称为路基的工后沉降，用ΔS表示。工后沉降越小越有利于线路的安全运营，所以希望路基所有的沉降变形尽可能地在施工期间、运营之前产生。路堤建成后发生的变形、沉降主要包括：①路堤（主要是基床）在列车荷载作用下发生的变形；②路堤本体在自重作用下的压密沉降；③支承路基的地基压密沉降。这也是为什么经常要对路基基底进行处理让软土地基充分固结和路基填筑的压实质量要严格控制的原因。

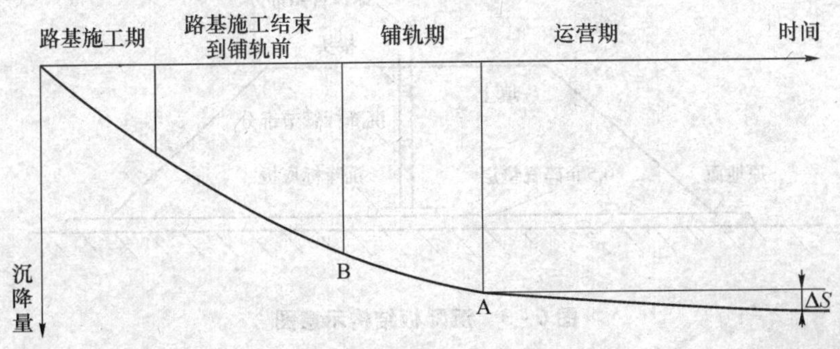

图6－2 路基沉降的一般规律曲线

减少路基工后沉降是保持线路稳定平顺的基本前提，是列车高速、安全运行的基础。为此要对可能产生的工后沉降大于允许值的地段进行沉降分析，以便在必要时采取处理措施，使路基的工后沉降小于允许值。路基的允许工后沉降量应根据以下两条原则确定。

（1）保证列车按预定的速度，安全、舒适地运行。

（2）在上述前提下做到经济上合理，即因减少工后沉降需增加的投资与因工后沉降而需增加的养护维修费用的总和最小。

长期监测可以及时发现运营过程中可能出现的变形，随时掌握路基的工作状态，为养护服务。各类等级的线路对路基工后沉降和沉降速率进行了规定，路基工后沉降和沉降速率如表6－1所示，长期监测可以对这些指标进行检查。

表6－1 路基工后沉降和沉降速率

线路类型	工后沉降控制指标		
	工后沉降 ΔS/mm	沉降速率/(mm/年)	过渡段工后沉降 ΔS/mm
有砟轨道	200	50	100
无砟轨道	30	—	5

6.1.3 路基监测的方法

所有的监测内容中，路基变形监测最为重要。路基变形监测主要指路基沉降监测、路基侧向变形监测。用于路基变形监测的器材主要有以下几种。

1. 沉降板

沉降板是埋在路基中的钢板，中间焊接一根刚性杆（观测杆），外加一层套管，测量的刚性杆的顶部高程，就代表沉降板所在位置的高程，而两次高程的差就是沉降或隆起变形。这种方法在路基施工期观测中经常用到。如图6－3所示，沉降板结构包括保护管帽部分、接头、沉降标管节部分、沉降标底板、填土、原地面、0.5 m碎石垫层。由于观测杆上端伸出地面，在施工中易遭到破坏或发生弯曲变形而影响测量精度。

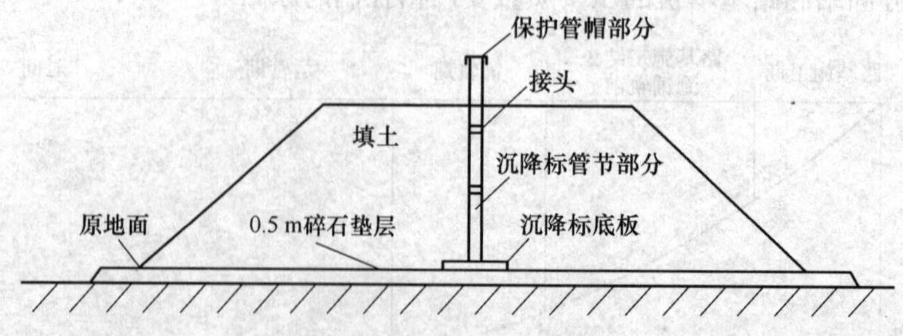

图6－3 沉降板结构示意图

安装沉降板前需将地面整平，以便保持底板的水平及观测杆的垂直。随着填土厚度的增加，观测杆可以增加长度。观测采用水平观测仪进行。每次观测时，用水准仪测出管口高程，再根据测管的长度来推算观测点的高程，最后即可测得观测点的沉降量。

2. 沉降水杯

沉降水杯是埋置在路基内观测点的类似水杯的容器，中间有一个小的上部开口容器（内容器），在其底部通过一个出水管引到路基外，外容器底部有一个出水管同样也引到路基外，另外有一个排气管连通沉降水杯与大气。测量时从进水管进水，一直到出水管出水，稳定以后进水管的液面就代表路基内沉降水杯内容器顶部的位置。通过测量进水管液面高程的变化，可以知道沉降水杯处的沉降变形。沉降水杯结构示意图如图6－4所示。

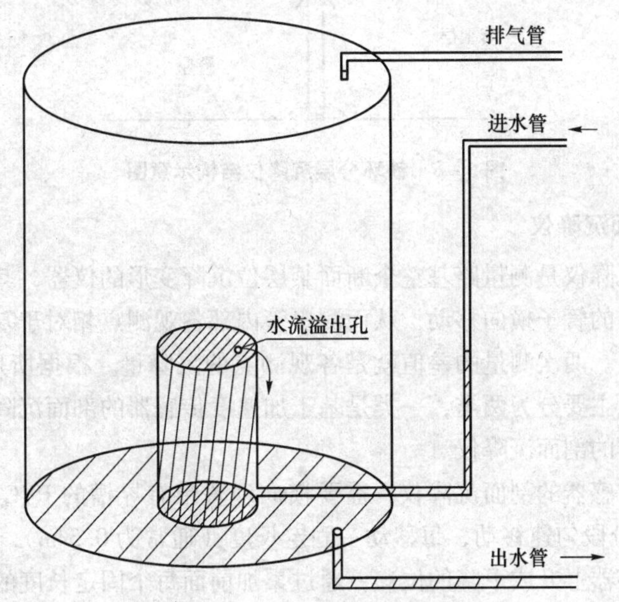

图6－4 沉降水杯结构示意图

沉降水杯由经过防锈处理的钢管和上、下铝合金盖板组成，具体部件有进水管、出水管、排气管、量测板等。进水管、出水管及排气管的终端均固定在量测板上，量测板上还配有抽气、供水装置。埋设沉降水杯前同样需将地面整平，并将三根管子引出，每次测试都需将水杯中的气泡排完，当土内的水杯与外面进水管两端都处于同一大气压下，且水杯充满水并溢流后，此时进水管中水面处的高程即为土内水杯杯口高程。测得的水杯杯口高程的变化量即为该观测点的相对垂直位移量。沉降观测采用水准仪进行。

3. 铁环分层沉降仪

为了量测路基不同深度处的沉降变形，可以采用分层沉降仪。如图6－5所示，当前使用较多的分层沉降仪根据电磁感应原理设计，由沉降管、磁感应环、传感器和与其相连的刻度标尺及显示仪表等部分组成。磁感应环套在沉降管壁，可随周围土体的沉降沿着沉降管外壁轨道移动，传感器和与其相连的刻度标尺在沉降管内移动。当传感器通过磁感应环时，产生电磁感应信号送到地面显示仪表显示，同时发出声光信号报警，此时读取的刻度标尺上的刻度数值（以某固定点为参照）即为磁感应环的深度。每次测量值与前次测量值相减即为该磁感应环所在观测点地层的沉降量。

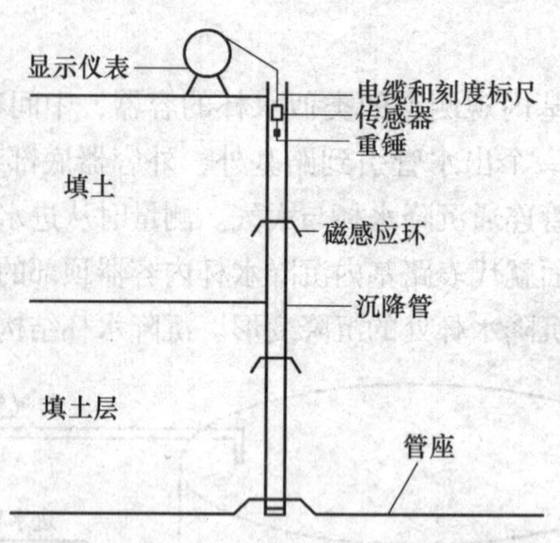

图 6-5 铁环分层沉降仪结构示意图

4. 全断面剖面沉降仪

全断面剖面沉降仪是测量路基整个断面某层位沉降变形的仪器，其做法是通过传感器沿着埋在路基内的管子横向移动，从而测出管内部各观测点相对于基准点的位置，从而确定每个观测点。两次测量的差值就是各观测点的沉降量。根据所用的传感器不同，全断面剖面沉降仪主要分为两类，一类是基于加速度传感器的剖面沉降仪，另一类是基于液体压力传感器的剖面沉降仪。

基于加速度传感器的剖面沉降仪，需要横向埋置带有导槽的 PVC 管，测量时使传感器沿着 PVC 管分段匀速移动，每移动一固定长度（通常为 0.5 m），沉降仪会记录这一固定长度内传感器上升或下降的位移，通过累加前面每个固定长度的位移，读数器会显示每个观测点与起始点（基准点）的高差，通过测量起始点的高程，可以计算出每个观测点的高程，两次测量的高程之差就是沉降或隆起变形。这种测量的特点是后面观测点的沉降需要通过前面观测点的数据计算，对先测量的数据有依赖，因此其误差也是积累的。基于加速度传感器的剖面沉降仪结构示意图如图 6-6 所示。

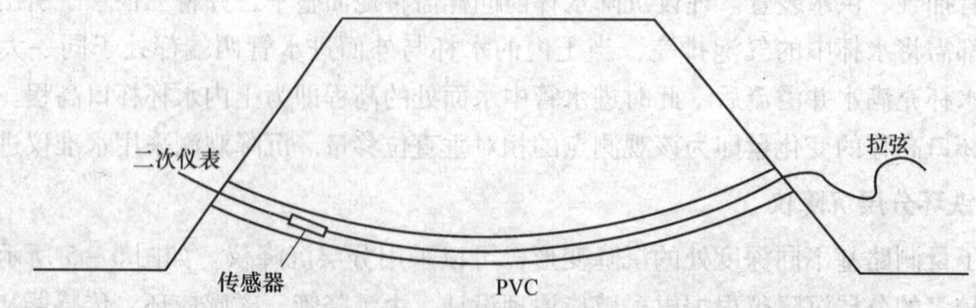

图 6-6 基于加速度传感器的剖面沉降仪结构示意图

基于液体压力传感器的剖面沉降仪由测头和与其相连的充液管、储液箱、固定支座、信号电缆及读数仪等组成。测头通过充液管连接着储液箱，储液箱的液面固定，当测头处在路基下埋置的剖面沉降管内某一位置时，传感器测量的压力是观测点到储液箱液面的高差与液体重度的乘积。读数仪可以设计成直接读出这个高差。这样通过测量起

始点的高程，可以计算出任何一个观测点的高程。两次测量的高程之差就是沉降或隆起变形。这种测量的特点是后面观测点的沉降与前面观测点的数据无关。这种沉降测量方法常应用于软土地基加固监测，路基、堤坝地下基础、储油罐等结构物的地基基础沉降或隆起观测中。基于液体压力传感器的剖面沉降仪结构示意图见图6－7。

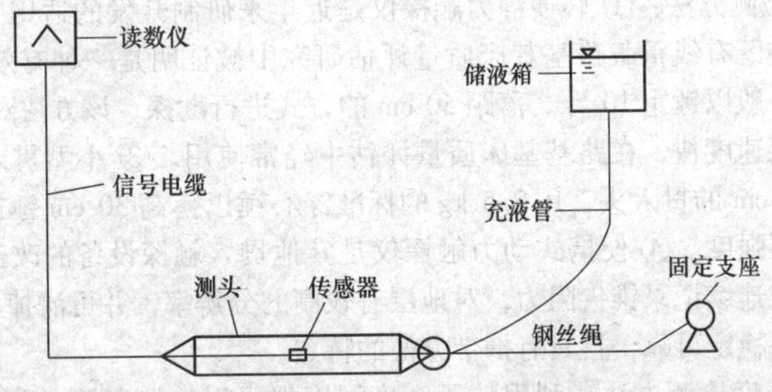

图6－7　基于液体压力传感器的剖面沉降仪结构示意图

5. 其他

侧向位移监测使用侧斜仪，其原理与基于加速度传感器的剖面沉降仪一样。测量时一般在路基坡脚埋置10～15 m的带有导槽的PVC管，将带有滑动轮的传感器按照一定间距自下而上匀速移动，测量出每个观测点相对于PVC管底端的相对侧向位移。

路基水分状态监测可以用中子仪测量。路基温度状态监测可以用热电偶温度传感器、热敏电阻温度传感器等进行，可以在路基中心、路基坡脚等处设置测温孔，通过埋在里面的温度传感器借助数据采集仪对路基下多年冻土的温度状态进行监测。

典型工作任务6.2　既有城市轨道交通路基状态评价、加固与改建

6.2.1　既有城市轨道交通路基状态评价

在常规的监测基础上，要对路基工作状态进行评价，预测路基状态和潜在的危险地段，据此制订路基维修养护计划。

近年来城市轨道交通既有线提速发展较快，全国范围内的既有城市轨道交通列车运行速度不断提升。列车运行速度的提高对既有线路基的强度、刚度、变形、水稳性及运营养护等方面提出了更高的要求，因此，除了正常的路基监测与评价以外，既有线提速之前必须对路基的状态进行评价并进行相应的加固，才能保证线路提速后的安全与稳定。路基提速改造加固工程，应在详细查明既有线路基状况、消除路基病害的基础上，重点加固路基基床，改善路桥、路涵过渡段特性，做好路基排水和边坡防护工作。对软土地基尚未稳定的路段还应进行地基加固。

既有线提速要求路基面应保持横行排水畅通，无外高内低，路肩宽度不应小于规范规定的标准，具体应根据线间距、道床实际厚度及曲线地段轨道超高等参数计算确定。

检查基床面平整性、是否存在道砟囊（槽）、翻浆冒泥、冻害，以及其他影响路基几何形状的病害。采用地质雷达、轻型动力触探等方法对路基进行针对性检测，给出路基面几何形状评价。

路基面下 3 ~4 m 范围内的路基状态检测手段如下。

（1）触探检测方法：① 轻便静力触探仪是近年来研制开发的适用于路基的小型轻便触探设备，在既有线重载路基基床质量评估研究中被证明是一种有效的办法。② 轻型动力触探仪一般以锤重 10 kg、落距 50 cm 的方式进行勘探，该方法对设备要求简单，操作方便，勘探速度快，在路基基床质量评估中经常使用。③ 小型贯入试验将截面积 1 cm^2、长度 10 cm 的贯入头，用 2.5 kg 的标准穿心锤以落高 30 cm 锤击贯入土层，以锤击数判断地层强度。④ 便携式动力触探仪是其他贯入触探设备的改进产品，贯入时由数据采集系统连续记录锥尖阻力，对地层有较高的分辨率，并可滤掉局部介质不均的影响，检测结果稳定可靠，且具有携带方便的特点。

（2）密度湿度检测方法：利用核子密度湿度仪可以检测基床的压实度和含水量，其原理是通过测量 γ - 射线经物质散射前后强度的变化和测试快中子的散射能量来确定被测物质的密度和含水量。根据测试结果即可判断路基及基床的密实程度。

（3）路基刚度检测方法：① 地基系数 K_{30} 检测采用直径 30 cm 的刚性板，利用轨道结构作反力分级加载，检测路基的基床刚度系数，以此评价路基基床质量。② 落锤式路基动刚度检测采用落锤式动刚度检测仪测试基床动刚度，以此评价路基基床质量。

（4）无损检测方法：① 波速法分跨孔波速法和面波法，以波速区分地层及确定其物理力学指标，测试速度较快，对行车无影响，但分辨率低，受频率和测试条件的影响，表层检测困难，且结果易受含水量和土质变化的影响。② 地质雷达探测由天线定向向路基发射电磁波，其在介质介电常数改变的地方会发生折射与反射，通过记录反射波便能确定各个结构层的交界位置。采用地质雷达对路基质量和基床病害进行调查具有无损、快速、直观和高精度的特点，但地质雷达一般只能反映结构现状，不能与土的关键物理力学性质联系，一次检测不能预测路基病害的发生和发展。

（5）路基动态检测方法：在既有线路基上布置动态土压力、位移及加速度传感器，在列车通过时，检测路基动应力、弹性变形和振动参数，以评价路基的动态状况。

在路基状态检测的基础上，根据线路提速目标值，确定路基需要加固处理的范围，并提出建议性处理方法。路基的状态检测需要选用一些先进的技术手段，力求快速、准确、可靠、不干扰或少干扰行车。这些设备和方法各有特点：地质雷达普查速度快、直观，便携式动力触探仪测试精度高，核子密度湿度仪试验结果可与现行路基设计规范相比较，轻型动力触探仪设备操作简单，可以相互结合使用。

6.2.2 既有城市轨道交通路基加固

路基加固应根据土质及其密度、降水量、地下水类型及其埋藏深度、加固材料来源等，经比选采用适宜的措施，可以采用换填、注浆、封闭、挤密桩、搅拌桩、土工合成材料加固及土质改良和排水抬道等处理方式。路基加固措施的选用应符合下列要求。

（1）就地碾压：路堑基床表层和低路堤基床表层范围内天然地基土的密度不能满

足《铁路路基设计规范》（TB 10001—2016）的规定时，可采用重型碾压机械进行碾压。

（2）换土或土质改良：当基床土不能满足基床表层填料的要求时，可采用换土或在土中加入石灰、水泥、炉渣、砂等掺和料的土质改良措施。

（3）水泥土挤密桩法：采用水泥土挤密桩可提高人工填土地基的承载力。水泥土加固法是利用水泥等材料作为固化剂，通过固化剂和软土间所产生的一系列物理化学反应，使软土硬结成具有整体性、水稳性和一定强度的水泥加固土，从而提高地基强度，增大变形模量。水泥土挤密桩就是在水泥土固化作用的基础上，利用锤击使桩体将土体挤密，从而降低路基变形和沉降，提高路基承载力。

（4）边坡注浆法：其优点是不影响列车运行，但成本较高，换填（换土）法成本低，但需要拆除既有线路，影响列车运行。

（5）加强排水：当基床土受水影响时，应增设地面或地下排水设备，拦截、引排、降低或疏干基床范围内的水。

（6）设置土工合成材料：当降水量大、基床土为亲水性强的填料时，可在路基面铺设不透水的土工膜或复合土工膜；当水源为地下水时，可在路基面铺设透水的无纺土工织物；当基床土为软弱土层时，可在基床表层铺设土工格室。

（7）做好路桥过渡段路基加固处理，保证路基面刚度的平顺过渡。

（8）当并存的诸多因素均可诱发基床病害时，可采用上述措施的组合。

6.2.3 既有城市轨道交通路基改建与第二线路基

改建地段的路基按新建城市轨道交通的相应标准和规范进行施工。路基面尤其在帮宽地段，横坡须按照规范设置4%的排水横坡，路基面的宽度按照相应等级新线的标准要求；路基面抬高的改建或边坡帮填，以及增建第二线路基时，应采用新建城市轨道交通标准的填料填筑，但是填料的渗透性不能比既有线填料的渗透性差；路肩高程要符合新线建设的要求。既有线基床的改建应符合相应既有线提速技术条件有关基床方面的规定。改建后的路堤、路堑边坡坡度按照新建城市轨道交通相应标准设计。路堑的边坡坡度也可以按照既有稳定边坡坡度确定，尽量减少剥皮刷方，必要时增加挡护工程。

改建路基的标准原则上应采取新建城市轨道交通的标准，但是既有线情况比较复杂，其技术标准一般不能脱离既有线的历史和现状。对布有长大型防护建筑物、高填和深挖、隧道进出口、不良地质地段等，因改建困难，为了避免引起大的工程，不宜强求与新建标准完全一致。

第二线路基建设要按照新线建设的标准设计，路基面的形状、宽度、路肩宽度及高程、填料及压实指标等要符合新线路基相应的标准，还要考虑与既有线之间的相互影响，不等高路基的两线间的边坡坡度应考虑上线路基的载荷的影响。对于改建地段的既有病害，应根据病害类型、特征、形成原因，结合当地的气象、工程地质、水文地质等因素，采取彻底整治、不留后患的措施。既有线速度提高后，需要将既有线中小曲线半径改成大曲线半径，以满足行车要求；而第二线路基大多沿原路基填筑。路基帮宽的宽度不得小于0.5 m，并且底部的帮宽值要大于顶部。路基帮宽施工要求开挖底宽不小于

1 m 的台阶以保证新旧路基的连接、分层加筋、分层碾压。由于既有线的运行是不间断的，列车也不能总是限速行驶，所以改建路段的施工工期一般会比较紧，不给新建路基工程留下足够的沉降时间，即新线开通不久后（一般为7~8天）即要达到线路的运营速度。

典型工作任务6.3 城市轨道交通路基病害及整治

路基变形超过了允许限度则形成病害。我国既有路基由于历史原因，其填料性质不好，在长期的运营过程中容易产生病害。这些病害在运输繁忙的线路上，不仅危及正常运营，影响通过能力，而且每年为了治理路基病害需要耗费大量的人力、物力和财力，必须引起足够的重视。随着运量不断增长和行车速度不断提高，为保证列车正常运行，就必须使路基始终处于坚固、稳定的状态。因此，有必要对道床的病害成因进行分析研究，从而采取相应的对策。

6.3.1 路基病害的表现形式

城市轨道交通路基沿线经过的地质条件差别较大，填料也不均匀一致，加上施工技术水平、施工工艺和经济条件等方面的原因，容易导致各种路基病害的产生，路基病害严重影响列车的安全运行，要及时发现病害，及时整治病害，保证城市轨道交通运行安全畅通。路基病害的表现形式如下。

1. 路基沉陷

如图6-8（a）所示，路基沉陷是指路基表面在垂直方向产生较大的沉落。路基的沉陷有两种情况：一是路基本身的压缩沉降，即路基沉缩；二是由于路基下部天然地面承载能力不足，在路基自重的作用下引起沉陷或向两侧挤出而造成的，即地基沉陷。

如图6-8（b）所示，路基沉缩是因路基填料选择不当，填筑方法不合理，压实度不足，在路基堤身内部形成过湿的夹层等因素，在荷载和水温综合作用之下，引起路基沉缩。

如图6-8（c）所示，地基沉陷是指原天然地面有软土、泥沼或不密实的松土存在，承载能力极低，路基修筑前未经处理，在路基自重作用下，地基下沉或向两侧挤出，引起路基下陷。

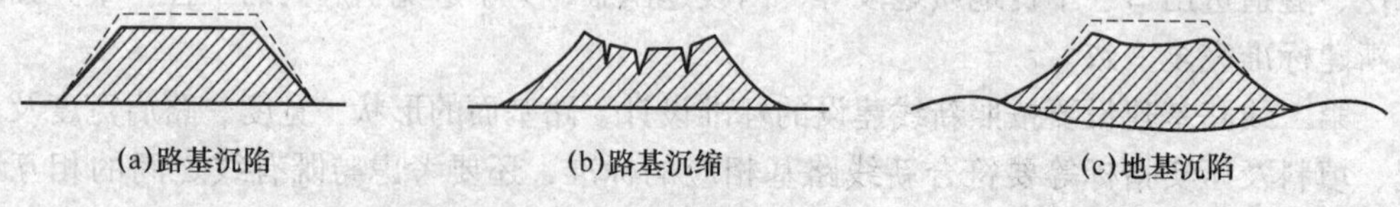

图6-8 路基沉陷示意图

2. 翻浆冒泥

翻浆冒泥是十分常见的路基病害，可分为道床性和基床性两种。道床性是由于道床板结，阻塞路基面上的水顺畅流出而形成的；基床性是基床土质不良，下雨遇水，在列

车荷载作用下就液化成泥浆了，由于列车荷载的反复作用形成抽吸作用，泥浆受挤压向上冒出。翻浆冒泥会引发轨道偏移、轨面高低不平、钢轨硬弯等问题，对整个轨道结构造成严重的影响，甚至直接影响列车的安全运行。

3. 挤出变形

挤出变形是由于路基受到的荷载过大而引起的一种变形，是基床土体软弱发生剪切滑动导致的，具体表现为隆起、侧沟被挤等。

4. 边坡塌方

边坡塌方的主要表现形式有剥落、碎落、崩塌和滑塌。大多数的边坡塌方都发生在路堑地段的边坡。

(1) 剥落和碎落是指路堑边坡风化岩层表面，在大气温度与湿度的交替作用，以及雨水冲刷、自重和动力作用之下，表层岩石从坡面上剥落下来，向下滚落。大块岩石脱离坡面沿边坡滚落称为崩塌。现场常用设防护网或喷射水泥浆等方法处理。

(2) 路基边坡滑塌是最常见的路基病害，根据边坡土质类别、破坏原因和规模的不同，可分为溜方与滑坡两种情况。

① 溜方：由于少量土体沿土质边坡向下移动而形成。溜方通常指的是边坡上表面薄层土体下溜，主要是由于流动水冲刷边坡或施工不当而引起的。溜方如图6-9 (a)、(b) 所示。

② 滑坡：部分土体在重力作用下沿某一滑动面滑动。滑坡主要是由于土体的稳定性不足而引起的。滑坡如图6-9 (c) 所示。

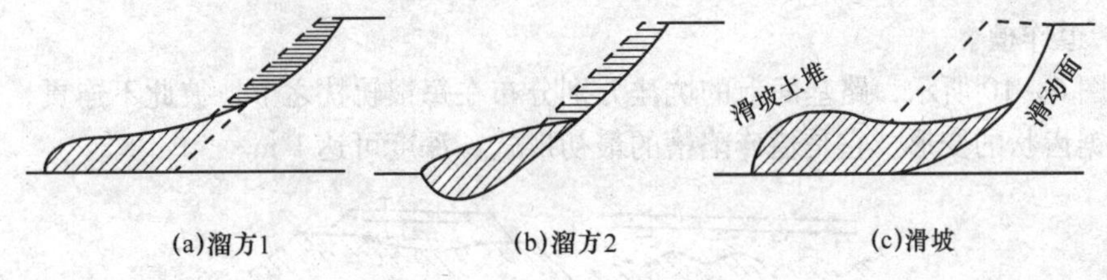

图6-9 边坡滑塌示意图

路堤边坡坡度过陡，或边坡坡脚被冲刷淘空，或填土层次安排不当是路堤边坡发生滑坡的主要原因。

路堑边坡滑坡的主要原因是边坡高度和坡度与天然岩土层次的性质不相适应。黏性土层和蓄水的砂石层交替分层蕴藏，特别是有倾向于路堑方向的斜坡层理存在时，就容易造成滑动。

5. 路基沿山坡滑动

在较陡的山坡填筑路基时，若路基底部被水浸湿，形成滑动面，坡脚又未进行必要的支撑，在路基自重和列车荷载作用下，整个路基沿倾斜的原地面向下滑动，路基整体失去稳定。

6. 不良地质和水文地质条件造成的路基破坏

线路通过不良地质条件（如泥石流、溶洞等）和较大自然灾害（如大暴雨）地区时，均可能导致路基的大规模毁坏。

7. 水浸路基

水浸路基是指实际浸水超过设计水位的路基，如果其被浸水或者被淹没，引起一定的沉降或局部坍塌。导致水浸路基的原因较多，主要是路基填料不符合要求、排水设备不够、排水设备设置不合理、排水设备受到破坏、排水设备被堵塞等。

8. 冻害

冻害是路基中的水在冻结或融化过程中导致路基不均匀的冻胀，出现承载力不足的现象。修建城市轨道交通时填料粒径小，不利于渗漏水，路基中的含水量过高后，气温下降，路基中的水就会结冰，出现条件膨胀，引起冻胀现象，影响行车安全。

9. 沙害

沙害是在风的作用下，移动沙流经常给城市轨道交通造成不同程度的危害，有时会掩埋线路，危及行车安全。

6.3.2 路基病害的整治

路基病害的整治要根据产生病害的不同部位和不同原因，采用针对病害特点的整治措施。

1. 道砟陷槽及其整治

路基面在长期运营中，常常发生道砟压入路基内的现象，形成道砟陷槽。道砟陷槽分为道砟槽、道砟箱、道砟囊和道砟袋四种不同形式。

1）道砟槽

如图 6－10 所示，路基面上的坑洼分别分布在每根轨枕之下，彼此不连贯，使路基面发生锯齿状的变形，它是道砟陷槽的最初形式，深度可达 1 m。

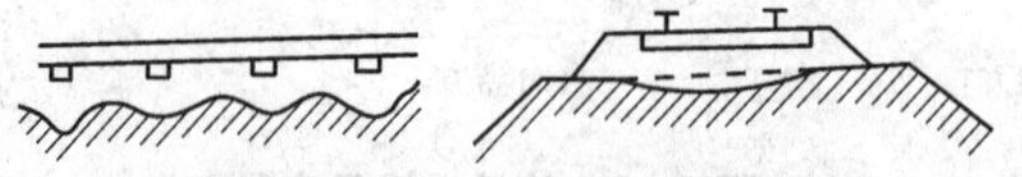

图 6－10　路基道砟槽形态图

道砟槽的形成主要是由于路基顶面土的承载力不够、道砟厚度不足或压实不均匀造成顶面应力过大和应力集中所致，有时也由于铺轨时先将轨枕直接铺在路基面上，轨枕陷入路基面所致。

道砟槽的主要整治方法如下。

（1）如图 6－11 和图 6－12 所示，削去道砟槽，换填砂砾或炉渣。

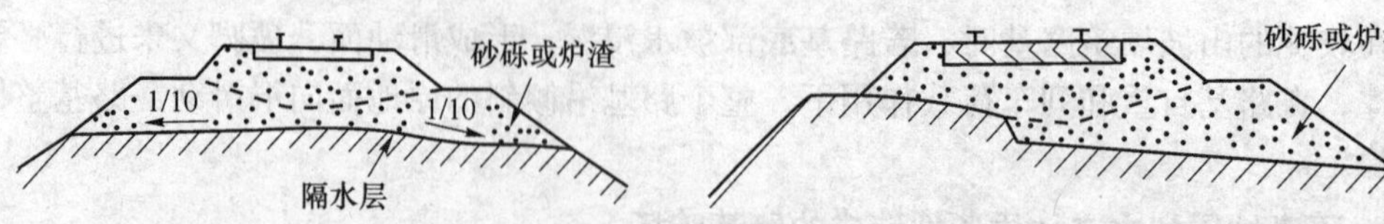

图 6－11　渗水土换填砂砾或炉渣　　**图 6－12　非渗水土换填砂砾或炉渣**

(2) 换填不渗水土。如图6－13所示，如在站场内路基面上道砟槽削去不便，可采用此法。

(3) 水泥固结法。在道砟槽内灌压水泥砂浆，使之凝结成整体。

(4) 封闭层法。如图6－14所示，在路基面上做一水泥砂浆封闭层，防止道砟槽继续发展。

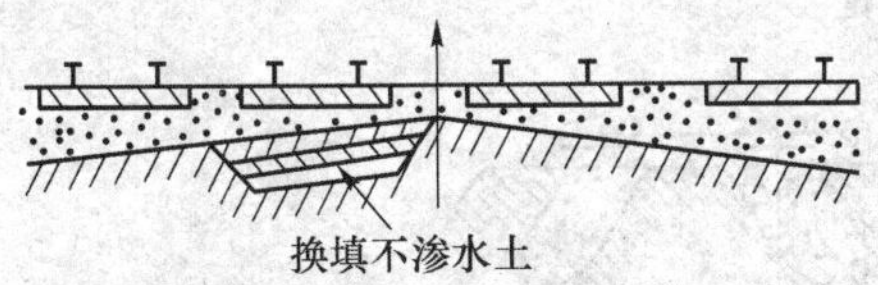

图6－13　道砟槽换填不渗水土示意图

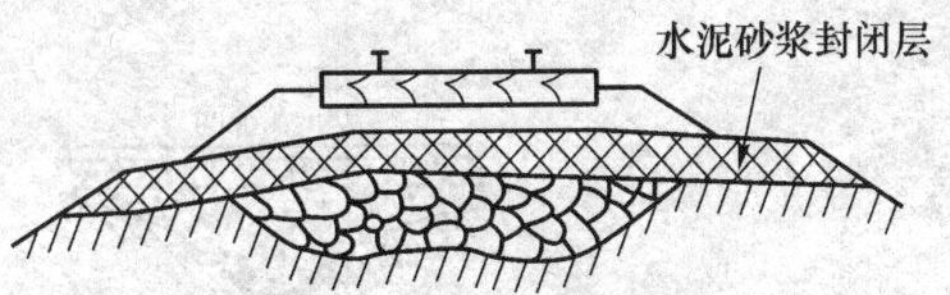

图6－14　用水泥砂浆封闭层处理道砟槽

2) 道砟箱

如图6－15所示，道砟箱是由道砟槽发展成几根轨枕下连通的坑洼，它是由于轨枕的移动或土的承载力不足形成的。

如图6－16所示，道砟箱的整治方法与道砟槽相同，但由于坑洼较大，积水较多，故有时需要设置横向盲沟，排除道砟箱中的积水。

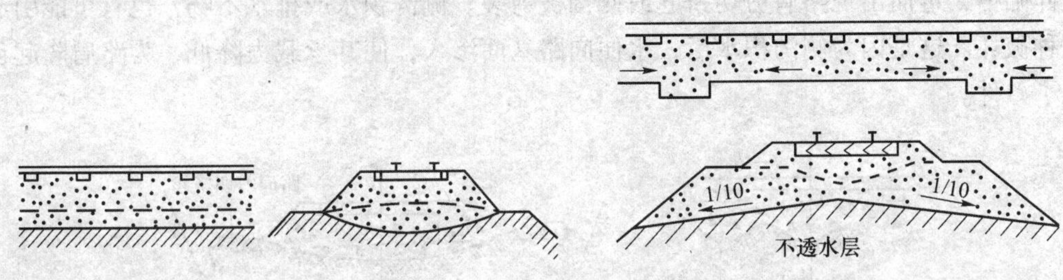

图6－15　路基道砟箱形态图

图6－16　道砟箱处理方法示意图

3) 道砟囊及道砟袋

如图6－17 (a) 所示，当基床土的密实度不均匀时，道砟在较松软处压入较深，形成道砟囊。

在路基面上单个互不相连、深度较大的陷槽（可达3 m以上）称为道砟袋［见图6－17 (b)］。它是在道砟箱的发展过程中，由于使用不同性质的土填筑路堤或压实不均匀而形成的特别深的道砟陷槽。

对道砟囊及道砟袋的整治，应根据道砟囊的深度和路堤或路堑等条件采取不同措施。对道砟囊较浅的路堤地段或侧沟有条件加深的路堑地段，应采取设边坡打入管子，疏干积水，加横向渗沟的办法，此方法对行车干扰小、成本低、难度小，便于实施、效果较好。对道砟囊较深或路堑地段无条件加深侧沟的区段，应采取基床土换填的办法，改善基床填料的土质条件，彻底恢复路拱，设足横向排水坡，确保基面排水顺畅，有条件的话，可以用氯丁橡胶、橡胶排水板、土工布等新型材料封闭路基面，隔绝地表水对路基面的浸泡，避免因基床土含水量大而导致路基基床承载力不足引发基床病害。

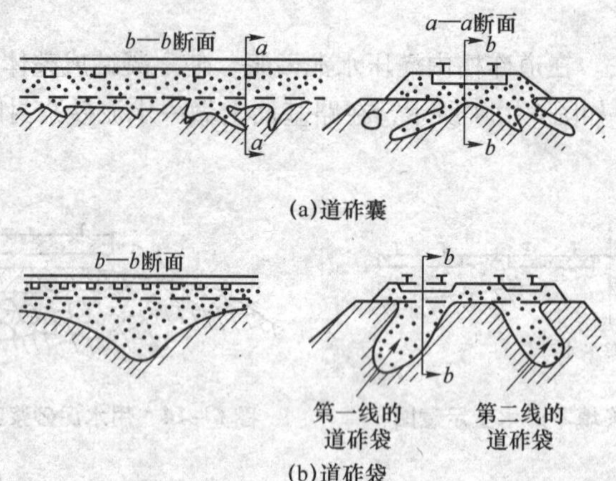

图 6－17　路基道砟囊及道砟袋形态图

2. 路肩剪切挤起

如图 6－18 所示，在路堑地段，当路基顶面为不良土质或软质岩层时，可能先形成道砟陷槽，进而出现路肩剪切挤起或侧沟被剪裂。侧沟积水或排水不畅，也有可能引起这种破坏。这是因为侧沟积水后，水便向路基面渗入，使其承载力降低，为路肩隆起创造了条件。

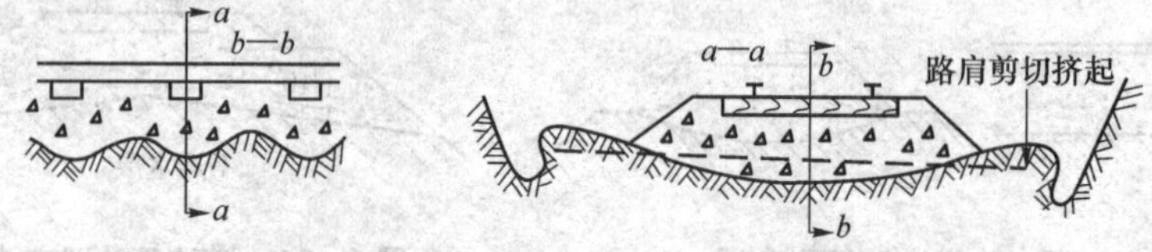

图 6－18　路基路肩剪切挤起形态图

对路肩剪切挤起的整治措施与前相同，但若换填砂垫层效果更好。

3. 翻浆冒泥

我国南方多雨地区翻浆冒泥现象较为普遍。通常情况下，造成翻浆冒泥的原因有两种。

(1) 路基基床密实度不足。在列车长期动荷载作用下，道砟颗粒嵌入基床形成道砟囊，致使地表水无法排出，形成翻浆、积水等路基基床病害。由于道砟囊分布比较复杂，其深度和范围随着形成时间的延长而不断加深和扩大。

(2) 日常维修作业或中修清筛道床作业中，将路基面的平顺度破坏，或将原有的路拱破坏，导致基床表面坑洼不平或反坡，路基表面排水不畅。由于部分线路轨道露天设置，刮风下雨使空气中的沙尘流入道床，加之垃圾等落入道床，经风吹、日晒、雨淋，渗入道床，严重地污染了道床，减小了道床的渗水性和弹性，易形成板结、翻浆等道床病害。

整治翻浆冒泥的主要措施如下。

（1）铺设砂垫层。先削去路基面上的泥浆，做好路基面排水横坡，然后在其上铺上一层粗砂，夯实后再铺设洁净的道砟，砂垫层的厚度一般不小于30 cm。砂的粒径约为1 mm。铺设砂垫层适用于翻浆深度不大的情况，用砂垫层处理翻浆冒泥示意图如图6－19所示。

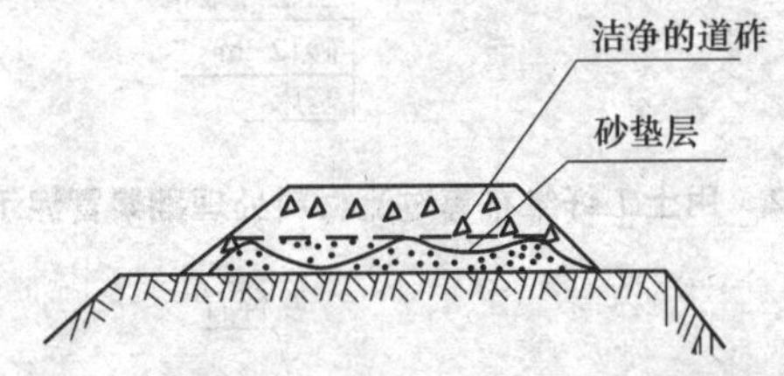

图6－19　用砂垫层处理翻浆冒泥示意图

（2）设置封闭层。若铺设砂垫层有困难，可设置封闭层，使地表水不致下渗，泥浆不致上冒，并提高路基面承载能力。用沥青石粉细砂封闭层处理翻浆冒泥示意图如图6－20所示。用氯丁橡胶封闭层处理翻浆冒泥示意图如图6－21所示。

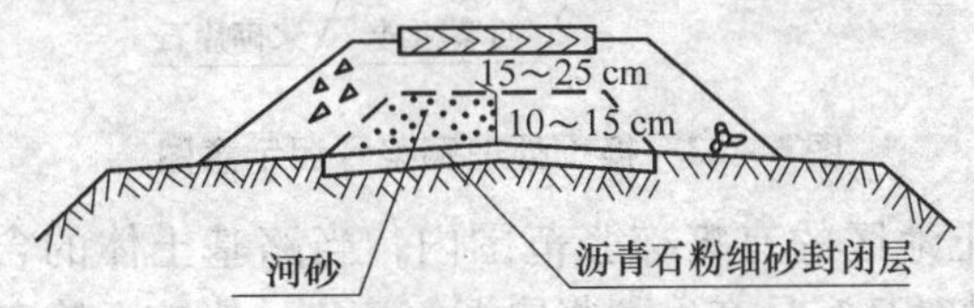

图6－20　用沥青石粉细砂封闭层处理翻浆冒泥示意图

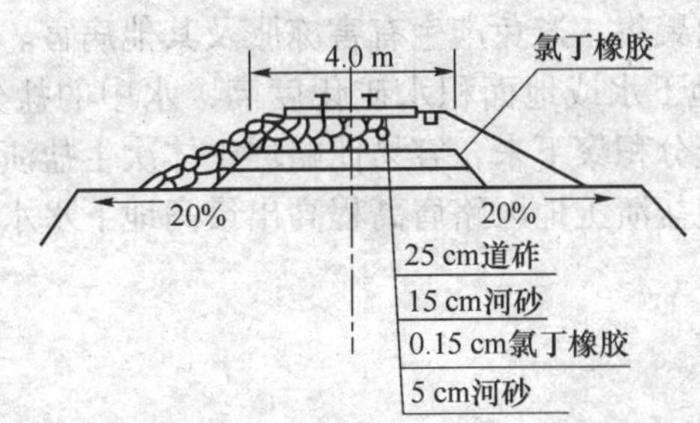

图6－21　用氯丁橡胶封闭层处理翻浆冒泥示意图

根据封闭层的材料与作用，可分为加掺合料的柔性封闭层及聚合材料的封闭层，前者将沥青黏土或沥青黏土加水泥石灰或沥青石粉细砂等，按一定配合比和工艺配制而成，直接铺在路基面上，厚度至少为5 cm，其上再加河砂保护层，用于隔断雨水进入路基面，而使基床干燥，达到防止翻浆冒泥的目的。这种封闭层的缺点是施工工艺复杂，施工进度慢，有效期只有数年。后者有封闭雨水下渗及阻止泥浆上冒的材料类型，如氯丁橡胶、聚氯乙烯软板、玻璃纤维涂塑布、纤维尼龙涂塑布等。另有允许雨水下渗而阻断泥浆上冒的土工无纺纤维材料等。用土工纤维布等过滤材料处理翻浆冒泥示意图如图6－22所示。

（3）换土。当翻浆较严重，深度较大，兼有路肩隆起的情况时，可采用换土措施。换土处理翻浆冒泥示意图如图6－23所示。换土即用渗水性好的土换填基床部分范围内的土。

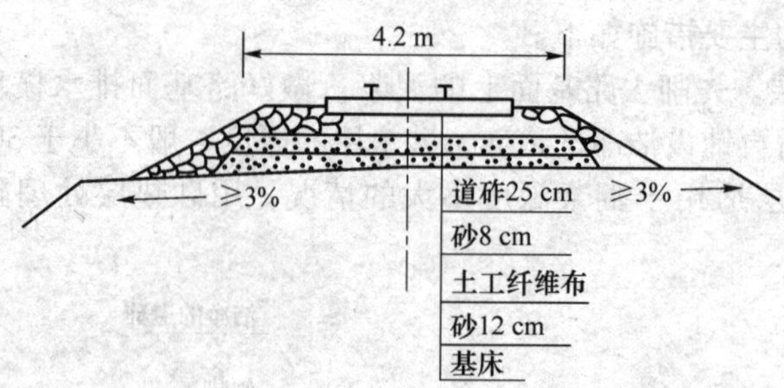

图 6-22　用土工纤维布等过滤材料处理翻浆冒泥示意图

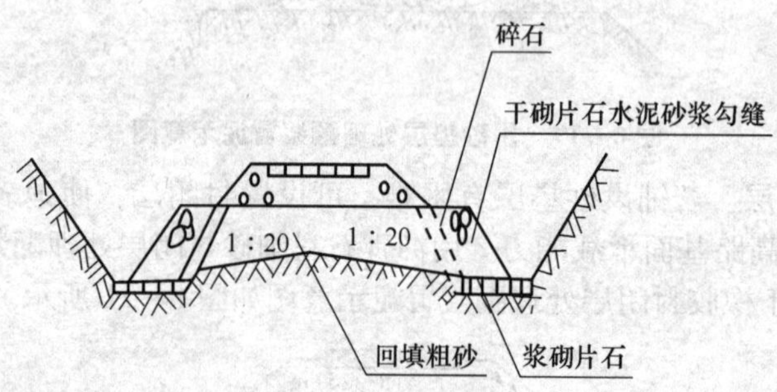

图 6-23　换土处理翻浆冒泥示意图

（4）在季节性冻土地区的有害冻胀范围内，当路基土体的含水量达到一定值时，往往会产生冻胀，春融时又容易产生翻浆冒泥等病害，影响运输安全，并加大养护维修工作量。因此在设计时，应使路肩高程高出冻前地下水水位一定高度，使毛细管水上升时不致在有害冻胀范围内聚集，避免产生有害冻胀及其他病害。

（5）盐渍土地区，地下水或地面积水矿化度高，水中的盐分被毛细管水带到路基土体中，水分蒸发后，盐分积聚下来，容易使路堤土体次生盐渍化，进而产生盐胀等病害，因此在设计时，应使盐渍土地区路肩高程高出最高地下水水位或最高地面积水水位一定高度。

【项目小结】

路基是主要的线路结构形式，路基病害成为一种分布广、治理难、多发性强的病害，受其所处气候条件、工程地质条件及人类活动的影响，容易产生翻浆冒泥、路基沉陷等病害，给列车安全运营带来严重威胁，所以了解病害的类型及其发生机理，并对其进行监测，对路基的防护和治理非常重要。

【复习思考题】

1. 路基监测的内容有哪些？
2. 什么是路基工后沉降？

附录A 土样制备

1. 概述

（1）土样制备程序应视不同的试验而异，故土样制备前应拟订土工试验计划。

（2）对密封的原状土样除小心搬运和妥善存放外，在试验前不应开启，尽量使土样少受扰动。

（3）土样在试验前必须经过制备程序，包括土的风干、碾碎、过筛、匀土、分样、储存及制备试样等过程。

2. 试验设备和器材

（1）细筛：孔径5、2、0.5 mm。

（2）洗筛：孔径0.075 mm。

（3）台秤：称量10 ~ 50 kg，分度值为10 ~ 50 g。

（4）天平：称量1 000 g，分度值为0.1 g；称量200 g，分度值为0.01 g。

（5）环刀：内径61.8 mm或79.8 mm，高20 mm；内径61.8 mm，高40 mm。

（6）碎土器、磨土机。

（7）击样器。击样器如图A-1所示。

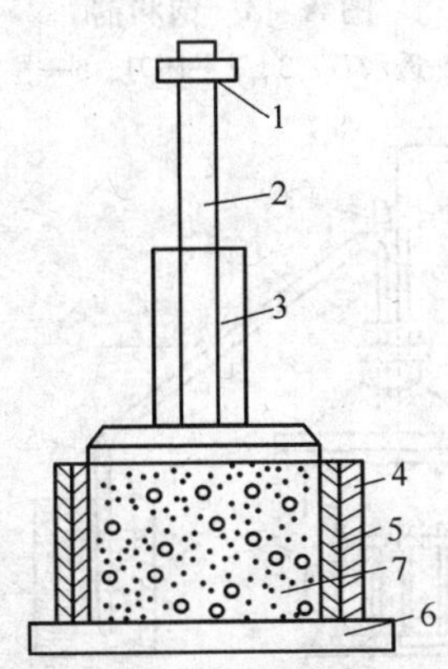

图A-1 击样器

1—定位环；2—导杆；3—击锤；4—击样筒；5—环刀；6—底座；7—试样

（8）压样器。压样器如图A-2所示。

（9）饱和器。饱和器如图 A－3 所示，真空饱和器如图 A－4 所示。

（10）其他：烘箱、干燥器、保湿器、研钵、木碾、橡皮板、玻璃瓶、切土刀、钢丝锯、凡士林、土样标签及盛土器皿等。

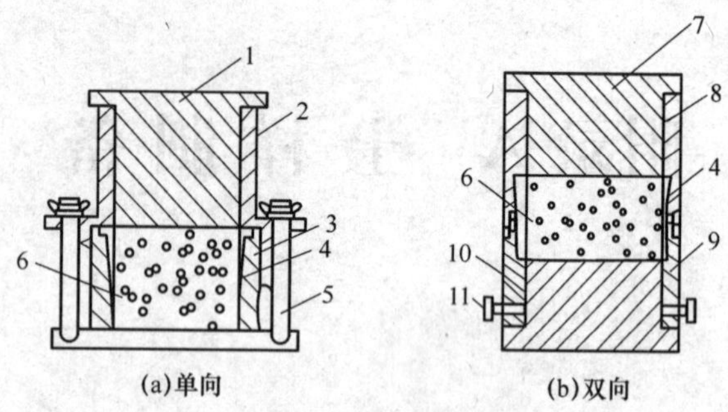

(a)单向　(b)双向

图 A－2　压样器

1—活塞；2—导筒；3—护环；4—环刀；5—拉杆；
6—试样；7—上活塞；8 —上导筒；9—下导筒；10 —下活塞；11 —销钉

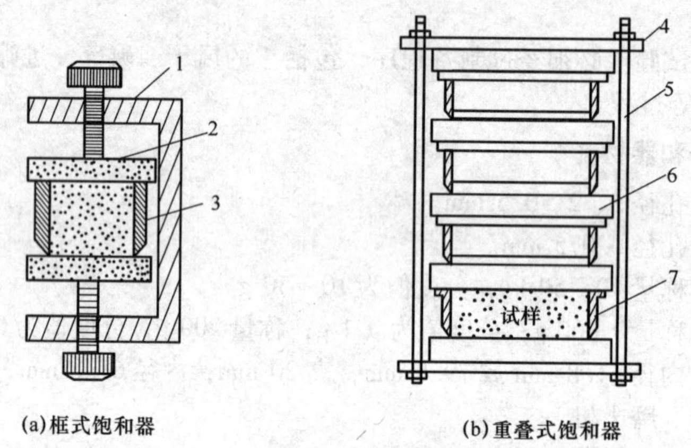

(a)框式饱和器　(b)重叠式饱和器

图 A－3　饱和器

1、4—夹板；2—透水石；3，7—环刀；5—拉杆；6—透水板

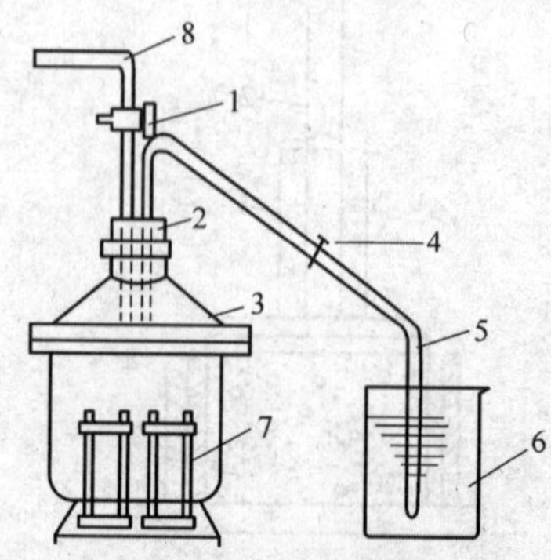

图 A－4　真空饱和器

1—二通阀；2—橡皮塞；3—真空缸；4—管夹；
5—引水管；6—水缸；7—重叠式饱和器；8—排气管

3. 原状土试样制备

1）试验方法和步骤

（1）开启试样：将土样筒按标明的上下方向放置，小心开启包装皮，观察原装土的颜色、气味、结构、夹杂物和均匀性等情况，并作原状土开土记录，现场取的原状土样见图A-5。

（2）切取试样：环刀切取试样（根据密度试验要求切取）。切削过程中应细心观察土样的情况，并描述它的层次、气味，有无杂质、裂缝等，注意应使其含水率不发生变化。

（3）剩余试样：环刀切削的剩余土样可用于土的物理性试验，切取试样后剩余的原状土样，应用蜡纸封好，置于保湿器内。

（4）试样存放：视试样本身及工程要求，决定试样是否进行饱和，如不立即进行试验或饱和时，则将试样保存于保湿器内。

(a)土和砂岩芯

(b)基岩岩芯

图A-5 现场取的原状土样

2）注意事项

野外取原状土样时，土样可在试坑、平洞、竖井、天然地面及钻孔中采取，土样必须保持原状结构及天然含水率，并使土样不受扰动。用钻机取土时，土样直径不得小于10 cm，并使用专门的薄壁取土器；在试坑或天然地面下挖取原状土时，可用有上、下盖的铁壁取土筒，打开下盖，扣在欲取的土层上，边挖筒周围的土边压土筒至筒内装满土样，然后挖断筒底土层（或左右摆动即断），取出土筒，翻转削平筒内土样，若周围有空隙，可用原土填满，盖好下盖，密封取土筒。无论采用什么方法取土，均应有取土记录和编号，并在土筒上贴上取土标签。

4. 扰动土试样制备

1）试验方法和步骤

（1）描述土样：将扰动土样进行土样描述，如颜色、土类、气味及夹杂物等。如有需要，应将土样充分拌匀，取代表性土样测含水率。

（2）碾散过筛：将团、块状扰动土样风干后，在橡皮板上用木碾或碎土器碾散(勿压碎颗粒，含水率较大时，可先风干)。根据试验所需的土样数量，将碾散后的土样过筛。物理性试验土样，如液限、塑限、缩限等试验，过0.5 mm筛；水理性及力学性试验土样，过2 mm筛；击实试验土样，过5 mm筛。筛下土样充分拌匀后，用四分对角取样法取出试验用的土样，则制得供试验备用的扰动土试样。

（3）加水浸润：计算加水量，然后将水均匀喷洒于试样上，充分拌匀后装入盛土容器内盖紧，润湿一昼夜。试样制备数量根据工程和设计的要求，视试验项目需要而定。

（4）试样制备：视工程实际情况，分别采用压样法、击实法和击样法。

① 压样法。按相关土工试验规程称出所需的湿土质量。将湿土倒入预先装好环刀的压样器内，抹平试样表面，以静压力将试样压紧到所需密度，称环刀、土总质量，并测出试样含水率。

② 击实法。根据工程要求，结合击实试验中的击实程序，选用相应的击实功进行击实，将试样击实到所需密度，用推土器推出，环刀取土，并测出试样含水率。

③ 击样法。将湿土倒入预先装好的环刀内，并固定在地板上的击实器内，用击实方法将土击入环刀内，并测出试样含水率。

2）试验要求

根据力学试验项目要求，制备同一组试样的密度差值不应大于 0.03 g/cm^3，含水率差值不应大于 2%。

3）本试验记录格式

扰动土试样制备记录见表 A－1。

表 A－1　扰动土试样制备记录

工程名称__________　　试 验 者__________

土样编号__________　　计 算 者__________

试验日期__________　　校 核 者__________

试样编号	制备标准		计算所需土质量及加水质量						试样制备								与制备标准之差	
	含水率/%	干密度/(g/cm^3)	试样体积/m^3	干土质量/g	风干或天然含水率/%	风干或天然状态土质量/g	加水质量/g	湿土质量/g	制备方法	环刀与湿土质量/g	环刀质量/g	湿土质量/g	环刀体积/cm^3	湿土密度/(g/cm^3)	含水率/%	干土密度/(g/cm^3)	含水率/%	干密度/(g/cm^3)

4）数据整理计算

（1）试验所需干土质量计算公式为

$$m_s = \frac{m}{1 + 0.01w_0} \tag{A-1}$$

式中：m_s——干土质量，g；

m——风干土质量，g；

w_0——风干或天然含水率，%。

（2）根据试样所需含水率，制备试验时加水质量为

$$m_w = \frac{m}{1 + 0.01w_0} \times 0.01\ (w' - w_0) \tag{A-2}$$

式中：m_w——土样制备所需的加水质量，g；

w_0——土样的风干含水率，%；

w'——土样所要求的含水率，%。

（3）根据环刀的体积及要求的干密度，所需湿土质量为

$$m_0 = (1 + 0.01w_0)\ \rho_d V \tag{A-3}$$

式中：m_0——所需湿土质量，g；

ρ_d——试样的干密度，g/cm^3；

V——环刀体积，cm^3。

5. 饱和试样制备

1）试验方法和步骤

土的孔隙被水填充的过程称为饱和。孔隙被水充满的土，称为饱和土，视土的性质，试样饱和可选用浸水饱和法、毛细管饱和法及真空抽气饱和法。

（1）浸水饱和法：一般砂类土可直接采用浸水饱和法，此法是将试样直接在仪器内浸水饱和。

（2）毛细管饱和法：较易透水的黏性土，渗透系数 $k > 10^{-4}$ cm/s 时，采用毛细管饱和法较为方便，应按下列步骤进行。

① 安装试样：框式饱和器［见图A-3（a）］，按顺序在装有试样的环刀上、下面放滤纸和透水板，装入饱和器内，并旋紧螺母。

② 毛细饱和：将装好试样的饱和器放入水箱中（框式饱和器放倒），注入清水，水面不宜将试样淹没或超过试样顶面，使土中气体得以排出。关上箱盖，借土的毛细作用使试样饱和，浸水时间一般约需3 d。

③ 检验饱和情况：试样饱和后，取出饱和器，松开螺母，取出环刀，擦干外壁，称环刀和试样的总质量，并计算试样的饱和度。当饱和度低于95%时，应继续饱和。

（3）真空抽气饱和法：不易透水的黏性土，渗透系数 $k \leqslant 10^{-4}$ cm/s 时，可采用真空抽气饱和法，步骤如下。

① 安装试样：选用框式饱和器［见图A-3（a）］或重叠式饱和器［见图A-3（b）］和真空饱和器（见图A-4）。在重叠式饱和器下夹板的正中，依次放置透水板、滤纸、带试

样的环刀、滤纸、透水板，以此顺序重复，由下向上重叠到拉杆高度，将饱和器上夹板盖好后，拧紧拉杆上端的螺母，将各个环刀在上、下夹板间夹紧。

② 抽气饱和：将装有试样的饱和器放入真空缸内，真空缸和盖之间涂一层凡士林，盖紧。将真空缸与抽气机接通，起动抽气机，当真空压力表读数接近一个大气负压力值（约 -100 kPa）时，继续抽气（抽气时间不少于 1 h），微开管夹，使清水徐徐注入真空缸，在注水过程中调节管夹，使真空压力表的数值基本保持不变。待水淹没饱和器后停止抽气，开管夹使空气进入真空缸，静置一段时间（细粒土宜为 10 h 左右），使试样充分饱和。

③ 检验饱和情况：试样饱和后，打开真空缸，从饱和器内取出带环刀的试样，擦干外壁，称环刀和试样的总质量，同时计算试样的饱和度。当饱和度低于 95% 时，应继续抽气饱和。

2）数据整理计算

（1）试验所需干土质量计算公式为

$$m_s = \frac{m}{1+0.01w_0}$$

（2）根据试样所需含水率，制备试验时加水质量为

$$m_w = \frac{m}{1+0.01w_0} \times 0.01\ (w' - w_0)$$

（3）根据环刀的体积及要求的干密度，所需湿土质量为

$$m_0 = (1+0.01w_0)\ \rho_d V$$

（4）饱和度的计算公式为

$$S_r = \frac{(\rho - \rho_d)\ d_s}{e\rho_d} \quad 或 \quad S_r = \frac{wd_s}{e} \tag{A-4}$$

式中：S_r——饱和度，%；

ρ——饱和后的密度，g/cm^3；

e——试样的孔隙比；

w——饱和后的含水率，%；

d_s——土粒比重。

6. 实验要求

根据力学试验项目要求，制备同一组试样的密度差值不应大于 0.03 g/cm^3，含水率差值不应大于 2%。

7. 总结分析

在校期间，学生已经学过“工程力学”和“工程地质”等课程，具有一定分析问题与解决问题的能力，要求学完本课程后，学生能应用力学的观点分析城市轨道交通路基设计和施工过程中遇到的各种土工技术问题，并能够提出处理措施。

附录 B 土的密度试验（环刀法）

1. 试验目的

密度是土的一个重要基本物理指标。测定土在天然状态下单位体积的质量，以了解土的疏密状态，供换算土的其他物理性质指标、工程设计及施工质量控制之用。

2. 基本原理

用已知质量及体积的环刀切取原状土样，使之与环刀体积保持一致，定义单位体积的土的质量为土的密度。

3. 适用范围

一般粉土和黏性土。

4. 试验设备和器材

（1）符合规定要求的环刀，内径 61.8 mm 或 79.8 mm，高 20 mm；或内径 61.8 mm，高 40 mm，环刀如图 B－1 所示。

（2）精度为 0.01 g 的天平。

（3）其他：切土刀、凡士林等。

5. 试验步骤

（1）测量：如图 B－2 所示，测出环刀的体积 V，在天平上称环刀质量 m_1。

图 B－1 环刀

图 B－2 称环刀质量

（2）取土样：取直径和高度略大于环刀的原状土样或制备土样，土样如图 B－3 所示。

（3）切取土样：取环刀并在环刀内壁涂一薄层凡士林，刃口向下放在土样上，然后将环刀垂直下压，并用切土刀延环刀外侧切削土样，边压边削至土样高出环刀，根据试样的软硬程度采用钢丝锯或削土刀整平环刀两端土样，切取土样过程如图 B－4 所示。

图 B－3　土样

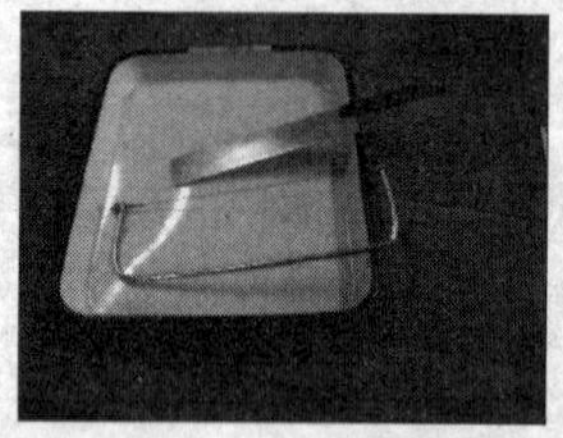

图 B－4　切取土样过程

（4）试样称量：擦净环刀外壁，称环刀（环刀的质量及体积试验室可提供）和土的总质量 m_2。

6. 本试验记录格式

密度试验（环刀法）记录如表 B－1 所示。

表 B－1　密度试验（环刀法）记录

工程名称＿＿＿＿＿＿　　试 验 者＿＿＿＿＿＿
土样编号＿＿＿＿＿＿　　计 算 者＿＿＿＿＿＿
试验日期＿＿＿＿＿＿　　校 核 者＿＿＿＿＿＿

试样编号	环刀号	湿土质量/g	环刀体积/cm^3	湿密度/(g/cm^3)	含水率/%	干密度/(g/cm^3)	平均干密度/(g/cm^3)
		(1)	(2)	$(3)=\frac{(1)}{(2)}$	(4)	$(5)=\frac{(3)}{1+0.01\times(4)}$	(6)

7. 数据整理计算

密度、干密度计算公式分别为

$$\rho = \frac{m_0}{V} = \frac{m_2 - m_1}{V} \tag{B-1}$$

$$\rho_d = \frac{\rho}{1 + 0.01w} \tag{B-2}$$

式中：ρ——试样的密度，g/cm³；

ρ_d——试样的干密度，g/cm³；

V——环刀体积，g/cm³；

m_0——湿土质量，g；

w——试样的含水率，%。

8. 试验要求

（1）密度试验应进行2次平行测定，两次测定的差值不得大于0.03 g/cm³，取两次试验结果的算术平均值。

（2）密度计算精确至0.01 g/cm³。

9. 总结分析

土的天然密度取决于土粒的密度、孔隙体积的大小和孔隙中水的质量多少，它综合反映了土的物质组成和结构特征。测定土的湿密度是为了解土的疏密和干湿状态，供换算孔隙比、干密度等土的其他物理性质指标。同时，对于挡土墙土压力的计算，人工和天然斜坡稳定的设计与核算，地基承载力和沉降量的计算及路基路面施工时压实程度的控制，皆不能脱离此项指标。该试验属于基础性试验，是路基工程试验中必做项目。

附录 C　土的含水率试验（烘干法）

1. 试验目的

用烘干法测定土的含水率，以了解土的含水情况，为计算土的干密度、孔隙比、液性指数、饱和度等项指标提供依据，同时，它也是检测土工构筑物施工质量的重要指标。

2. 基本原理

土的含水率指土在温度 105 ~ 110 ℃下烘至恒重时失去的水分质量与恒重后的干土质量的比值，以百分数表示。

3. 适用范围

各类土。

4. 试验仪器、设备

（1）烘箱：采用电热烘箱。

（2）天平：称量 200 g，分度值为 0. 01 g；称量 1 000 g，分度值为 0. 2 g。

（3）其他：干燥器、称量盒。

5. 试验步骤

（1）称湿土：根据不同土类按表 C－1 确定称取代表性试样质量，放入质量为 m_0 的称量盒内（查盒号），立即盖好盒盖，将盒外附着的土擦净后，称出盒＋湿土的质量 m_1，精确到 0. 01 g，称湿土如图 C－1 所示。

表 C－1　烘干法测定含水率所需试样质量

按《铁路路基设计规范》填料分类	按《铁路工程岩土分类标准》分类	取试样质量/g
细粒土	粉土、黏性土	15 ~ 30
粗粒土	砂类土、有机土	30 ~ 50
	圆砾或角砾土	250 ~ 500
巨粒土	碎石类土	1 500 ~ 3 000

（2）烘土：打开盒盖，将盒盖扣在盒底，放入烘箱中，在温度 105 ~ 110 ℃下烘至恒重，烘干时间与土的类别及取土数量有关。细粒土不少于 8 h，砂类土不少于 6 h，砾、碎石类土不少于 4 h；对有机质含量超过干土质量 5% 的土，取试样 50 g，温度应

控制在65～70 ℃，恒温烘至恒重，然后取出盖好盒盖，放在干燥器内冷却至室温。

（3）称干土：从干燥器内取出试样，称出盒＋干土的质量m_2，精确至0.01 g，称干土如图C－2所示。

图C－1　称湿土

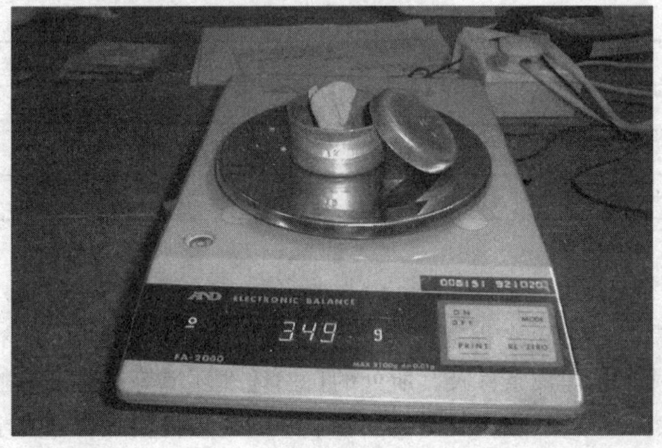

图C－2　称干土

6. 本试验记录格式

含水率试验（烘干法）记录见表C－2。

表C－2　含水率试验（烘干法）记录

工程名称＿＿＿＿＿＿　　试验者＿＿＿＿＿＿
土样编号＿＿＿＿＿＿　　计算者＿＿＿＿＿＿
试验日期＿＿＿＿＿＿　　校核者＿＿＿＿＿＿

试样编号	盒号	盒质量/g	盒＋湿土质量/g	盒＋干土质量/g	水分质量/g	干土质量/g	含水率/%	平均含水率/%
		(1)	(2)	(3)	(4)＝(2)－(3)	(5)＝(3)－(1)	$(6)=\frac{(4)}{(5)}\times100\%$	(7)

7. 数据整理计算

土的含水率计算公式为

$$w = \frac{m_w}{m_s} = \frac{m_1 - m_2}{m_2 - m_0} \times 100\% \tag{C-1}$$

式中：w——含水率,%，计算精确至0.1%；

m_0——盒的质量，g;

m_1——盒和湿土质量，g;

m_2——盒和干土质量，g。

8. 试验要求

（1）计算结果准确至0.1%。

（2）本试验需要进行2次平行测定，取其算术平均值，允许平行差值应符合表C－3的规定。

表C－3　含水率测定的允许平行差值

土的类别	含水率平行差值/%		
	$w \leqslant 10$	$10 < w \leqslant 40$	$w > 40$
砂类土、有机土、粉土、黏性土	0.5	1.0	2.0
碎石类土、砾石类土	1.0	2.0	—

9. 总结分析

土的含水率是标志土含水程度的一个重要物理指标。天然土层含水率变化范围较大，一般与土的种类、埋藏条件及其所处的自然地理环境等有关。一般情况下，对同一类土，当含水率增大时，其强度就降低。含水率的变化将使土物理力学性质发生一系列变化，它可使土变成半固态、可塑状态或流动状态，可使土变成稍湿状态、很湿状态或饱和状态，也可造成土在压缩性和稳定性上的差异。含水率还是计算土的干密度、孔隙比、饱和度、液性指数等不可缺少的依据，也是建筑物地基、路堤、土坝等施工质量控制的重要指标。

附录 D　界限含水率试验

D.1　塑限试验（搓条法）

1. 试验目的

（1）了解黏性土界限含水率的特征、定义及测定方法。塑性界限（w_P）是黏性土从半固体状态转变为可塑状态的界限含水率，简称塑限。

（2）测定黏性土的塑限 w_P，用以计算土的塑性指数 I_P 和液性指数 I_L，作为黏性土分类及估计地基土承载力的一个依据。

2. 基本原理

黏性土处于塑态至半固态的界限含水率，即土的塑限。

3. 适用范围

适用于粒径小于 0.5 mm 的颗粒组成的土。

4. 试验仪器、设备

（1）毛玻璃板：约 200 mm × 300 mm。

（2）直径 3 mm 的金属丝或卡尺。

（3）天平：称量 200 g，分度值为 0.01 g。

（4）其他：烘箱、干燥器、称量盒、调土刀等。

5. 测试步骤

（1）取土样：取 0.5 mm 筛下的代表性试样 100 g，加纯水拌和均匀，湿润过夜；或者直接从液限试验制备好的试样中取约 30 g 土备用。为使试验前试样的含水率接近塑限，可将试样在手中捏揉至不粘手，然后将试样捏扁，如出现裂缝，表示此时含水率已接近塑限。

（2）搓土条：取接近塑限的试样 8 ~ 10 g，先用手搓成椭圆形，然后再用手掌在毛玻璃板上轻轻搓滚，搓滚时手掌须均匀施加压力于土条上，不得使土条在毛玻璃板上进行无压力滚动，土条不得产生中空现象，土条长度不宜超过手掌宽度，当土条直径搓到 3 mm，且土条表面出现裂纹后断裂时，表示试样的含水率达到塑限（若土条搓成 3 mm 时，仍未产生裂缝及断裂，表示这时试样的含水率高于塑限，应将其捏成一团，按上述方法重新搓滚；若土条直径未达 3 mm 时即断裂，表示试样含水率小于塑限，应弃去重新取试样）。

（3）测含水率：取合格土条 3 ~5 g，放入称量盒内，随即盖紧盒盖，测定含水率。此含水率即塑限。

6. 本试验记录格式

塑限试验（搓条法）记录如表 D－1 所示。

表 D－1 塑限试验（搓条法）记录

工程名称__________　　　　试 验 者__________

土样编号__________　　　　计 算 者__________

试验日期__________　　　　校 核 者__________

试样编号	盒号	盒质量/g	盒＋湿土质量/g	盒＋干土质量/g	水分质量/g	干土质量/g	含水率/%	塑限/%
		（1）	（2）	（3）	（4）＝（2）－（3）	（5）＝（3）－（1）	（6）＝（4）/（5）	（7）

7. 数据整理计算

塑限的计算公式为

$$w_{\mathrm{P}} = \left(\frac{m}{m_{\mathrm{d}}} - 1\right) \times 100\% \tag{D－1}$$

8. 试验要求

（1）计算精确至 0.1%。

（2）本试验需进行 2 次平行测定，取其算术平均值，允许平行差值应符合《铁路工程土工试验规程》中含水率测定允许差的规定。

D.2 液限试验（圆锥仪法）

1. 试验目的

（1）了解黏性土界限含水率的特征、定义及测定方法。液性界限（w_{L}）是黏性土从可塑状态转变为流动状态的界限含水率，简称液限。

（2）测定黏性土的液限 w_{L}，用以计算土的塑性指数 I_{P} 和液性指数 I_{L}，作为黏性土分类及估计地基土承载力的一个依据。

2. 基本原理

黏性土处于液态到塑态的物理稠度状态时，平衡锥下沉 10 mm，并延时 15 s 不变，即为土的液限含水率。

3. 适用范围

适用于粒径小于 0.5 mm 的颗粒组成的土。

4. 试验仪器、设备

（1）圆锥仪：质量76 g，锥角30°。

（2）试样杯：直径40～50 mm，高30～40 mm。

（3）底座：采用硬质木料或金属制成，能平稳放置。

（4）天平：称量200 g，分度值为0.01 g。

（5）其他：烘箱、干燥器、铝盒、调土刀、孔径0.5 mm的筛、凡士林等。

5. 测试方法、步骤

（1）取有代表性的天然含水率的土样或风干土样，研磨后过0.5 mm筛，弃去筛上的夹杂物和粒径大于0.5 mm的颗粒。

（2）将土样放入调土皿中，加水并用调土刀调成均匀浓糊状，静置于保湿器内一昼夜。如土样的天然含水率接近液限，可不静置一昼夜而立即试验。

（3）用调土刀调匀土样，分层装入试样杯中，填装时应注意填实，勿留空隙。然后刮去多余的土，使土面与杯口齐平（注意不能用调土刀在土面上反复涂抹）。将试样杯置于底座上。

（4）用布揩净圆锥仪，在锥体上涂一薄层凡士林。捏住锥体上端的手柄，放在试样表面中部，至锥尖与试样表面接触时，松开手指，使锥体在自重作用下沉入土中。在松开手指的同时按秒表开始计时。

（5）若锥体下沉大约15 s，沉入土中深度恰为10 mm，此时土的含水率即液限。若锥体入土深度大于或小于10 mm，表示试样的含水率高于或低于液限，此时应挖去粘有凡士林的土，从试样杯取出试样放回调土皿中，使多余水分蒸发（或用吹风机略为吹干）或加蒸馏水重新调拌均匀，再按步骤（3）、（4）做试验，直至锥体大约经过15 s沉入试样的深度恰为10 mm为止。

（6）从测试合格的试样中挖去粘有凡士林的部分，取不少于10 g的试样装入称量盒内，测定其含水率，此含水率即液限。

6. 本试验记录格式

液限试验（圆锥仪法）记录见表D－2。

表D－2 液限试验（圆锥仪法）记录

工程名称__________ 试 验 者__________

土样编号__________ 计 算 者__________

试验日期__________ 校 核 者__________

试样编号	盒号	盒质量/g	盒＋湿土质量/g	盒＋干土质量/g	水分质量/g	干土质量/g	含水率/%	液限/%
		(1)	(2)	(3)	(4)＝(2)－(3)	(5)＝(3)－(1)	(6)＝(4)/(5)	(7)

7. 数据整理计算

液限计算公式为

$$w_L = \left(\frac{m}{m_d} - 1\right) \times 100\% \tag{D-2}$$

8. 试验要求

（1）计算精确至0.1%。

（2）本试验需进行2次平行测定，取其算术平均值，允许平行差值应符合《铁路工程土工试验规程》中含水率测定允许差的规定。

D.3 总结分析

黏性土由于含水率不同，分别处于流动状态、可塑状态、半固体状态和固体状态。液限是黏性土呈可塑状态的上限含水率；塑限是黏性土呈可塑状态的下限含水率。

在界限含水率中，意义最大的是从可塑状态过渡到流动状态的液限（w_L）和从半固体状态过渡到可塑状态的塑限（w_P）。土的塑性指数是液限与塑限之差（$I_P = w_L - w_P$），是表示土的塑性强弱的指标。

附录 E 土的固结试验

1. 试验目的

本试验的目的是测定试样在侧限与轴向排水条件下的变形和压力，或孔隙比和压力的关系，变形和时间的关系，以便计算土的压缩系数、压缩指数、压缩模量、固结系数及原状土的先期固结压力等。

2. 适用范围

适用于饱和的黏性土（当只进行压缩试验时，允许用于非饱和土）。

3. 试验方法

（1）标准固结试验。

（2）快速固结试验：规定试样在各级压力下的固结时间为 1 h，在最后一级压力下除测记 1 h 的量表读数外，还需测记达到压缩稳定时的量表读数。

4. 标准固结试验

1）仪器设备

（1）固结容器。

（2）加压设备。

（3）变形量测设备。

（4）其他：切土刀、天平、秒表等。

2）试验步骤

（1）根据工程需要，切取原状土样或制备给定密度与含水率的扰动土样。

（2）按相关规范规定的方法，测定试样的密度及含水率。试样需要饱和时，按规范规定的方法对试样进行抽气饱和。

（3）在固结容器内放置护环、透水板和滤纸；将带有环刀的试样，小心装入护环内，然后在试样上再放入薄滤纸、透水板和加压盖板，置于加压框架下，对准加压框架的正中，安装百分表或位移传感器。当试样为饱和土时，上、下透水板应事先浸水饱和；当试样为非饱和土时，透水板和滤纸的湿度应与试样湿度相接近。

（4）施加 1 kPa 的预压力，使试样与仪器上下各部分之间接触良好，将百分表或位移传感器调整到零位或测读初始值。

（5）记录初始读数后，卸除预压力，开始施加第一级压力，第一级压力的大小应根据土的软硬程度而定，可分别为 12.5，25.0，50 kPa。

(6) 饱和试样或工程上要求浸水的试样，在施加第一级压力后，立即向容器内注水，使试样在水下进行试验。非饱和试样，用湿棉纱围住加压盖板四周，以避免试验过程中水分的蒸发。

(7) 确定需要施加的各级压力。加压等级一般为 12.5，25.0，50.0，100，200，400，800，1 600，3 200 kPa。第一级压力的大小应当视土的软硬程度而定，一般采用的是 12.5，25 或 50 kPa。最后一级压力应大于上覆土层计算压力 100 ~ 200 kPa，在每次加压后应立即调整杠杆使之水平。

(8) 需要测定先期固结压力时，加压率宜小于 1.0，可采用 0.5 或 0.25 的加压率。最后一级压力应使 $e-\lg p$ 曲线的下段出现较长的直线段。

(9) 测记量表读数。需要测定沉降速率、固结系数时，加压后应按下列时间顺序测记量表读数：6 s、15 s、1 min、2 min15 s、4 min、6 min15 s、9 min、12 min15 s、16 min、20 min15 s、25 min、30 min15 s、36 min、42 min15 s、49 min、64 min、100 min，直至稳定为止。

(10) 测记稳定读数。当不需要测定沉降速率时，稳定标准规定为每级压力下固结 24 h。测记稳定读数后，再施加第 2 级压力。依次逐级加压至试验结束。

(11) 当需做回弹试验时，可在某级压力下固结稳定后逐级卸荷，直到卸至第一级压力为止。每次卸荷后的回弹稳定标准与加压时相同，并测记每级压力及最后一级压力时的回弹稳定读数。

(12) 试验结束后，迅速拆除仪器各部件，取出带环刀的试样。如果是饱和试样，则用干滤纸吸去试样两端表面上的水，取出试样，测定试验后的含水率。

3) 计算与制图

(1) 按式（E-1）计算试样的初始孔隙比 e_0。

$$e_0=\frac{\rho_w d_s\ (1+0.01w_0)}{\rho_0}-1 \qquad (E-1)$$

式中：ρ_0——试样初始密度，g/cm^3；

ρ_w——水的密度，g/cm^3；

w_0——试样初始含水率，%。

d_s——土粒相对密度。

(2) 按式（E-2）计算各级压力下固结稳定后的孔隙比 e_i。

$$e_i=e_0-\ (1+e_0)\ \frac{\Delta h_i}{h_0} \qquad (E-2)$$

式中：Δh_i——某级压力下试样高度变化，即总变形量减去仪器变形量，cm；

h_0——试样初始高度，cm。

(3) 绘制 $e\sim p$ 关系曲线：以孔隙比 e 为纵坐标，压力 p 为横坐标，将试验成果点在图上，连成一条光滑曲线，即 $e\sim p$ 关系曲线；以孔隙比 e 为纵坐标，压力 $\lg p$ 为横坐标，绘制 $e-\lg p$ 关系曲线。

(4) 按式（E-3）和式（E-4）计算某一级压力范围内的压缩系数 a、弹性模量 E_s。

$$a=\frac{e_i-e_{i+1}}{p_{i+1}-p_i} \qquad (E-3)$$

$$E_s=\frac{1+e_0}{a} \qquad (E-4)$$

（5）要求：用压缩系数判断土的压缩性。

5. 快速固结试验

1）仪器设备

（1）固结容器。

（2）加压设备。

（3）变形测量设备。

（4）其他：刮土刀、天平、秒表等。

2）试验步骤

试样在各级压力下的固结时间为 1 h，在最后一级压力下除测记 1 h 的量表读数外，还需测记试样达到压缩稳定时的量表读数。

3）快速固结试验结果的校正

按式（E－5）计算各级压力下试样校正后的总变形量。

$$\sum \Delta h_i = (h_i)_t \frac{(h_n)_T}{(h_n)_t} = K(h_i)_t \tag{E-5}$$

式中：$\sum \Delta h_i$——某一压力下校正后的总变形量，mm，计算至 0.01 mm；

$(h_i)_t$——某一压力下固结 1 h 的变形量减去该压力下的仪器变形量，mm；

$(h_n)_t$——最后一级压力下固结 1 h 的变形量减去该压力下的仪器变形量，mm；

$(h_n)_T$——最后一级压力下固结稳定后的总变形量减去该压力下的仪器变形量，mm；

K——校正系数。

4）快速固结试验记录格式

快速固结试验记录见表 E－1。

表 E－1　快速固结试验记录

工程名称＿＿＿＿＿＿　　试验者＿＿＿＿＿＿

土样编号＿＿＿＿＿＿　　计算者＿＿＿＿＿＿

仪器编号＿＿＿＿＿＿　　校核者＿＿＿＿＿＿

试样起始高度：h_0 = 　mm		$K = (h_n)_T/(h_n)_t$ =		初始孔隙比 e_0 =	
加压历时/h	压力/kPa	校正前试样总变形量/mm	校正后试样总变形量/mm	压缩后试样高度/mm	压缩稳定后孔隙比
	p	$(h_n)_t$	$\sum \Delta h_i = K(h_i)_t$	$h_i = h_0 - \sum \Delta h_i$	e_i
1					
1					
1					
1					
1					
稳定					

5）绘制：$e-p$ 关系曲线和 $e-\lg p$ 关系曲线。

6）计算压缩系数 a_{1-2}。

附录 F　土的剪切试验

1. 试验目的

直接剪切试验是测定土的抗剪强度的一种常用方法。通常采用 4 个试样，分别在不同的垂直压力 p 下，施加水平剪切力进行剪切，测得剪切破坏时的剪应力 τ。然后根据库仑定律确定土的抗剪强度指标：内摩擦角 ϕ 和黏聚力 c。

2. 适用范围

适用于测定黏性土和粉土的抗剪强度指标 c 和 ϕ 及土颗粒的粒径小于 2 mm 的砂类土的抗剪强度指标 ϕ。渗透系数 $k > 10^{-6}$ cm/s 的土不宜做快剪试验。

3. 试验方法

快剪试验：在试样上施加垂直压力后，立即快速施加水平剪应力。

固结快剪试验：在试样上施加垂直压力，待试样排水固结稳定后，快速施加水平剪应力。

慢剪试验：在试样上施加垂直压力及水平剪应力的过程中，均使试样排水固结。

4. 固结快剪试验

1）仪器设备

（1）应变控制式直剪仪：剪切盒、垂直加压框架、测力计、推动机构等。

（2）位移计（百分表）：量程 5 ~ 10 mm，分度值为 0.01 mm。

（3）天平、环刀、削土刀、饱和器、秒表、滤纸、直尺等。

2）试验步骤（黏性土）

（1）试样制备：从原状土样中切取原状土样或制备给定干密度和含水率的扰动土样。按规范规定，测定试样的密度及含水率。对于扰动土样需要饱和时，按规范规定的方法进行抽气饱和。

（2）试样安装：对准上下盒，插入固定销。在下盒内放湿滤纸和透水板。将装有试样的环刀平口向下，对准剪切盒口，在试样顶面放湿滤纸和透水板，然后将试样徐徐推入剪切盒内，移去环刀。转动手轮，使上盒前端钢珠刚好与测力计接触。调整测力计读数为零。依次加上加压盖板、钢珠、加压框架，安装垂直位移计，测记起始读数。

（3）施加垂直压力：一个垂直压力相当于现场预期的最大压力 p，一个垂直压力要大于 p，其他垂直压力均小于 p，但垂直压力的各级差值要大致相等。也可以取垂直压力分别为 100，200，300，400 kPa，各级垂直压力可一次轻轻施加，若土质软弱，也可以分级施加以防试样挤出。

（4）如果是饱和试样，则在施加垂直压力5 min后，往剪切盒水槽内注满水；如果是非饱和试样，仅在活塞周围包以湿棉花，以防水分蒸发。

（5）在试样上施加规定的垂直压力后，测记垂直变形读数。当每小时垂直变形量：黏性土不大于0.005 mm，粉土和砂类土不大于0.01 mm，则固结已趋稳定。

（6）试样达到固结稳定后，拔去固定销，开动秒表，以0.8 mm/min的速率剪切（每分钟4~6转的均匀速度旋转手轮），使试样在3~5 min剪损。如果量力环中量表指针不再前进或有显著后退，表示试样已剪坏。但一般宜剪至剪切变形达到4 mm。如果量力环中量表指针继续前进，则剪切变形应达到6 mm为止。

（7）剪切结束后，吸去剪切盒中积水，倒转手轮，尽快移去垂直压力、框架、钢珠、加压盖板等。取出试样，测定剪切面附近的含水率。

5. 慢剪试验

（1）制备试样：取原状土或按规定的密度及含水率制备试样。

（2）对准上下盒，插入固定销。在下盒内放透水石。将装有试样的环刀平口向下，对准剪切盒口，在试样上放湿滤纸，然后将试样徐徐推入剪切盒内，移去环刀（透水石的湿度应尽量与试样保持一致）。

（3）转动手轮，使上盒前端钢珠刚好与量力环接触，使量力环中量表归零。顺次加上加压盖板、钢珠、压力框架、垂直量表，并记录起始读数。

（4）对试样施加垂直压力后，待试样达到固结稳定。（如果是饱和试样，则在施加垂直压力5 min后，向剪切盒水槽内注满水；如果是非饱和试样，仅在加压板周围包以湿棉花，以防水分蒸发）。

（5）拔去固定销，开动秒表，剪切速率应小于0.02 mm/min，直至试样被剪坏。

（6）剪切结束后，吸去剪切盒中的积水，倒转手轮，尽快移去垂直压力、压力框架、钢珠和加压盖板等。取出试样，测定剪切面附近土的含水率。

6. 快剪试验

（1）制备试样：取原状土或按规定的密度及含水率制备试样。

（2）对准上下盒，插入固定销。在下盒内放与透水石厚度相等的不透水板。将装有试样的环刀平口向下，对准剪切盒口，在试样上放硬塑料板，然后将试样徐徐推入剪切盒内，移去环刀（透水石的湿度应尽量与试样保持一致）。

（3）转动手轮，使上盒前端钢珠刚好与量力环接触，使量力环中量表归零。顺次加上加压盖板、钢珠、压力框架、垂直量表，并记录起始读数。

（4）对试样施加垂直压力后，立即拔去固定销，开动秒表，以0.8 mm/min的速率剪切。以均匀速率旋转手轮，使试样在3~5 min内剪坏。如果量力环中量表指针不再前进或有显著后退，则表示试样已剪坏。但一般宜剪切至剪切变形达到4 mm。如果量力环中量表指针继续前进，则剪切变形应达到6 mm为止。

（5）剪切结束后，吸去剪切盒中的积水，倒转手轮，尽快移去垂直压力、压力框架、钢珠和加压盖板等。取出试样，测定剪切面附近土的含水率。

7. 计算与制图

（1）计算：按式（F-1）和式（F-2）计算试样的剪应力、剪切位移。

$$\tau = \frac{CR}{A_0} \times 10 \quad (F-1)$$

$$\Delta L = \Delta L' n - R' \quad (F-2)$$

式中：C——测力计率定系数，N/0.01 mm；

R——测力计读数，0.01 mm；

A_0——试样面积，cm^2；

10——单位换算系数；

ΔL——剪切位移，0.01mm；

$\Delta L'$——手轮一转的位移量，一般为0.2 mm，即20×0.01 mm；

R'——水平位移量表读数，mm；

n——手轮转数。

（2）制图：

① 以剪应力为纵坐标，剪切位移为横坐标，绘制剪应力 τ 与剪切位移 ΔL 关系曲线。选取剪应力与剪切位移关系曲线上的峰值点或稳定值作为抗剪强度 τ_f；如无明显峰值时，取剪切位移4 mm所对应的剪应力作为抗剪强度 τ_f。

② 以抗剪强度 τ_f 为纵坐标，垂直压力 σ 为横坐标，绘制抗剪强度 τ_f 与垂直压力 σ 的关系曲线。根据图上各实测点，绘制一条实测直线，各实测点与直线上对应点的抗剪强度之差，不得超过直线上对应点抗剪强度的±5%。直线的倾角为土的内摩擦角 ϕ，直线在纵坐标轴上的截距为黏聚力 c。

8. 本试验记录格式

直接剪切试验记录如表F－1所示。

表F－1　直接剪切试验记录

工程名称＿＿＿＿＿＿　　试验者＿＿＿＿＿＿
试验方法＿＿＿＿＿＿　　计算者＿＿＿＿＿＿
试验日期＿＿＿＿＿＿　　校核者＿＿＿＿＿＿

试样编号 仪器编号 垂直压力　kPa 测力计率定系数 C =　N/0.01 mm			剪切前固结时间：　min 剪切前压缩量：　mm 剪切历时：　min 抗剪强度：　kPa	
手轮转数 /n	测力计读数 /0.01 mm	剪切位移 /0.01 mm	剪应力/ kPa	垂直位移 /0.01 mm
(1)	(2)	(3)＝(1)×0.2－(2)	(4)＝(2)×C×10/A_0	(5)
1				
2				
3				
4				
5				
6				
7				

参 考 文 献

[1] 陆锡明．大都市一体化交通[M]．上海：上海科学技术出版社，2003.